111 GRÜNDE, DEN FC LIVERPOOL ZU LIEBEN

Fabian Biastoch

111 GRÜNDE, DEN FC LIVERPOOL ZU LIEBEN

Eine Liebeserklärung an den großartigsten Fußballverein der Welt

Aktualisierte und erweiterte Neuausgabe mit elf Bonusgründen

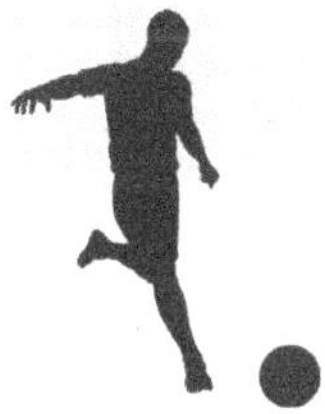

WIR SIND DER ZWÖLFTE MANN,
FUSSBALL IST UNSERE LIEBE!

LIVERPOOL MUSS MAN LIEBEN

Vorwort zur erweiterten Neuausgabe

Der Hype um Jürgen Klopp und den FC Liverpool nimmt seit Oktober 2015 kein Ende. Damals übernahm der »Junge aus dem Schwarzwald« einen der größten und populärsten Vereine der Welt. Ein Klub, der in einer Stadt so verankert ist wie nur wenige andere auf dieser Welt. Er ist allgegenwärtig.

Spätestens seit dem Sieg gegen den AC Mailand im Champions-League-Finale 2005 hat mich das Fanvirus vollends ergriffen. Wer in jener magischen Nacht in Istanbul nicht zum Fan des FC Liverpool wurde oder zumindest Sympathisant, der spürt beim Fußball wohl auch keine Emotionen. Ich wurde zu einem noch größeren Fan. Ich weiß noch, wie ich daheim saß und heimlich das Spiel schaute – ich war 15, das Finale war an einem Mittwochabend, und am nächsten Tag war früh wieder Schule. 0:3 zur Halbzeit, doch dann kam Didi Hamann! Ich liebe diesen Kerl bis heute, wie er die Mannschaft antrieb, wie Xabi Alonso dann zum 3:3-Ausgleich traf und Jerzy Dudek beim Elfmeterschießen auf der Linie tanzte – Gänsehaut, Emotionen pur und einfach unglaublich!

Natürlich haben damals auch in Deutschland die Fans auf eine entsprechende Fortsetzung gehofft. Nach 2005 wieder einen großen Pokal gewinnen, das war doch in den 1970er- und 1980er-Jahren ganz ähnlich! Aber es hat nicht so funktioniert. Ein FA Cup, ein League Cup und ein Sieg im Charity Shield gab es seitdem. Die Ausbeute ist ernüchternd und die Anhänger warten so sehr auf einen weiteren Titel – auch wenn es natürlich nicht nur darum geht.

Und da kommt wieder Jürgen Klopp ins Spiel. Er krempelt den Verein gerade gehörig um, baut die Academy aus und bastelt an einer der aufregendsten Mannschaften Europas, ja, der Welt. Ich sage nur Mohamed Salah. Der Wirbelwind aus Ägypten hebt die Reds in eine neue Sphäre und trug sie bis ins Finale der Champions League 2018. Und bald auch zu einem Titel – da bin ich mir sicher.

»You'll never walk alone«!

Fabian Biastoch

1. KAPITEL

LIVERPOOLER SPIELERLEGENDEN

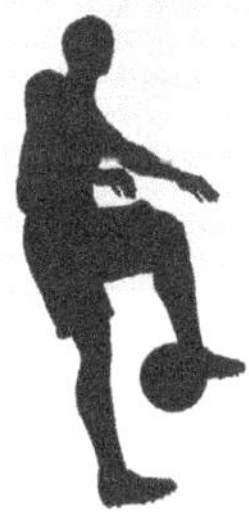

1. GRUND

Weil Steven Gerrard DIE Legende des modernen Liverpool ist

»Es bedeutet alles für mich, für diesen Klub spielen zu dürfen. Ich würde für den Rest meines Lebens hier unterschreiben, wenn es denn Liverpool will.«[1] – Worte von Steven Gerrard. Worte, die verdeutlichen, was dieser Verein für Stevie G bedeutet und was Stevie G für diesen Verein bedeutet.

Unmittelbar vor den Toren Liverpools geboren, kam er schon am ersten Tag seines Lebens mit den Reds in Kontakt. Sein Vater führte ihn an den Klub heran, Gerrard selbst war auch von den schrecklichen Ereignissen in Sheffield im Jahr 1989 betroffen. Das jüngste der 96 Opfer war sein Cousin Jon-Paul. Zum 20. Jahrestag der Katastrophe sagte er in einem Fernsehinterview mit der BBC: »Es war schwer zu akzeptieren, dass einer deiner Cousins sein Leben gelassen hat. Die Reaktion seiner Familie hat mich zu dem Spieler werden lassen, der ich heute bin.«[2] Auf der letzten Seite seiner im September 2006 erschienenen Autobiografie stehen noch die Worte: »Ich spiele für Jon-Paul.«[3]

Der Mittelfeldspieler ist auf ewig mit unserem Klub verbunden. Kaum jemand hat einen solchen Spieler in seinen Reihen. Dabei hätte es ganz anders kommen können. Als er ein Junge war, klopften auch Manchester City und die Rivalen von United an. Ein Wechsel kam nicht zustande und Stevie G blieb bis heute bei seinem FC Liverpool. Sir Alex Ferguson, immerhin Trainer von Manchester United, lobte ihn in den höchsten Tönen: »Ich habe ihn schon ein paar Mal beobachtet, und überall, wo der Ball ist, ist auch er. Er hat einen unfassbaren Motor, ein unbändiges Verlangen. Jeder würde Gerrard holen.«[4]

Seit seinem ersten Spiel am 29.11.1998 hat er mehr als 660 Spiele im roten Trikot absolviert und in seiner Laufbahn alles gewonnen –

bis auf einen Meistertitel. Immer wieder verfehlte er knapp den Sieg in der Premier League. Dabei holte er den englischen Supercup (Community Shield), den europäischen sowie je einmal bisher den UEFA-Pokal und die Champions League. Nach dem denkwürdigen Finale 2005 nahm er den Henkelpott mit auf sein Zimmer. »Ich habe mit ihm in meinem Hotelzimmer geschlafen. Ich wollte ihn nicht aus den Augen lassen. Wäre ich aufgewacht und jemand hätte ihn genommen, hätte ich einen Teil von mir verloren«, sagte er später.[5]

Dass er den wichtigsten Pokal des Vereinsfußballs einmal gewinnen würde, war zwar in jungen Jahren nicht sicher, doch aber absehbar gewesen. Zusammen mit Michael Owen spielte er einst in den Nachwuchsteams der Reds, durfte jedoch im Gegensatz zu Owen nicht auf das Fußballinternat. Stattdessen biss er sich von einem U-Team zum nächsten durch und schaffte den Sprung in die Profielf. Nur fünf Jahre nach seinem Debüt durfte er sich auch die Binde des Kapitäns überstreifen. »Der Trainer hat immer gesagt, dass ich eines Tages den Liverpool Football Club auf das Spielfeld führen werde«, sagte er nach der Bekanntgabe. »Ich habe John Barnes beobachtet und immer davon geträumt, eines Tages das Team, das ich so sehr liebe, als Kapitän anzuführen.«[6]

Anders als Eigengewächs Carragher führte Gerrard auch die englische Nationalmannschaft als Skipper an und blutete für die Three Lions ebenso wie für die Reds. Nach dem Rücktritt von John Terry übernahm er endgültig die Binde und marschierte bei der Europameisterschaft 2012 als Erster aufs Feld.

So wird er es auch noch einige Jahre in Liverpool machen. Aktuell läuft sein Vertrag noch bis 2015, doch von Müdigkeit ist nichts zu spüren. Seine Zeit als Scouser ist noch lange nicht beendet, er will die Massen an der Anfield Road begeistern, auch nach mehr als 16 Jahren noch. Wie sehr ihm das gelingt, spiegelt die Fanumfrage »100 Players Who Shook The Kop« wider: 2006 wurde er hinter Kenny Dalglish Zweiter, 2013 vor Dalglish Erster.[7] Das sagt alles über die Bedeutung des Steven Gerrard für den FC Liverpool.

Umso bitterer war es, dass ausgerechnet er in der Saison 2013/14, in einer der letzten Partien des Jahres, gegen Chelsea einen vernichtenden Fehlpass spielte. Die Blues gewannen und schmissen die Reds aus dem Titelrennen. Doch Stevie G kann wieder lachen, weiß er doch, dass der LFC eine bombenstarke Truppe mit einem großartigen Trainer hat und er noch immer das erste Mal in seiner Karriere Meister werden kann.

2. GRUND

Weil wir Sami Hyypiä unsere Abwehrsäule nennen durften

1995 absolvierte Sami Hyypiä das eine oder andere Probetraining bei dem einen oder anderen namhaften Klub in Europa. Darunter soll sich auch Werder Bremen um eine Unterschrift des Finnen bemüht haben. Doch nach einer erfolgreichen Zeit in der Heimat – bei MyPa – zog es ihn in die Niederlande, zu Willem II Tilburg. Hier zeigte der großgewachsene Abwehrrecke zum ersten Mal in einer größeren europäischen Liga sein Können. Mit dem recht kleinen Klub stieß er bis in den UEFA-Pokal vor und wurde 1999 Vizemeister. Kein Wunder, dass auch die größeren Vereine des Kontinents an seine Tür klopften.

So geschehen ein Jahr vor der Jahrtausendwende. Und vor der Tür stand kein Geringerer als der damalige Trainer des FC Liverpool, Gérard Houllier. Der Franzose hat gerade erst als Technischer Direktor die Équipe Tricolore zum WM-Titel geführt und danach die Reds übernommen. Mit ihm wollten sie, wollten wir wieder in die Nähe der alten Erfolge. Dass dies gelang, ist auch Sami Hyypiä zu verdanken. Campino, Freund von Hyypiä und Fan des FC Liverpool, sagte auf einem Konzert[8] einmal, dass der Finne die Abwehrsäule der Reds gewesen sei und für die zehn Jahre an der Anfield Road ein Testimonial Match bekommen müsste.

Warum war der Finne so beliebt? Ganz einfach. Er war nicht nur Bestandteil der erfolgreichen Elf von 2001, die UEFA-Pokal und FA Cup holte, sondern er war eine Leitfigur – vom ersten Training in Rot an. Er schoss das entscheidende Tor gegen Juventus Turin, das den Weg ins Champions-League-Finale 2005 ebnete. Und alle Fans des LFC wissen, dass wir dieses auch gewonnen haben.

Als »eine Art Halbgott« bezeichnete Campino seinen Freund einst in einem Zeitungsinterview. Fast so beliebt wie die Beatles soll er gar gewesen sein. »Aber ein Typ wie Sami dreht deswegen nicht durch. Er hält anderen die Türe auf, er sagt Danke. Er bleibt bescheiden und aufrichtig«, sagte der Sänger weiter über seinen Freund. »Er war nie verschlagen, sondern hat immer mit offenem Visier gekämpft und hat sich nie zum Kasper machen lassen. Das alles ist bei ihm eine innere Charakterfrage.«[9]

Hyypiä hat immer alles für den Verein gegeben. Das zeigte sich auch 2003. Hyypiä war von Anfang an ein Leitwolf und einer der Stellvertreter des jeweiligen Kapitäns gewesen. Als Robbie Fowler und Jamie Redknapp 2002 den Klub verließen, übernahm der Finne die Binde, musste sie aber nur ein Jahr später an den jungen, aufstrebenden Steven Gerrard abgeben. Anstatt zu meckern, gar öffentlich Kritik zu üben, machte er einfach weiter. Alles für die Reds eben.

In seinem letzten Spiel kam er für Steven Gerrard in die Partie. Der Kapitän kam, mit der Binde zwischen den Zähnen, auf seinen Vorgänger im Amt des Mannschaftsführers zugerannt, das Stadion erhob sich ein letztes Mal für seine Abwehrsäule. Nach Abpfiff musste er sich Tränen aus dem Gesicht wischen, die Mannschaft und die Fans wusste, wen sie 2009 verabschiedeten. 2013 wählten die Fans den Abwehrspieler auf den zehnten Rang von »100 Players Who Shook The Kop«[10]. Damit war er nach Eigengewächs Jamie Carragher der zweitbeliebteste Verteidiger in der Gunst der Scousers.

Oft werden diese verdienten Spieler in die Geschäfte des Klubs eingebunden. Doch Hyypiä wollte noch weiterspielen. Ihn zog es zu

Bayer Leverkusen, wo er noch zwei Jahre spielte und schließlich als Cheftrainer arbeitete. Im Jahr des Erscheinens dieses Buches musste er leider gehen. Auf Twitter wurde schnell gesagt, dass wieder eine Mannschaft erfolgreich gegen ihren Trainer gespielt habe. Hyypiä selbst meinte emotional: »Ich war hier ja schon eine lange Zeit und hatte viel Spaß, hier zu spielen und hier zu arbeiten.«[11]

Mit Leverkusen kehrte er auch an die Anfield Road zurück. In einem Freundschaftsspiel unterlag Bayer im August 2012 zwar deutlich mit 3:1, doch die Kop und das gesamte Stadion feierten den gegnerischen Trainer wie kaum jemals zuvor.

3. GRUND

Weil Jamie Carragher eine noch größere Legende ist als Sami Hyypiä

Wenn wir Sami Hyypiä bereits als Legende bezeichnet haben, dann ist Jamie Carragher es umso mehr. Als Verteidiger schaffte er es 2013 bei »100 Players Who Shook The Kop«[12] auf einen sensationellen siebten Rang. Als Verteidiger wohlgemerkt!

Carra ist durch und durch ein Scouser. Er hat nie woanders gespielt und alles gewonnen außer der englischen Meisterschaft. Seit seinem Debüt 1997 stand Carra in 737 Spielen für den FC Liverpool auf dem Platz, auf der europäischen Bühne kam er auf sagenhafte 150 Einsätze. Doch nicht nur seine Statistik, sondern vielmehr sein Charakter war so wichtig fürs Team. Keeper Chris Kirkland sagte einmal über ihn: »Er ist immer das Herz und die Seele der Runde. Wenn wir ein Spiel gewinnen und feiern gehen, ist er der Erste am Mikro. Er springt auf die Bühne und versucht, alle anderen mitzuziehen. […] Jeder Klub bräuchte jemanden wie Carra. Teamgeist kann man nicht kaufen, und wenn er dabei ist, ist die Stimmung in der Kabine immer super.«[13]

Und auch sein letzter Trainer an der Anfield Road, Brendan Rodgers, sprach in den höchsten Tönen vom damals dienstältesten Profi. Ein »Modellathlet« sei er, jemand, der im Spiel für Ordnung sorge: »Man braucht in seiner Mannschaft eine laute Stimme und keine ist lauter als Carras!«[14]

Angefangen hat Carragher seine Karriere im Jugendbereich der Reds. 1997 kam er als fast 19-Jähriger in Middlesbrough zu seinem Profidebüt, und gleich bei seinem ersten Auftritt an der Anfield Road köpfte er sein erstes Tor. The Kop bebte, die Fans wussten, eine Legende wurde in diesem Spiel gegen Aston Villa geboren. In den Folgejahren spielte er auf der rechten Abwehrseite eine Saison nach der anderen auf höchstem Niveau. Als Markus Babbel kam, wechselte er nach links, und Rafael Benítez sah in ihm einen perfekten Innenverteidiger. Gedacht, getan – und gedankt im Champions-League-Finale 2005 in Istanbul, als Carra eines seiner größten Spiele zeigte. »Es gibt Spieler, die talentierter sind, aber niemand kann je von mir behaupten, ich würde nicht 100 Prozent geben«[15], eine typische Aussage Carras, die sich damals mehr als jemals zuvor bestätigen sollte.

Liverpool lag zur Halbzeit schon 0:3 gegen Milan zurück, doch nach der Pause sorgten die Reds für eine Sensation: Innerhalb von nur sechs Minuten kamen sie, angetrieben vom eingewechselten Didi Hamann, zum Ausgleich. Die Säule in der Innenverteidigung in jener Nacht hieß Sami Hyypiä, doch neben ihm war eine Mauer namens Jamie Carragher. Sein Tackling gegen Kaká in der 81. Minute verhinderte einen Siegtreffer durch den Brasilianer, fünf Minuten später kreuzte er Andrij Schewtschenko entscheidend und verhinderte den späten Knock-out.

Sein wohl bestes Werk tat er aber an Jerzy Dudek. Im Elfmeterschießen stand der Pole unter dem gewohnten Druck. Hopp oder Top im Lottospiel vom Punkt. Carra wollte den Titel damals unbedingt haben und riet seinem Keeper, er solle den Grobbelaar machen. Das bedeutet: Tanzen. Ja, genau. Bruce Grobbelaar tanzte auf der Linie hin und her, irritierte so sein Gegenüber. Sehr ähnlich tat es auch Dudek. Er ging leicht in die Knie, hob die Arme und sprang auf der Linie umher. Diese Bewegung wurde später auch als »Dudek-Dance« berühmt und hielt sogar Einzug in britische Diskotheken. Und der Plan ging auf: Die Reds gewannen dieses denkwürdige Finale, obwohl sie schon am Boden gelegen hatten.

Einen solchen Spieler würde doch eigentlich jeder Trainer gern in seinem Team haben, oder? Nicht so der englische Nationaltrainer seinerzeit. Sven-Göran Eriksson setzte in der Innenverteidigung auf John Terry, Rio Ferdinand oder Sol Campbell. Ein Platz für Carra war somit nicht da. Letztlich diente er nur als Ergänzungsspieler, sowohl innen als auch rechts, wo er als Back-up für Gary Neville fungierte. Erst Steve McClaren wusste ihn zu schätzen, doch da wollte Carra nicht mehr. Er trat aus der Nationalmannschaft zurück, weil er sich nicht wertgeschätzt genug fühlte.[16] Jeder Versuch des Nationaltrainers, ihn zum Bleiben zu bewegen, scheiterte. Später schaffte es Fabio Capello im Vorfeld der WM in Südafrika, Carragher zu einem Comeback zu überreden. 2010 lief der Defensivspezialist noch einmal im Shirt der Three Lions auf, um nach dem Turnier seinen endgültigen Abschied zu verkünden.

Nach dem Finale in der Königsklasse 2005 sagte Kaká, man müsse schon richtig gute Abwehrspieler haben, um Carra nicht als erste Wahl zu sehen. Doch auch Carragher selbst sagte immer wieder, dass nichts über seinen FC Liverpool ginge: »Bei mir gibt es so etwas wie ›nur England‹ nicht. Viele Fußballer, auch viele meiner besten Freunde, sagen, dass es das Größte sei, für dein Land bei einer WM aufzulaufen«, meinte er einmal und fügte hinzu: »Nicht aber für mich.«[17] Liverpool habe im Kampf um seine Loyalität gegen England gewonnen, betonte der Abwehrrecke oft: »*God Save the Queen* bringt mein Blut nicht in Wallung. Wir singen an der Anfield Road *You'll Never Walk Alone* und jeder versteht es. Es ist etwas Besonderes, nebeneinander zu stehen, gemeinsam durch dick und dünn zu gehen, bei Wind und Regen.«[18]

Diese Einstellung und sein unverwechselbarer Charakter haben ihn zu einer der größten Legenden in unserem Klub werden lassen. Noch heute sitzt er auf der Tribüne, fiebert mit seinen ehemaligen Teamkollegen, die er erst im Sommer 2013 verlassen hat, mit. Alles hat er erreicht, doch Meister wurde er nie. Vielleicht siegt die Elf von Brendan Rodgers und vielleicht denkt sie dabei an Jamie Carragher.

4. GRUND

Weil DER Steve McManaman ein Roter war

»McManaman can.« Ja ja, schon früh wusste man in Liverpool, was der damals junge Kerl alles draufhatte. Er ist bis heute der erfolgreichste englische Fußballer im Ausland. Immerhin hat er mit Real Madrid zweimal die Champions League gewonnen. Und wo hat er sein Handwerk gelernt? Beim Liverpool Football Club.

Steve McManaman war ein Modellathlet. Immerhin hatte er sich immer wieder mit Cross-Country-Läufen fit gehalten. Er war ein brillanter Fußballer, was man schnell auch in Liverpool sah. Kenny Dalglish berief ihn in seinem letzten Jahr als Trainer in den Profikader und wusste sofort, dass er einen sehr talentierten jungen Mann vor sich hatte. Schon als kleiner Junge war ihm das anzusehen, wie sich sein Vater einmal erinnern sollte: »Wir haben noch einen anderen Jungen, er ist zehn Jahre alt, und wenn er eine Dose auf der Straße sieht, läuft er drum herum. Steven war genau das Gegenteil.«[19]

In den folgenden Jahren wurde er trotz seines jungen Alters zu einem wichtigen Spieler im Team der Reds. Im FA-Cup-Finale 1992 führte er sein Team zum Sieg, legte das 1:0 von Michael Thomas auf und wurde später wohlverdient zum »Man of the Match« gewählt. Der erste Titel war sicher. Die Trophäenjagd des Klubs war aber zu Ende. In den folgenden Jahren war auch McManaman immer wieder mit kleineren Verletzungen außer Gefecht gesetzt und der Ruhm schien ihm etwas zu Kopf zu steigen. Die »Spice Boys« waren in jenen Tagen in aller Munde – die oft erwähnten cremefarbenen Anzüge waren nur ein Highlight –, weniger hingegen die sportlichen Erfolge.

Auch der Mittelfeldspieler wurde nun immer wieder kritisiert; er schieße zu wenig Tore. Dabei legte er umso mehr auf, wovon gerade Robbie Fowler und später auch Michael Owen profitierten. Das Talent war in der Mannschaft vorhanden, Coach Roy Evans ließ McManaman schließlich auch freier spielen, doch große Erfolge gab es nicht zu verbuchen.

Dass der Nationalspieler aber auch Tore schießen konnte, bewies er 1995 im »McManaman-Finale« des Ligapokals. Zwei Tore in der 37. und 68. Minute brachten Liverpool den nächsten – und auf lange Zeit letzten – Titel. Dennoch wurde McManaman als einer der besten englischen Fußballer seiner Zeit angesehen und neben Ryan Giggs als das größte Talent auf der Insel bewertet. Also kamen auch schnell die großen Klubs vom Kontinent auf den Star zu, der seinen Ruhm in England sichtlich genoss. Der FC Barcelona stand kurz vor einer Verpflichtung, doch 1999 machte Real Madrid das Rennen.

Damit waren beide Seiten zufrieden. Liverpool, die unter Neu-Trainer Gérard Houllier den Laden wieder aufräumen und sich von den »Spice Boys« verabschieden wollten, und natürlich Real Madrid, die sich einen neuen Star sicherten. Nun ja, Real wollte den ablösefrei verpflichteten Mittelfeldspieler dann aber doch recht schnell für viel Geld wieder loswerden. Dummerweise funktionierte dieser Plan nicht so, wie er in der Theorie klang. Also mussten sie sich mit McManaman arrangieren und stellten fest, dass der Engländer sogar richtig Fußball spielen konnte. Ein Traumtor in seinem ersten Champions-League-Finale gegen Valencia im Jahre 2000 belegte das nur. Zwei Jahre später spielte er wieder im

Endspiel und wieder gewann er. Damit war er nicht nur der erste Engländer, der die Königsklasse mit einem ausländischen Klub gewann, sondern auch der erste Engländer, dem dies zweimal gelang.

Doch so richtig überzeugt waren die Königlichen von ihrem Transfer nicht. Egal, welcher Trainer das Sagen hatte, viel Einsatzzeit bekam McManaman nicht. Und wer lockte auf einmal? Kevin Keegan mit Manchester City und dem »Spice Boy« Robbie Fowler! Also schnell Koffer gepackt und wieder zurück nach England. Hier beendete er seine Karriere als »der erfolgreichste Export Englands«, wie die UEFA auf ihrer Homepage schreibt.[20]

Der Journalist Tony Barrett beschrieb Steve McManaman als einen der besten Spieler, die das Liverpool-Trikot in den 1990er-Jahren getragen haben: »Von Anfang an gab es großes Aufsehen um ihn. Er kommt aus Kirkland und jeder auf der Scotland Road sprach über Steve McManaman. Sobald er kam, hat man auch sofort gesehen warum. Er konnte Verteidiger mit Leichtigkeit zur Verzweiflung bringen. Er war von Natur aus talentiert, aber immer wieder wird vergessen, wie viel er auch gearbeitet hat. Niemand rannte mehr als er. Er war ein Athlet und rannte und rannte und rannte.«[21] Heute rennt er nicht mehr so viel. Heute steht er vor allem als TV-Experte vor der Kamera.

Und auch noch in seiner Funktion als Fußballrentner beobachtet er seinen früheren Klub aus Liverpool ganz genau. Für die aktuell so gute Zeit bei den Reds hat er schnell einen »Schuldigen« ausgemacht: »Der entscheidende Mann ist Trainer Brendan Rodgers«, sagte er in einem Interview. »Er hat Selbstvertrauen ins Team gebracht – und vor allem hielt er konsequent an seiner Philosophie fest, mit einer bestimmten Art und Weise Fußball zu spielen.«[22]

5. GRUND

Weil Ian Callaghan und Roger Hunt unsere Weltmeister sind – und davon gab es nicht viele!

Weltmeister sein – davon träumen alle Fußballer, doch nur die wenigsten können sich diesen Traum auch wirklich erfüllen. Ian Callaghan und Roger Hunt waren zwei Liverpooler Spieler, die es 1966 sogar im eigenen Land schafften. Sie sind die zwei englischen Weltmeister des Liverpool Football Club. Auch deswegen, weil die Three Lions seitdem gefühlt stets in den Vorrunden von großen Turnieren scheitern …

Beide Spieler sind in der Geschichte des Klubs enorm wichtig. Roger Hunt hat bemerkenswerte 286 Treffer für die Reds gemacht und ist damit der zweitbeste Torschütze in der Geschichte des Vereins! Im Gegensatz zu Ian Callaghan war er auch ein wichtiger Baustein bei der Mission WM-Titel 1966. Er spielte alle Partien und machte in der Vorrundenpartie gegen Frankreich – dem einzigen Spiel, in dem auch sein Vereinskollege zum Zuge kam – beide Tore zum 2:0-Sieg.

Für Callaghan war der Nachteil, dass Trainer Alf Ramsey auf ein neuartiges Spielsystem ohne klassischen Flügelstürmer setzte. So war auch seine Länderspiel-Laufbahn schneller vorbei, als man es für möglich gehalten hatte. Immerhin war er eine Stütze bei einem der aufstrebenden Klubs Englands. Umso wichtiger war der Flügelstürmer dann jedoch für seinen Verein. Satte 857 Spiele absolvierte er im roten Jersey – eine Zahl, die noch heute unerreicht ist. Zum Vergleich: Steven Gerrard hat noch keine 700 Partien für seine Liebe bestritten. Außerdem ist Callaghan auch der bis dato einzige Liverpooler Spieler, der als Zweitligaspieler begann und es bis zum Europapokalsieger und Weltmeister brachte. Hoffentlich wird er es auch bleiben, denn einen Abstieg will niemand sehen.

6. GRUND

Weil Ian »Rekord« Rush uns mit seinen Toren glücklich schoss

Unter 100 Spielern, die die Fans begeistert haben, landete er auf dem dritten Rang gleich hinter Kenny Dalglish und Steven Gerrard. Er ist beliebt wie kaum ein anderer Spieler, und als er nach einem Jahr aus Turin zurückkam, war die Freude groß. Nicht nur bei ihm.

300.000 englische Pfund für einen Teenager. Das bezahlte Bob Paisley 1980 für Ian Rush an Chester City. Diese Summe war bis März 2010 die Rekordablöse für einen Spieler aus Chester – dann ging der Verein insolvent. Und wie sich diese 300.000 Pfund ausgezahlt haben! Mit 346 Toren ist er der mit Abstand erfolgreichste Torjäger des Vereins! 1982, 1983, 1984, 1986 und 1990 führte er die Mannschaft zur englischen Meisterschaft und gewann auch noch dreimal den FA Cup. Die Erfolge der 1980er-Jahre sind ganz deutlich mit seinem Namen verbunden.

Vor allem die Saison 1983/84 gehörte ihm. Ein Hattrick gegen Aston Villa, vier Tore gegen Coventry, und Luton bekam gleich fünf Treffer eingeschenkt. Dabei wurde auch eine Tradition geboren. Kurz vor Anpfiff weichte er seine steinharten Schuhe im Bad etwas auf. Von nun an machte er jedes Mal seine Schuhe nass, bevor er auf das Feld ging. In dieser Saison konnte man sich kaum ein Spiel vorstellen, in dem Ian Rush nicht treffen würde. Bukarest bekam im Halbfinale des Europapokals ein paar eingeschenkt, und Rush war es auch, der im Finale von Rom einen Elfmeter verwandelte.

Unfassbare 47 Tore standen am Ende der Saison auf der Habenseite. Der Goldene Schuh als Europas bester Torschütze war ihm sicher. Er wurde auch bester Torschütze der Liga und sowohl die Spieler als auch die Journalisten wählten ihn zum besten Spieler der Saison. Kein Wunder, dass da auch andere Klubs lockten. »Napoli hat mir eine Million Pfund geboten«, verriet er später einmal, »und ich wollte auch mit ihnen darüber reden, doch John Smith, der damalige Boss in Liverpool, hatte es mir verboten.«[23] Die Süditaliener holten sich stattdessen Diego Maradona …

Nach Italien zog es ihn dann aber doch noch drei Jahre später. Jedoch nur für ein paar Monate. Er hatte Sehnsucht nach England und Liverpool. Also holte der Klub ihn wieder zurück an die Anfield Road. Damals mitgeboten hatte auch Manchester United. Doch rückblickend stellte Rush klar: »Ich würde niemals für Everton oder ManUnited spielen.«[24] Stattdessen streifte er sich wieder das rote Trikot über. Nach anfänglichen Problemen etablierte sich der Waliser wieder und wurde erneut zur Stütze. Er nahm die jungen Steve McManaman und Robbie Fowler unter seine Fittiche. Beide profitierten vom »Oldie« in der Offensive.

In den Jahren bis zu seinem zweiten Abschied 1996 baute er dann noch den einen oder anderen Rekord aus. Im 20. Jahrhundert hat kein anderer Spieler mehr Tore (44) im FA Cup gemacht als Rush, auch seine fünf Finaltore sind bisher unerreicht. In der Liga ist er mit 229 Treffern Liverpools drittbester Torjäger nach Roger Hunt (245) und Gordon Hodgson (233). Und was mit am wichtigsten ist: Seine 25 Tore gegen Everton sind absoluter Rekord!

7. GRUND

Weil wir den Wirtschaftswissenschaftler Steve Heighway auf der Außenbahn hatten

Auch in den 1960er- und 1970er-Jahren war der Weg eines Fußballprofis recht klar. In jungen Jahren im Nachwuchs eines großen Teams landen und dann den Durchbruch in der ersten Mannschaft packen. So sehr hat es sich von heute nicht unterschieden und umso mehr stachen da Ausnahmen wie Steve Heighway hervor.

Bevor er sich überhaupt vorstellen konnte, sein Geld mit Fußball zu verdienen, studierte er es. Mit einem Abschluss in Wirtschaftswissenschaften in der Tasche kickte er für den kleinen Amateurklub Skelmersdale United. Wie es der Fußballgott so wollte, schauten bei einem Spiel die Söhne von Liverpools Trainerlegende Bob Paisley vorbei. Damals noch Assistent von Bill Shankly, baute er mit seinem Boss gerade ein neues Team auf, und seine Söhne erzählten ihm voller Ehrfurcht von Heighway. Da musste auch Paisley einmal gucken und war von der ersten Sekunde an beeindruckt. »Als ich ihn das erste Mal sah, verschlug es mir fast den Atem«, erinnerte er sich einmal an die erste Begegnung, »›Star‹ stand ihm eigentlich schon auf die Stirn geschrieben, aber er spielte nur für Skelmersdale United. […] Ich habe damals sogar einem unserer Trainer gesagt, dass das der beste Amateur war, den ich jemals gesehen habe.«[25]

Natürlich musste der 22-Jährige sofort unter Vertrag genommen werden. Also durfte er nun als Profi für Liverpool auflaufen. Und wie er das tat! Wirklich torgefährlich war er nicht, seine eigentliche Stärke waren seine Läufe auf der Außenbahn. Keiner konnte ihn stoppen, wenn er einmal loslegte und mit dem Ball am Fuß nach vorn preschte. So auch im November 1970, als er eines der größten Merseyside Derbys entschied. Everton war damals als Meister zu Gast an der Anfield Road und führte bereits 2:0. Auf der linken Seite rannte Heighway – so schnell wie auf einem Highway – los, der Ball kam von Tommy »Iron« Smith. John Hurst versuchte, ihn zu stoppen, doch Heighway gelangte in den Strafraum. Während nun alle einen Flankenwechsel erwarteten, setzte er den Ball einfach ins Netz von Andy Rankin. Sieben Minuten später schlug er dann eine starke Flanke auf die andere Seite genau auf John Toshacks Kopf – 2:2. Das Spiel war beinahe gedreht, die Kop spielte verrückt und Chris Lawler traf dann auch noch zum 3:2 für die Hausherren!

Seine Qualitäten hatte Stevie also schon früh unter Beweis gestellt. In den folgenden Jahren, den Goldenen 1970ern, war er ein

Schlüsselspieler. Er gewann mehrere Meisterschaften, den UEFA-Pokal und den Landesmeisterpokal. Entscheidend immer wieder seine Flankenläufe und sein Tempo auf dem Platz.

Aber auch neben dem Feld konnte er für Lacher sorgen. Tommy Smith erinnert sich an eine frühe Begegnung zwischen Heighway und Bill Shankly. »Kurz nach seiner Ankunft hatten wir ein Meeting mit Shanks. Und der Coach fragte den Neuen, warum er seinem Teamkollegen soeben nicht geholfen hatte: ›Junge, sag mir, wenn das Haus deines Nachbarn brennt, was würdest du tun? Würdest du ihm beim Löschen helfen oder zusehen, wie es abbrennt?‹ Ich weiß nicht, wie wir alle ernst bleiben konnten, denn Stevie in all seiner Weisheit stand auf und antwortete: ›Nun ja, alles, was ich sagen kann, ist, dass ich nicht antworten kann, ehe Sie mir eine ernst gemeinte Frage stellen. Wenn Sie mir dumme Fragen stellen, bekommen Sie auch dumme Antworten.‹ Das hat gesessen und die Kabine spielte verrückt, kann ich Ihnen sagen.«[26]

Dass dieser Zwist keine ernsthaften Folgen hatte, zeigte natürlich auch, dass Heighway bis 1981 in Liverpool blieb und auch danach noch maßgeblich im Verein involviert war. Kenny Dalglish holte ihn acht Jahre nach seinem Abschied aus den USA zurück nach England. Hier baute der einstige Flügelläufer die Nachwuchsakademie des Liverpool Football Club auf. Spieler wie Michael Owen oder Steven Gerrard danken es ihm noch heute.

8. GRUND

Weil Dirk Kuijt immer am Boden blieb

Wenn man als Stürmer zum FC Liverpool wechselt, kann man durchaus abheben oder zumindest kurz davor stehen. Nicht so Dirk Kuijt. Schon als erfolgreicher Vollender bei Feyenoord Rotterdam blieb er stets am Boden. Teures Auto? Weit gefehlt! Ein zugegeben geräumiger SUV durfte es schon sein, aber einen teuren Sportwagen suchte man vergebens in Kuijts Garage.

Das änderte sich auch 2006 in England nicht. Seine Frau arbeitete bis zur Geburt der gemeinsamen Tochter auch weiterhin als Krankenschwester in einem Altenpflegeheim. Bodenständig eben. Nicht nur das ist ein Grund, warum der Niederländer bei den Fans in Anfield so beliebt war. Ein Arbeiter, der auch aus ihren eigenen Reihen hätte stammen können. Wie alle großen Legenden des Klubs.

Sobald Kuijt Geld verdient hatte, gründete er eine Stiftung, um benachteiligte Kinder zu unterstützen. Inzwischen arbeitet seine Frau dort und nicht mehr im Pflegeheim. Wieder ein Grund, zur Liverpooler Legende zu werden, oder nicht? Das erkannten auch die Fans. Seine Tore und die Berichte über seine Heldentaten in den Gazetten in und um Liverpool waren natürlich auch nicht ganz unbeteiligt an seinem Legendenstatus in der Kop.

Dieser war mit einem Hattrick beim 3:1-Sieg gegen Manchester United am 6. März 2011 wohl endgültig erreicht, zumal er nach jedem Spiel in jede einzelne Ecke des Stadions ging und sich bei den Fans bedankte. Ein Ritual, das andere Spieler oder ganze Teams nicht mehr pflegen.

Seine Leistungen ließen erst mal auch nicht nach. Nach der WM 2010 bekam er von der niederländischen Legende Johan Cruyff sogar ein Sonderlob: »Er hat nicht nur Maicon sehr gut bewacht, sondern auch noch den Siegtreffer aufgelegt. So ein Kerl ist sein Gewicht in Gold wert.«[27]

Aber mit Kenny Dalglish wollte es nicht so recht klappen. Kuijts Einsätze wurden geringer, ebenso die Tore. Dennoch kam sein Abschied im Sommer 2012 überraschend, da doch mit Brendan Rodgers ein neuer Trainer und somit auch eine neue Chance, sich zu beweisen, nach Liverpool kam. »Damit hat es nichts zu tun«, erklärte er seinen Abschied, »aber als Fenerbahçe auf mich zukamen und von ihrem Projekt berichteten, war ich im ersten Moment schon verkauft. Sie haben mir das Vertrauen geschenkt, das ich verloren hatte.«[28]

Seitdem lebt er in der Türkei und gehört noch lange nicht zum alten Eisen. Immer noch trifft er und ist ein Standbein der Elftal. Bei der WM 2014 in Brasilien begann er gar als Außenverteidiger im von Louis van Gaal praktizierten 5-3-2-System. Gegen Mexiko lief er im Achtelfinale zu seinem 100. Länderspiel auf.

9. GRUND

Weil nur wir einen echten »Bullen« haben

Auch Liverpool wollte einen Bullen haben. So haben sie sich José Enrique im Jahr 2011 von Newcastle United geschnappt. Der beinharte Linksverteidiger bekam seinen Namen natürlich wegen seiner recht rauen Spielweise.

Kompromisslos und mit Augen nur für den Ball jagt er über das Spielfeld. So bereitet er Tore vor und verhindert natürlich auf der eigenen Seite genug. Als die Reds ihre sechsjährige titellose Zeit im Februar 2012 mit dem Ligapokal beendeten, war der Spanier maßgeblich daran beteiligt. Er räumte den Gegner ab und belohnte sich und das gesamte Team mit dem Titel.

Dass er noch viel mehr als einfach nur Verteidiger sein kann, bewies er am 1. April 2012 gegen seinen alten Klub. Immerhin 13 Minuten lang musste er sich das Trikot von Pepe Reina überstreifen. Sein Landsmann sah nach einem harten Einsteigen gegen James Perch den roten Karton und musste vom Platz. Dass Enrique während seines Einsatzes keinen Treffer kassierte, verhinderte die 0:2-Niederlage allerdings auch nicht mehr. Immerhin hat Liverpool an diesem Tag einen weiteren Torhüter in den eigenen Reihen entdeckt.

Was José Enrique auch noch kann, ist twittern. Als ob es ein Einstellungskriterium wäre – auch Besitzer John W. Henry hat einen legendären Twitteraccount –, teilt er sein Leben gern der Welt mit. Dabei teilt er dann auch schon einmal gegen José Mourinho und Chelsea aus. Als die Blues in der Saison 2013/14 im Halbfinale der Champions League gegen Atlético Madrid ausschieden, twitterte er ganz unverhohlen: *Das passiert eben, wenn man keinen Fußball spielt …*[29] Chelsea parkte damals den berühmten blauen Bus vor dem Tor. Gereicht hat es bekanntlich auch für Atlético nicht – Real Madrid holte den zehnten Titel.

Und der »Bulle«? Nach einer bösen Knieverletzung stieg er im Sommer 2014 nach über sieben Monaten wieder ins Mannschaftstraining ein. Die Zukunft auf links ist offen, denn ein gewisser Jon Flanagan hat sich dort, sagen wir mal … etwas festgespielt. Doch der Bulle wäre nicht der Bulle, wenn er nicht auch optimistisch in die Zukunft blicken würde. »Wir werden in der Champions League spielen und das habe ich meiner gesamten Karriere zuvor noch nie gemacht. Ich freue mich total darauf«, gab Enrique bei seiner Rückkehr auf den Trainingsplatz stolz bekannt. »Aber wir müssen uns auch in der Liga wieder beweisen. Wir haben einfach so viele Wettbewerbe zu bestehen.«[30] Und dass das gelingt, darauf hofft auch der Spanier, denn so will er sich wieder im ersten Team festbeißen.

10. GRUND

Weil Robbie Fowler nur bei uns richtig erfolgreich spielte

Als ein gewisser Robbie Fowler am 22. September 1993 beim 3:1-Ligapokalerfolg gegen den FC Fulham für Liverpool debütierte, wusste man im Klub bereits, dass der junge Mann ein ganz heißes Eisen werden könnte. In der Jugend noch ein glühender Anhänger des FC Everton, »bekehrte« ihn an seinem 17. Geburtstag endlich ein Scout. Schnell kristallisierte sich heraus, dass dies mehr als nur lohnenswert war.

Bei seinem Debüt gelang Fowler gleich ein Tor gegen Fulham. So weit, so gut, das schaffen auch andere Debütanten, mögen nun manch Leute denken. Das stimmt, aber Robbie Fowler legte eine Woche später in der Premier League noch einmal so richtig nach. Wieder hieß der Gegner Fulham und wieder traf das junge Talent. Aber nicht nur einmal, auch nicht zwei- oder dreimal. Nein, ganze fünf und damit alle Tore steuerte er zum Sieg dabei. Nun war er in aller Munde. England feierte seine neueste Sturmhoffnung in allen Gazetten.

Schnell etablierte Robbie sich neben Ian Rush. Doch kämpfte er mit dem Oldie nicht um einen Platz, vielmehr passten die beiden perfekt zueinander. Tore um Tore gelangen Fowler und vorbereiten konnte er auch noch! Aus der Tiefe heraus kam er ebenso gefährlich – er war für den Gegner ein einziger Brandherd. Das bekam vor allem Arsenal am 28. August 1994 zu spüren, als Fowler in nur vier Minuten und 33 Sekunden einen Hattrick hinlegte.

Er war nun endgültig angekommen und traf ganze 31-mal in des Gegners Tor. Manch ein Kritiker war noch immer nicht überzeugt und sprach von Glück zu Beginn der jungen Karriere. Aber Fowler strafte jeden Kritiker Lügen, als er in der folgenden Saison einfach noch einmal fünf Tore draufpackte. Er spielte sich so auch in den Kader zur EM 1996, die immerhin im eigenen Land stattfand.

Auch nach dem Weggang von Rush 1996 war nichts von einem Einbruch zu spüren. Mit von nun an wechselnden Partnern sorgte er ebenso für Tore. Robbie Fowler blieb in den Spielzeiten Rekordtorschütze seines Klubs. Aber die Zukunft sollte nichts Gutes für ihn bereithalten.

Wenige Monate vor der WM 1998 in Frankreich zog er sich am 23. Februar 1998 während eines Zweikampfs mit dem norwegischen Torhüter Thomas Myhre einen Kreuzbandriss zu. Die WM war futsch und der Stern sank langsam. Der noch jüngere Michael

Owen nutzte damals die Gunst der Stunde und spielte sich in den Vordergrund.

Nach seiner Verletzung wurde Fowler nicht mehr zu 100 Prozent der Alte. Zwar spielte er nun neben Owen und traf auch wieder, doch daneben gesellten sich immer wieder Skandälchen, Stichwort: »Spice Boys«. Ein unkluger Kommentar hier, ein fragwürdiger Torjubel gegen Everton da (Robbie tat so, als würde er die Seitenlinie wie eine Line durch die Nase aufsaugen), auch mit dem neuen Trainer Gérard Houllier kam er nicht gut aus.

Fowler wurde immer mehr zum Ergänzungsspieler, was keinem Profi gefällt. Also wechselte er nach dem UEFA-Pokalsieg – obwohl er im Finale traf – den Verein. In der Folge blieb er allerdings weder bei Newcastle United noch bei Manchester City sonderlich lange, noch wurde er richtig erfolgreich.

Ende Januar 2006 erhoffte er sich jedoch einen zweiten Frühling bei seinem Klub der ersten Stunde. Damals herrschte eine Sturmflaute in Liverpool. Steven Gerrard war als Mittelfeldspieler der beste Torschütze. Das wollte Fowler wie einst ändern. Doch wie so oft gelang die Rückkehr nicht. Nur acht Tore gelangen ihm und so war nach anderthalb Jahren wieder Schluss an der Anfield. Die restlichen Jahre seiner Karriere verbrachte Fowler bei noch so manchem Klub. Die Blackburn Rovers, aber auch Cardiff City und zwei australische Klubs stehen in seiner Vita ebenso wie Muangthong United aus Thailand.

Inzwischen ist der ehemals wilde Fowler wieder in Liverpool. Seit Sommer 2014 hat er eine neue Rolle als Botschafter des Vereins übernommen. »Liverpool ist seit 30 Jahren ein großer Teil meines Lebens, und es war eine Ehre, hier spielen zu dürfen«, blickte er bei der offiziellen Bekanntgabe zurück und auch gleich voraus: »Umso mehr ist es ein Privileg, nun als Botschafter tätig zu sein. Ich freue mich, diesen großartigen Verein nach außen zu repräsentieren, und werde alles tun, damit der Klub Erfolg hat.«[31] Zudem soll er auch als Mentor in der Nachwuchsakademie arbeiten.

11. GRUND

Weil Robbie Fowler den schnellsten Hattrick in der Geschichte der Premier League im roten Trikot schoss

Das erste Tor war noch ein ganz typisches für ein Fußballspiel. Freistoß von der rechten Seite, der Ball flog lange in der Luft und fiel erst im Strafraum runter. Dort allerdings konnte die Abwehr Arsenals die Kugel nicht kontrollieren und Robbie Fowler musste sie vor seinen Füßen liegend nur noch einschieben. Tor Nummer eins für den jungen Kerl war perfekt. Aber das war es noch lange nicht gewesen.

Steve McManaman schnappte sich kurz nach Wiederanpfiff den Ball, durchlief die gesamte Hintermannschaft des FC Arsenal und schickte Fowler auf der linken Seite auf die Reise. Zack, der Ball lag wieder im Tor – Englands Nationalkeeper David Seaman musste schon wieder hinter sich greifen.

Und nur wenige Minuten später stand der Schlussmann erneut fassungslos vor seinem Tor. John Barnes hatte aus der zweiten Reihe einen wundervollen Ball auf Fowler gespielt, der lief schnurstracks auf das Tor zu. Erst konnte Seaman den Ball noch irgendwie klären, doch der rollte nicht ins Aus, sondern Fowler schnappte ihn sich erneut. Mit dem linken Fuß legte er sich das Spielgerät vor, mit rechts zog er ab, und es stand 3:0 für Liverpool vor eigenem Publikum. In nur etwas mehr als vier Minuten hatte der freche 19-Jährige den schnellsten Hattrick der Premier-League-Geschichte perfekt gemacht. Die drei Treffer reichten zum Sieg über die Nord-Londoner. Sie versuchten sich zwar immer wieder, aber irgendwer konnte im Tor Liverpools die Situation jedes Mal retten.

Bei einer Zusammenstellung des Ligaverbandes schaffte es das Spiel – vor allem wegen des Hattricks von Fowler – unter den besten 100 Spielen auf den 29. Platz. Eine große Karriere im Liverpooler Trikot nahm an jenem 28. August 1994 ihren Anfang.

12. GRUND

Weil wir Kolo Touré ein neues Leben geschenkt haben

Kolo Touré ist keine Legende in Liverpool. Er kann es gar nicht sein. Dafür ist er erst zu kurze Zeit im roten Trikot aktiv. Aber er hat bewiesen, was er kann, und sich damit bereits nach wenigen Spielen die Sympathie der Fans gesichert.

Der Abwehrrecke war keinesfalls ein junger, hoffnungsvoller Spieler, als er zum FC Liverpool wechselte. Nein. Er war schon im gediegenen Fußballeralter. Mit Arsenal und Manchester City hat er bereits die Premier League gewonnen und sich den einen oder anderen Pokal geschnappt. Selbst zwei WM-Teilnahmen mit der Elfenbeinküste standen zu diesem Zeitpunkt bereits auf der Visitenkarte des Verteidigers.

Mit über 30 Jahren sollte er der sich im Umbruch befindlichen Mannschaft von Brendan Rodgers noch einmal zusätzlichen Halt verleihen. Mit dem Rücktritt von Jamie Carragher wurde ein Platz in der Abwehrreihe der Reds frei, die nun mit dem ersten Ivorer im roten Trikot gefüllt wurde.

Seine Zeit bei Manchester City war zu Ende. Das war ihm schon lange klar, es brauchte eine neue Herausforderung für den Nationalspieler und die fand er in Liverpool. In 20 Spielen rannte er in der Saison 2013/14 auf und ab, so als ob er nicht 32, sondern erst 22 wäre. Er ackert, zeigt sich als Anführer und als Vorbild. Aus seinen Fehlern der Vergangenheit hat der Ivorer gelernt – von seinen Dopingproblemen ist nichts mehr zu spüren.

Die Reds haben ihm eine neue Heimat gegeben und er dankt es dem Klub mit einer aufopferungsvollen Arbeit auf dem Platz. Im Jahr 2014 sieht Kolo Touré wieder so aus, als ob er es mit jedem auf dieser Welt aufnehmen könnte.

13. GRUND

Weil mit Alex Raisbeck ein Schotte unser erster Star war

Wenn es damals schon große Poster, TV-Shows oder Radiosendungen gegeben hätte – Alexander Galloway »Alex« Raisbeck wäre darauf abgebildet beziehungsweise ein gern gesehener Gast gewesen.

Raisbeck kam 1898 als noch nicht einmal 20-Jähriger zum FC Liverpool. Der Klub war gerade erst gegründet worden, doch war bereits ambitioniert. Die erste Liga, nein der Titel war das Ziel, und die Mannschaft wusste, darum mitzuspielen. Zum Schlüsselspieler wurde Raisbeck. Er hielt die Abwehr beisammen und wurde nur ein Jahr nach seiner Ankunft auch gleich Kapitän der Reds. 1901 war es dann so weit. Wieder spielte Liverpool lange ganz vorn mit und dieses Mal blieben sie auch am letzten Spieltag auf Platz eins der Tabelle! Die erste Meisterschaft der Geschichte war perfekt. Nur neun Jahre nach der Gründung reckte Raisbeck als erster Skipper des Vereins den Meisterpokal in die Luft.

Spätestens zu diesem Zeitpunkt war ein echter Star geboren. Der Fernando Torres des ganz frühen 20. Jahrhunderts. Ungewöhnlich für einen Fußballer damals, war Raisbeck darauf bedacht, stets gut frisiert und gut angezogen zu sein. Sein Bart war immer akkurat, seine Kleidung schick.

Ob damit auch der »Niedergang« des Klubs in den darauffolgenden Jahren verbunden ist, ist nicht belegt. Fest steht nur, dass eine gewisse Lethargie in die Mannschaft einkehrte und sie sich nicht mehr so motivieren konnte oder wollte wie zuvor. Das Ende vom Lied war der Abstieg in die zweite Liga.

Dieser Einschnitt wirkte wie ein Warnschuss für den ganzen Verein und zeigte eine enorme Wirkung. Der Klub stieg mit Raisbeck sofort wieder auf und wurde gleich noch ein zweites Mal Meister. Damals schrieb das Klubmagazin des FC Everton nach einem Derby: »Nie zuvor hat er einen besseren Fußball gezeigt. Er war hier, dort und überall. Jetzt eine Attacke einleitend, dann wieder eine andere stoppend. Er hat das ganze Feld dominiert und war ohne Frage der allerbeste Spieler.«[32]

Er war ein starker Fußballer, dessen Karriere schlussendlich von mehreren Verletzungen beendet wurde. Sein Knie machte ihm zu schaffen, er konnte nicht mehr bei Liverpool spielen und ging zurück in seine Heimat Schottland.

Dort beendete er 1914 seine Laufbahn endgültig. Immer mit dem Traum lebend, einmal seinen FC Liverpool trainieren zu dürfen, wagte er nach dem Ersten Weltkrieg den Schritt ins Trainergeschäft. Auch wenn er den einen oder anderen Erfolg feierte, so war es ihm nie vergönnt, seine Reds zu coachen. 1939 kehrte Raisbeck dennoch nach Liverpool zurück und arbeitete als Scout für den FC. Diese Tätigkeit übte er bis zu seinem Tod am 12. März 1949 aus. Er starb in der Stadt seiner größten Triumphe. Er wird immer als einer der ersten Stars in Erinnerung bleiben. Er war der erste Schotte, der als Kapitän die erste Meisterschaft feierte. Das wird ihm niemals jemand vergessen.

14. GRUND

Weil uns auch ein Weltstar namens Karl-Heinz Riedle nicht helfen konnte, wir aber dennoch erfolgreich wurden

Ein großer Star für Liverpool! Eine neue Ära sollte eingeleitet werden. Roy Evans schaffte es, 1990er-Weltmeister Karl-Heinz Riedle vom damaligen Champions-League-Sieger Borussia Dortmund loszueisen und zum FC Liverpool zu locken. Immerhin hatte Riedle im legendären Finale von München doppelt getroffen und dem BVB damit maßgeblich den Weg zum Titel geebnet. Was sollte also schon schiefgehen?

Im Nachhinein dann doch so einiges. Früh ging es in Riedles Karriere ganz weit nach oben. Als er 1987 in der Bundesliga für Werder Bremen debütierte, wurde er gleich Deutscher Meister, drei Jahre später in Rom Weltmeister. Als einer der teuersten Spieler Europas ging er nach dem Titelgewinn zu Lazio, kehrte daraufhin in die Bundesliga zurück, wo er mit Dortmund noch zweimal Meister wurde.

Auch wenn er sich die europäische Krone des Vereinsfußballs im Frühjahr 1997 aufsetzte, so konnte er doch bei Liverpool nicht das erreichen, was er sich selbst vorstellte und was man von ihm erwartete. Vor allem überraschte der alternde Offensivstar mit häufigen Abseitsstellungen im Spiel und musste seinen Platz schnell den hungrigen jungen Kickern überlassen. Michael Owen oder Robbie Fowler – beide liefen dem Deutschen den Rang ab. Dennoch kam Riedle auf einige Einsätze, allerdings zumeist als Einwechselspieler.

In seinem letzten Spiel für Liverpool traf Riedle im League Cup gegen Hull City doppelt und wechselte dann zum FC Fulham in die zweite englische Liga. Dort wurde er im Jahr 2000 zusammen mit seinem früheren Liverpooler Coach Roy Evans Spielertrainer.

Erst in den Jahren nach Riedle gelang auch dem LFC der Erfolg, den er sich mit Riedle erhofft hatte. UEFA-Pokal, Königsklasse und nationaler Pokal wanderten in die Vitrine in der Anfield Road. Auch wenn Riedle nicht helfen konnte, so war seine Zeit am Mersey vielleicht doch hilfreich gewesen. Wer weiß, ob man sonst die Erfolge der Jahre danach gehabt hätte?

15. GRUND

Weil Tommy Smith unser »Anfield Iron« ist

Heutzutage ruft man oftmals nach Typen. Typen, die allein durch ihre Anwesenheit auf dem Spielfeld eine Partie drehen. Nicht, weil sie so geniale Fußballer sind, nein, sondern weil sie einfach den Sieg einfordern. Mit ihrem Handeln, ihrem Umgang mit dem Gegner, ihrer Ausstrahlung. Ein solcher Typ war Tommy Smith – »Das Eisen« von der Anfield Road.

Hart im Umgang mit dem gegnerischen Team, aber respektvoll. Er war dafür bekannt, alles, aber wirklich alles für den Sieg zu tun. Trainerlegende Bob Paisley meinte einmal: »Er hat es gehasst zu verlieren und war bereit, jeden Schmerz in Kauf zu nehmen, um es zu verhindern.« Damit habe er nicht nur seine Gegner beeindruckt, sondern auch seine Teamkollegen motiviert. »Sie haben daraus Kraft geschöpft«, erinnerte sich Paisley weiter, »es war, wie einen großen Bruder neben sich zu haben, der einfach jeden Ärger von dir fernhält.«[33]

Sein früherer Gegenspieler von Leeds United, Norman Hunter – selbst nicht gerade als Weichei bekannt –, merkte einmal schmunzelnd an: »›Komm mir nahe und ich brech dir dein Genick‹ war sein Leitspruch. Aber eigentlich ist er ein echt netter Kerl.«[34]

Dabei war es in seiner Jugend gar nicht abzusehen, zu welchem Klub in Liverpool der junge Tommy gehen würde. Sein Herz war lange schon an die Reds vergeben. »Mein Vater war ein Liverpudlian, also war ich es natürlich auch«, gab er im Jahr 2005 unverblümt zu: »Und das Einzige, was ich wollte, war, zu Liverpool zu gehen.«[35] Sein Schuldirektor machte ihm damals aber auch klar, dass Everton der katholische Klub war und er als Katholik doch dahin gehen müsste. »Aber ich habe ihm einfach gesagt, dass es mir egal ist, denn ich wollte zum FC, weil das mein Team war.«[36]

So bekam die Schülerauswahl der Reds einen neuen Spieler. Mit 14 Jahren begann Smiths Karriere im roten Trikot und mit 17 jene im Profiteam. »Ich habe mein Debüt gegen Birmingham City gefeiert. Wir haben 5:1 gewonnen, und ich konnte nicht glauben, dass ich gerade in Anfield gespielt habe«, erinnerte er sich noch Jahrzehnte später. »Es war ein Traum, der nun wahr geworden ist.«[37]

Später sollte er »sein« Team noch als Kapitän anführen und unzählige Titel gewinnen. Er war Bestandteil der legendären

1970erJahre-Mannschaften, die in Europa beeindruckten und sowohl UEFA- als auch Landesmeisterpokal zweimal gewinnen konnten.

Wie so oft gab es aber auch bei Smith ein Ende mit zumindest kleinen Schrecken. Erst verlor er die Binde, dann spielte er kurze Zeit leihweise bei den Tampa Bay Rowdies, ehe er 1977 Liverpool zum Sieg im Landesmeisterpokal über Borussia Mönchengladbach führte. Gerüchte machten die Runde, dass er danach seine Karriere beenden würde, doch er hängte noch ein Jahr dran. Wegen einer Fußverletzung konnte er die Titelverteidigung nicht wirklich miterleben. Im Sommer 1978 spielte er schließlich abermals in den USA, ehe er unter seinem ehemaligen Teamkollegen John Toshack seine Laufbahn bei Swansea City ausklingen ließ.

Vom »Anfield Iron« ist heute nicht mehr viel übrig. »Ich musste so viele Dinge operieren lassen«, gab er zu. »Ich habe zwei künstliche Knie, ein künstliches Hüftgelenk und Ellbogen – das ist das Produkt von 21 Jahren Wettkampf. Begonnen als 14-Jähriger bei der Schülermannschaft Liverpools und aufgehört als 35-Jähriger bei Swansea City.«[38]

Nach seiner aktiven Karriere blieb Smith dem Fußball bis auf eine kurze Zeit als Jugendtrainer bei den Reds nicht verbunden. Die Fans erinnern sich noch immer an das »alte Eisen« und wählten ihn auf Platz 25 unter den beliebtesten Spielern der Kop.

16. GRUND

Weil Martin Škrtel unser Chuck Norris ist

Martin Škrtel ist ein Verteidiger der alten Schule auf der einen Seite. Der Slowake ist körperlich robust, stark und scheint kein Mitleid zu kennen. Auf der anderen Seite ist er jedoch auch ein sehr guter Fußballer. Seit er im Jahr 2008 zu Liverpool wechselte, hat er sich technisch verbessert und traut sich nun auch, den Ball spieleröffnend einzusetzen.

Der frühere Trainer Rafael Benítez sprach von ihm einmal als einem Typen wie Jamie Carragher. In der Luft ist der Abräumer kaum zu überwinden und Angst vor einem Tackle kennt er nicht. Kein Wunder, dass schnell Vergleiche mit Chuck Norris unter den Fans auftauchten.

Es gebe keine Evolution, sondern nur eine Liste von Tieren, denen Martin Škrtel erlaube zu leben. Oder auch: »Martin Škrtel hat in seinem ganzen Leben noch nicht geblinzelt. Noch nie.« Oder dass der Slowake auch gerade gegen den Wind urinieren könne.

Die Liste der Norris-Witze ist lang. Ebenso jene Variante mit Martin Škrtel. Die besten Sprüche:

- Martin Škrtel schläft nicht. Er wartet.
- Auf der Tastatur von Martin Škrtel gibt es keine Ctrl-Taste, denn er hat immer die Kontrolle.
- Martin Škrtel hat das Periodensystem der Elemente zerstört, da er nur das »Element der Überraschung« akzeptiert.
- Martin Škrtel ist die häufigste Todesursache unter osteuropäischen Stürmern.
- Der chinesische Philosoph und General Sunzi schrieb einmal: »Ist dein Gegner schwächer, erobere ihn. Ist dein Gegner stärker, verbünde dich mit ihm. Ist dein Gegner Martin Škrtel, dann hast du ein verdammtes Problem.«
- Martin Škrtel hat Russisches Roulette mit einer vollgeladenen Pistole gespielt. Und gewonnen.
- The Black Eyed Peas waren einfach nur The Peas, bevor Martin Škrtel anfing, die Musik zu hören.
- Martin Škrtel war auf dem Mars. Deswegen gibt es dort kein Leben.
- Martin Škrtel darf als einziger Mensch MC Hammer berühren.
- Als die Apollo auf dem Mond landete, fand die Besatzung zwei leere Flaschen Gin. Und das Portemonnaie von Martin Škrtel.

- Die Tschechoslowakei wurde geteilt, weil es der achtjährige Martin Škrtel so wollte.
- Martin Škrtel spendet sehr gern Blut. Es ist aber nie sein eigenes.
- Die Berliner Mauer fiel, weil Martin Škrtel nicht um sie herum laufen wollte.

17. GRUND

Weil John Toshack bei uns spielte

»Willkommen in Liverpool, mein Junge«, begrüßte Trainerguru Bill Shankly den jungen John Toshack im November 1970 an der Lime Street Station, als der Waliser zum ersten Mal in Liverpool ankam. Er habe soeben die Sonntagsschule gegen die Kirche getauscht.[39]

Von Cardiff in die große Welt und zu einem Topklub Europas. Dieser Schritt ist für viele junge Spieler ein zu großer. Für Toshack mag man das bei einem Blick auf seine Karrierebilanz auch denken, doch seine teilweise geringen Einsatzzeiten und Tore sind in seinen vielen Verletzungen begründet, die ihn immer wieder zurückwarfen.

Bei den Reds schoss der Mittelstürmer fast 100 Tore in 246 Auftritten in der Liga, feierte Siege in der Meisterschaft und im UEFA-Pokal. Doch den größten Erfolg dieser Zeit – den Titel im Landesmeisterpokal 1977 gegen Borussia Mönchengladbach – erlebte er, mal wieder verletzt, nur von der Tribüne aus.

Mit nicht einmal 30 Jahren musste Toshack seine Karriere beenden. Nur vier Auftritte in seiner letzten Saison gaben schließlich den Ausschlag für seinen Wechsel zu Swansea City in die vierte walisische Liga. Als Spielertrainer führte er den Verein bis in die oberste Spielklasse. Dort traf er mit stolzer Brust am 3. Oktober 1981 an der Anfield Road auf Liverpool.

Diesen Abend wird er nie vergessen. Erst wenige Tage zuvor verstarb sein Vorbild Bill Shankly. Als die Mannschaften sich am

Mittelkreis für eine Schweigeminute versammelten, zog Toshack seine Swansea-Trainingsjacke aus. Zum Vorschein kam ein rotes Liverpool-Shirt mit seiner Nummer 10 darauf, das zeigte, wie viel es ihm bedeutete, unter Shankly gespielt zu haben. Für die Fans wurde er so noch mehr zu einer Legende.

Auch ein weiteres Mal zeigte er, wie viel ihm der Klub vom Mersey bedeutete. Nach der Hillsborough-Tragödie mischte er sich unter die geschockten Fans auf der Kop. So erwies er den verstorbenen Anhängern denselben Respekt, den er einst von der Kop bekommen hatte, als er noch ein Spieler war.

Mit Swansea zeigte er einen ersten Erfolg. Schnell klopften auch die ersten ausländischen Klubs an. In Spanien trainierte er zum Beispiel mehrmals Real Sociedad und die Königlichen aus Madrid.

Bekannt wurde er aber auch für seine legendären Pressekonferenzen und Sprüche. »Am Montag nehme ich mir vor, zur nächsten Partie zehn Spieler auszuwechseln«, sagte er einmal auf einer Pressekonferenz, »am Dienstag sind es sieben oder acht, am Donnerstag noch vier Spieler. Wenn es dann Samstag wird, stelle ich fest, dass ich doch wieder dieselben elf Scheißkerle einsetzen muss wie in der Vorwoche.«[40]

Als er das zweite Mal Real Madrid coachte, sprach er davon, dass »eher ein Schwein übers Bernabéu fliegt, als dass ich mich ändere!«[41] Und auf die Frage, wie lange er noch Trainer der Madrilenen sein werde, antwortete er: »Das würde mich auch interessieren.«[42] Das zweite Mal wurde er nach rund acht Monaten entlassen. Später coachte er jahrelang seinen Heimatverein.

18. GRUND

Weil wir mit Kevin Keegan den ersten medialen Star des Fußballs hatten

Kevin Keegan war einer der talentiertesten Fußballer, die je das Trikot des FC Liverpool getragen haben. Die »Mighty Mouse« ebnete den Reds den Weg an die europäische Spitze. Er war ein Superstar, der erste, der provozierte und auch neben dem Platz für Furore sorgte, aber immens geliebt wurde.

Es waren ganze zwölf Minuten auf der Uhr vorbei, als Keegan sein erstes Tor für den FC Liverpool schoss. Am 14. August 1971 hämmerte er den Ball gegen Nottingham Forest in die Maschen. Zusammen mit John Toshack sollte er in den kommenden Jahren die gefährliche Sturmspitze bilden, die mit unzähligen Toren Liverpool an die englische und an die europäische Spitze führte.

Sein größtes Spiel hatte Keegan jedoch in seiner letzten Saison 1976/77. Europapokal der Landesmeister. Endspiel gegen Borussia Mönchengladbach und Berti Vogts in Rom. Der Terrier ging das gesamte Spiel über auf Mäusejagd, doch Keegan rannte den Weltmeister von 1974 in Grund und Boden. Dieser wusste sich wenige Minuten vor Schluss nur mit einem Foul zu behelfen, Elfmeter. Phil Neal trat an und sicherte dem LFC den bis dahin größten Erfolg in der Vereinsgeschichte. Nach Jahren der Erfolge im UEFA-Pokal war nun endlich geschafft, was Bill Shankly nie vergönnt war: Der Sieg im Europapokal der Landesmeister, der heutigen Champions League.

Keegan suchte danach in der damaligen Bundesrepublik beim Hamburger SV sein Glück. Hier wurde er Deutscher Meister und in den Jahren 1978 und 1979 als »Europas Fußballer des Jahres« geehrt. Seine herausragende Stellung, sein Superstar-Dasein festigte er mit seinen Erfolgen als Sänger. Zusammen mit Chris Norman, dem Sänger von Smokie, nahm er zwei Charterfolge auf, *Head Over Heels in Love* schaffte es im Vereinigten Königreich gar auf Platz 31.

Nach drei Jahren an der Elbe hatte er genug von Deutschland und ging wieder zurück nach England. Hier stand er zuerst beim FC Southampton unter Vertrag, später noch bei Newcastle United, obwohl zu jeder Zeit auch der FC Liverpool Interesse hatte. Er feierte keine großen Titel mehr, wurde aber 1982 von seinen Spielerkollegen zu »Englands Fußballer des Jahres« gewählt.

19. GRUND

Weil John Barnes aus einem Londoner Vorort kam und die Welt oder zumindest Liverpool eroberte

Aus dem sonnigen und vor allem sehr warmen Jamaika zog es die Eltern von John Barnes in den 1970er-Jahren in das nasskalte England. Sein Vater wurde Attaché an der Botschaft in London, und der kleine John spielte zuerst bei dem Amateurverein Sudbury Court, ehe ihn Graham Taylor zum FC Watford holte.

Mit dem kleinen Verein aus der Nähe Londons überraschte Barnes in den 1980er-Jahren die gesamte Fußballlandschaft auf der Insel. Sie stiegen in die oberste englische Spielklasse auf, wurden Vizemeister hinter Liverpool und schafften es gar bis ins Pokalfinale gegen Everton. Auch europäisch sollte der FC Watford in jenen Jahren spielen, sodass der Schlüsselspieler Barnes auch schnell für die Nationalmannschaft interessant wurde.

Bobby Robson holte ihn an Bord und schnell wusste er zu beeindrucken. Bei der WM 1986 konnte Barnes zwar weder »Die Hand Gottes« noch das Jahrhunderttor Diego Maradonas verhindern, doch seine Einwechselung eine knappe Viertelstunde vor Abpfiff brachte den 1:2-Anschluss durch Gary Lineker und immer wieder große Gefahr für die Argentinier. Vielleicht war es dieses Spiel, das die Verantwortlichen des LFC von einem Wechsel des Mittelfeldmannes überzeugt hat.

Ein Jahr nach der WM zog es Barnes schließlich an die Anfield Road. Hier durfte er unter Kenny Dalglish auch wieder auf der von ihm so geliebten linken Außenbahn ran. Zusammen mit Peter Beardsley, John Aldridge und später Ian Rush bildete er eine der besten und gefährlichsten Offensivreihen in der Geschichte Liverpools. Gleich bei seinem Debüt brauchte er nur neun Minuten bis zu seiner ersten Torbeteiligung, als er beim FC Arsenal für Aldridge auflegte. Bei seinem Heimdebüt kurze Zeit später traf er auch prompt selbst das erste Mal für seinen neuen Klub.

Was gut begann, zog sich auch durch die gesamte Saison 1987/88: 29 Spiele ohne Niederlage und auch nur zwei Pleiten in einer Saison bedeuteten den sicheren Meistertitel. »Alles, was ich versuchte, funktionierte«, erinnerte sich Barnes später, »Jedes Dribbling, jede Finte und jeder Pass brachten etwas.«[43]

In jener Spielzeit hätten die Reds auch das Double perfekt machen können, doch eine Pokalfinalniederlage gegen Wimbledon verhinderte es. Da half auch der unter anderem von John Barnes initiierte *Anfield Rap* nichts. Ein Jahr später drehte sich der Spieß um und in der Meisterschaft verdaddelten sie das Double auch durch einen entscheidenden Fehler von Barnes. Im letzten Spiel der Saison durfte Liverpool maximal mit einem Tor weniger gegen den direkten Konkurrenten Arsenal verlieren, um Meister zu werden. Doch in letzter Sekunde wollte Barnes den Ball nicht an die Eckfahne, sondern lieber ins Zentrum bringen. Die Gunners fingen das Spielgerät ab und krönten sich zum Meister.

1990 fuhr Barnes mit England zur WM nach Italien, wo sie aber gegen Deutschland ausschieden. Auch für die Weltmeisterschaft griff er wieder zum Mikrofon und wurde als Mitglied der Band Englandneworder Erster in den UK-Charts. Wie schon beim *Anfield Rap* war es aber kein gutes Omen.

Seine Leistungen in der Nationalmannschaft waren immer wieder durchwachsen, gerade unter seinem Förderer Graham Taylor, der 1990 Nationaltrainer wurde, zeigte er kaum großartige Einsätze.

Auch das verhinderte den eigentlich von allen Experten erwarteten ganz großen internationalen Durchbruch. Als Taylor nach der verpassten WM-Qualifikation 1993 zurücktrat, wurde auch das internationale Ende Barnes' erwartet. Doch er spielte noch bis 1995 für die Three Lions. Seine Karriere klang so langsam, aber sicher aus, er wechselte noch nach Newcastle zu seinem ersten Reds-Coach Dalglish und zum Londoner Klub Charlton Athletic.

1999 beendete er seine Laufbahn und wurde, erneut vermittelt durch Dalglish, Trainer bei Celtic Glasgow – erfolglos. Die Welt hat er nicht erobert, wohl aber die Anfield Road und The Kop. Bei einer Fanumfrage 2013 wurde er hinter Legenden wie Steven Gerrard, Kenny Dalglish, Ian Rush, Robbie Fowler, Luis Suárez und Jamie Carragher Siebenter. Eine Auszeichnung, die den fehlenden ganz großen Durchbruch verschmerzen lässt.

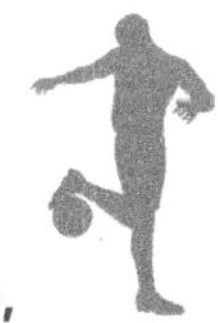

20. GRUND

Weil Michael Owen Erfolg hatte, obwohl die Fans ihn nie richtig liebten

Michael Owen war einer der größten und talentiertesten Fußballer, die die Jugendakademie des FC Liverpool je hervorbrachte. 297 Spiele und 158 Tore sprechen dafür. Schon als kleines Kind beeindruckte er Familie und Bekannte mit Fähigkeiten, die man bei manch einem Erwachsenen vergebens sucht.

Sein Vater Terry Owen, ein lebenslanger Fan des FC Everton, nahm seinen Kleinen mit in einen Klub. Anstatt dort aber am Trampolin zu springen oder im Sand zu spielen, verblüffte Michael am Ball. Seine Koordination, sein Ballgefühl waren für sein Alter einfach atemberaubend. Das blieb auch den großen Vereinen auf der Insel nicht verborgen. »Der erste Klub«, erinnerte sich Terry später, »war Liverpool. Doch auch Brian Kidd von Manchester

United kam, wie auch viele andere. Aber die Überzeugungsarbeit von Stevie Heighway war unschlagbar.«[44] Der damalige Jugendleiter schrieb einen flammenden Brief an die Owens und Michael verliebte sich sofort in die Reds.

Er wurde in die Schulauswahl der Deeside Area Primary School berufen und spielte als Achtjähriger in einem U11-Team, lief ein Jahr später als Kapitän auf und brach als Zehnjähriger den 20 Jahre alten Torrekord von Reds-Legende Ian Rush. In einer Saison traf er 97-mal und baute die Bestmarke von Rushie gar noch um 25 Treffer aus. Spätestens da war jedem klar, dass ein ganz besonderer Junge in der Jugendabteilung stand. In den folgenden Jahren besuchte Owen das englische Fußballinternat, spielte bei den »kleinen« Three Lions und für die Nachwuchsteams aus Liverpool.

Zu seinem 17. Geburtstag bekam er schließlich einen Profivertrag geschenkt. Das war 1997. Im Jahr des Champions-League-Sieges von Borussia Dortmund schaffte es Liverpool, in Karl-Heinz Riedle auch einen Weltmeister und echten Bundesliga-Star zu verpflichten. Doch Stammspieler wurde nicht »Air-Riedle«, sondern der junge Michael Owen. »Es ist unglaublich, wenn man ihn spielen sieht und weiß, dass er erst 17 Jahre ist«, schwärmte der mehrfache deutsche Meister Riedle. »Er ist einfach ein so guter Spieler, so schnell und für sein Alter ist er enorm weit. Bereits jetzt ist er ein toller Spieler und in ein oder zwei Jahren wird er ein großartiger Spieler sein.«[45] Mit 23 Treffern wurde Owen auf Anhieb Torschützenkönig der Premier League, diesen persönlichen Erfolg wiederholte er trotz einer schlechten Saison des Vereins 1999.

Zu Beginn des neuen Jahrtausends warfen ihn Verletzungen immer wieder zurück, doch pünktlich zur grandiosen Liverpooler Saison 2000/01 war er wieder zurück. Am Sieg im UEFA-Pokal gegen Alavés war Owen maßgeblich beteiligt, gegen Arsenal schoss er im FA-Cup-Finale gefühlte Sekunden vor Abpfiff zwei Tore und drehte einen 0:1-Rückstand in einen 2:1-Sieg. Er wurde als bisher einziger Liverpooler und erster Brite seit Kevin Keegan 1979 »Europas Fußballer des Jahres«. Doch all das reichte nicht, um ganz tief in den Herzen der Scousers verwurzelt zu sein. Einige soll es heute noch geben, die ihn mögen, doch die Mehrheit tut es nicht. Die Frage nach der Ursache ist schnell geklärt: Es liegt an der Nationalmannschaft. Als die Three Lions bei der WM 1998 gegen Argentinien erst im Elfmeterschießen scheiterten (2:4), trug Owen mit einem starken Treffer zu einer tollen Leistung der »neuen« Engländer bei, die in der Heimat nun umjubelt wurden. Problem war nur, dass der Stürmer immer mehr in die Nationalmannschaft rutschte, sich dort zu etablieren versuchte und immer weniger Leidenschaft für sein tägliches Brot, also den FC Liverpool, zeigte. Das stieß den Scousers natürlich richtig bitter auf.

An der Anfield Road hatte er die besten Jahre seiner Karriere. Als er 2004 ging, wollte er mit Real Madrid »die großen Titel« holen. Doch die Königlichen, 2002 immerhin noch Sieger in der Königsklasse, vermochten das nicht. Erst im Jahr 2014 gelang unter Carlo Ancelotti der nächste große Titel. Liverpool hingegen holte einen solchen exakt ein Jahr, nachdem Michael Owen die Anfield Road verlassen hatte. Gegen Ancelottis Milan siegten sie in Istanbul im Elfmeterschießen. Owen hat diesen Triumph nur aus der Distanz verfolgen können.

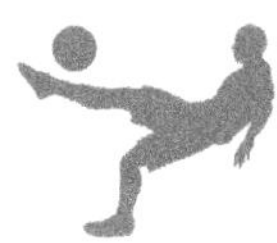

21. GRUND

Weil Emile Heskey nur bei uns das Tor traf

Emile William Ivanhoe Heskey ist ein Junge aus Leicester. Er wurde dort geboren und schaffte als Stürmer von Leicester City den Durchbruch. Nach 197 Spielen mit 46 Treffern und zwei Siegen im Ligapokal verließ er seine Heimat und ging an den Mersey zu den Reds.

Liverpools damaliger Coach Gérard Houllier hatte mit Emile Heskey und Michael Owen ein brandgefährliches Duo in seinem

Team. Beide hatte der Franzose bereits in den Jugendauswahlmannschaften Englands beobachtet, von beiden war er überzeugt. »Er ist ein Diamant«, sagte Houllier damals über Heskey. »Er vereint alle wichtigen Eigenschaften eines Profis in sich. Er arbeitet sehr hart, opfert sich für die Mannschaft.«[46]

Heskey ließ auch die Fans daran keinen Zweifel haben. Als er im März 2000 zu Liverpool stieß, war die Saison zwar schon fast gelaufen, doch immerhin traf er nur wenige Wochen nach seinem Debüt das erste Mal und insgesamt immerhin dreimal. Doch so richtig unter Beweis stellen sollte er sein Talent in der darauffolgenden Triple-Saison. Seine erste volle Spielzeit brachte 22 Tore in 56 Partien, doch sein französischer Trainer war nicht ganz mit ihm zufrieden. Heskey könne ruhig noch mehr aufs Gaspedal treten, monierte Houllier damals: »Ich denke, dass er nur 50 oder 60 Prozent zeigt. Alle meine Offensivkräfte haben noch Luft nach oben.«[47] Speziell der »Neuzugang« müsse seine Chancen noch besser nutzen, habe er doch auch »viele« links liegen lassen.

Manchmal wirkt eine solche Kritik belebend und die betroffenen Spieler explodieren förmlich auf dem Feld. Nicht so beim Nationalstürmer Heskey, der seinen Zenit schon erreicht zu haben schien. Immerhin war er in dieser Zeit Stammspieler der Three Lions und zeigte eine herausragende Leistung beim furiosen 5:1-Sieg Englands in München 2001 gegen eine vollkommen überforderte DFB-Elf. Damals setzte er der Blamage der Deutschen mit dem letzten Tor die Krone auf. Doch sowohl in der Nationalelf als auch im Verein wurden die Highlights fortan weniger.

Die Saison 2001/02 begann noch vielversprechend, doch mit nur einem Tor in 32 Spielen und neun in der gesamten Spielzeit für Liverpool sank Heskeys Stern schneller, als man es gedacht hätte. Immerhin schaffte er es als Stürmer Nummer eins der englischen Nationalmannschaft noch zur Weltmeisterschaft nach Japan und Südkorea. Der damalige Rekordeinkauf der Reds kehrte jedoch nicht gestärkt zurück. Ganz im Gegenteil.

In der Spielzeit nach der WM traf Emile Heskey nur siebenmal in des Gegners Kasten, und Gerüchte wurden immer lauter, er könne den Klub verlassen. Im Sommer nach einer erneut enttäuschenden Saison kamen immer mehr Zitate in die Zeitungen, denen nach Houllier noch immer auf Heskey setzte. Das war das erste Anzeichen eines baldigen Aufschwungs. Doch auch 2003/2004 war wieder ein Jahr zum Vergessen und im Mai 2004 hatte seine Leidenszeit im roten Trikot mit dem Wechsel zu Birmingham City ein Ende.

Immerhin bezahlte der Klub aus den West Midlands damals noch knapp sechs Millionen und bekam das von Heskey mit einer ordentlichen Saison zurückbezahlt. Er wurde Publikumsliebling – aber nur für einige Monate. 2006 fuhr er als Premier-League-Absteiger nicht nach Deutschland und schaffte erst wieder den Sprung nach Südafrika. Nach Stationen bei Wigan Athletic und Aston Villa spielt er seit einigen Monaten unter der Sonne Australiens bei den Newcastle Jets. Immerhin ein netter Karriere-Ausklang. Im Rückblick kann man aber feststellen, dass Liverpool als einziger großer Verein einen Emile Heskey in Topform hatte. Auch wenn es nur knapp 1,5 Jahre waren.

22. GRUND

Weil wir Pepe Reina haben und er uns in seiner ersten Saison den FA Cup sicherte

Als Pepe Reina im Sommer 2006 aus Spanien vom FC Villarreal kam, wurde er von Rafael Benítez bereits als »bester Keeper Spaniens« gefeiert. Er spielte in seiner Jugend beim FC Barcelona und kam mit den Katalanen auch das erste Mal an die Anfield Road.

»Das erste Mal, als ich zu meinem Tor vor der Kop ging, klatschten alle. Ich dachte, es müsste für einen Liverpool-Spieler hinter mir sein, ich drehte mich also um, doch da war niemand. Dann habe ich gemerkt, dass der Applaus mir galt und ich klatschte zurück. Die Fans feierten und es war unglaublich«,[48] so erinnerte sich Pepe Reina an das Halbfinale des UEFA-Pokals 2000/2001 mit Barça in Liverpool. Als dann Rafa Benítez 2006 seine Fühler ausstreckte, war ihm schnell klar, dass er auf die Insel gehen wollte.

Und seine erste Saison begann gleich mit einem großen Erfolg. Er verdrängte Jerzy Dudek aus dem Tor und blieb in der Premier League gleich acht Spiele in Serie ohne Gegentor. Neuer Vereinsrekord nach nur wenigen Wochen im Klub! David James hatte 1996/97 einmal fünf Spiele lang keinen Gegentreffer kassiert, Reina schraubte die Marke auf acht Partien hoch. Insgesamt blieb er wettbewerbsübergreifend in seiner ersten Saison in elf Partien in Serie gegentorlos. Am Saisonende verdiente er sich mit 20 Spielen ohne einen kassierten Treffer den Goldenen Handschuh als bester Keeper der Premier League. Eine Auszeichnung, die er auch in den folgenden beiden Jahren gewann.

Doch aus seiner Premierensaison ist vor allem das FA-Cup-Finale gegen West Ham United in Cardiff in Erinnerung. Erst ließ er die Hammers durch Patzer drei Tore schießen, doch nach Steven Gerrards Ausgleich avancierte Reina im Elfmeterschießen zum Helden. Drei von vier geschossenen Elfmetern hielt der Spanier und sicherte den Reds so den siebten Titel im FA Cup. Sein Coach sagte nach der Saison über seinen Wunschkeeper: »Was kann man über einen Torwart sagen, der in seiner ersten Saison weniger Gegentore kassierte als Clemence? Er hat eine große Zukunft, er ist schnell und hat eine tolle Mentalität.«[49] Damit machte Pepe es in gewisser Weise auch seinem Landsmann Xabi Alonso gleich, der in seiner ersten Saison mit der Champions League auch sofort einen großen Titel für uns holte.

Pepe Reinas erfolgreiche Zeit ging noch weiter. In den zwei darauffolgenden Spielzeiten holte er sich wieder den Goldenen Handschuh der Premier League und wurde im Februar 2008 der Torhüter Liverpools, der am schnellsten 50 Spiele ohne Gegentor erreichte.[50] Daniel Agger lobte seinen Schlussmann einst mit diesen Worten:

»Wenn du einen guten Keeper hinter dir hast, kannst du selbstbewusster spielen. Er ist mit seinen Füßen brillant, seine Pässe sind stark. Man fühlt sich einfach sicher, wenn man mit ihm spielt.«[51]

Doch auch die beste Zeit ist irgendwann einmal vorbei. In der Saison 2012/13 unterliefen Reina ein paar Fehler und die ersten Gerüchte machten sich breit: Er wolle zum FC Barcelona zurückkehren, um Víctor Valdés zu ersetzen. Doch er blieb. Liverpool hatte sich aber auf einen Abschied eingestellt und bereits Simon Mignolet verpflichtet. Der junge Belgier stand in der Gunst von Trainer Brendan Rodgers höher, und so ging Reina zum SSC Neapel, wo sein ehemaliger Coach Rafa Benítez auf ihn wartete. Zwar nur leihweise in Italien, hat er seine Zeit bei Liverpool bereits für beendet erklärt. »Ich werde nie wieder dorthin zurückkehren«, verriet er der *Daily Mail* am 27. September 2013.[52]

Inzwischen ist er wieder mit seinem Freund und früheren Liverpooler Teamkollegen Xabi Alonso vereint. Beidc Spanier stehen seit Sommer 2014 beim FC Bayern München unter Vertrag. Er würde dennoch herzlich willkommen sein, sollte er es sich noch einmal anders überlegen, denn seine Paraden und Rekorde sind in der Kop nicht vergessen.

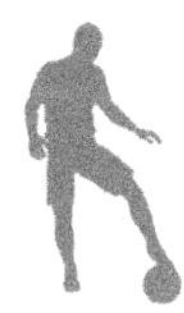

23. GRUND

Weil der »Supersub« David Fairclough 1977 das Spiel gegen Saint-Étienne entschied

David Fairclough ist ein gebürtiger Liverpooler. Noch heute lebt er in der Stadt, schreibt Kolumnen für die offizielle Vereinswebsite und ist bei der 2006er-Edition von »100 Players Who Shook The Kop« auf den 16. Rang gewählt worden.[53] Noch vor Spielern wie John Toshack und David Johnson, die während Faircloughs aktiver Zeit die bekannteren Kicker waren.

Doch der 16. Platz täuscht eine Glückseligkeit nur vor. Während die Fans ihn heute noch immer feiern, war Fairclough seinerzeit nicht immer glücklich bei den Reds. Er begann in den Jugendmannschaften, durfte dann für die Profis spielen, doch den ganz großen Durchbruch schaffte er nicht. Er ist bekannt vor allem als Joker und wegen eines bestimmten Spiels:

Am 16. März 1977 ereignete sich der größte, der bedeutendste Moment in der Karriere des Stürmers. Vor der heimischen Kulisse stand Liverpool im Viertelfinalrückspiel des Europapokals der Landesmeister gegen Saint-Étienne mächtig unter Druck. Die Franzosen, immerhin im Jahr zuvor bis ins Finale vorgedrungen, »führten« wegen der Auswärtstorregel 2:2. Das Hinspiel hatten wir verloren, an der Anfield Road lagen wir kurz vor Abpfiff nur 2:1 in Front. John Toshack ging runter und David Fairclough kam rauf. Dann, nur wenig später, nämlich in der 84. Minute, bekam Fairclough von Ray Kennedy einen Steilpass, setzte sich gegen zwei Verteidiger durch und machte das entscheidende Tor zum 3:1-Sieg. The Kop bebte, dieser Treffer ebnete nicht nur den Weg ins Finale gegen Borussia Mönchengladbach in Rom, sondern sollte im Nachhinein eben auch jener Treffer sein, der den ersten Titel im Landesmeisterpokal zementierte.

Doch für Fairclough reichte es auch gegen die Deutschen nur für die Bank. Obwohl die Absprache mit dem damaligen Trainer eine ganz andere war, wie sich der Stürmer später erinnerte. »Ich war enttäuscht. Ich habe in den FA-Cup-Halbfinals von Beginn an gespielt, mir den Start im Finale verdient, doch ich durfte wieder nicht. Bob Paisley hatte mir gesagt, ich würde im Finale spielen. Passiert ist es nicht. Seine Erklärung war, dass er mich in Rom brauche. Doch auch da war ich wieder nur Ersatzspieler.«[54] Gegen die Franzosen spielte Fairclough noch als junger Mann, doch auch in der Folgezeit wurde er seinen Ruf nicht los.

Kevin Keegan kam bereits an jenem 16. März auf den Siegtorschützen zugerannt und sagte ihm: »Supersub, du hast es mal wieder geschafft.«[55] Und hier lag auch die Krux. Er war damals Ersatzspieler und blieb es für den Rest der Liverpooler Zeit. Bob Paisley habe ihn nicht ausreichend wertgeschätzt, sollte er einmal monieren. »Ich habe es bis in die Nähe des Nationalteams geschafft, doch immer wenn ich zurück nach Liverpool kam, war ich nur Ersatz oder durfte gar nicht spielen«, sagte der Stürmer enttäuscht.[56] Seine 18 Tore bei 62 Joker-Einsätzen trugen dazu auch bei. »Im Legendenraum an der Anfield Road sieht man alle in einer Fotomontage. Von mir sieht man nur die Nummer 12 auf meinem Rücken. Das sagt alles«, trauert er noch heute.[57]

Fairclough verließ die Reds 1984, spielte bei zahlreichen anderen Vereinen in England und Europa. Auch wenn er nie den ganz großen Durchbruch schaffte, die Kop erinnert sich noch immer an ihn und seine Tore. 1978 gewann er den Landesmeisterpokal gegen Brügge als Starter im Finale. Er ist unvergessen.

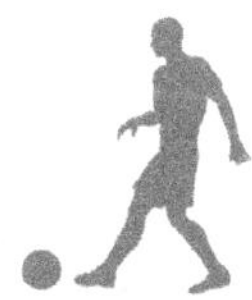

24. GRUND

Weil Xabi Alonso kam, sah und sofort siegte

Nicht allzu viele Spieler können die Champions-League-Trophäe in den Himmel recken. Xabi Alonso schafft das Kunststück gleich in seiner ersten Saison in England. Mit Liverpool stand er in Istanbul 2005 im dem legendären Finale, das die Reds nach einem 0:3-Rückstand noch im Elfmeterschießen gewannen. Dabei hatte er als zentraler Mittelfeldspieler und Torschütze zum wichtigen 3:3 einen maßgeblichen Anteil.

Eigentlich war doch die Geschichte perfekt für eine neue Klublegende. Aber es sollte ganz anders kommen. Doch beginnen wir im Sommer 2004, als Alonso aus San Sebastián an die Anfield Road kam. Schnell fand er sich auf der Insel zurecht und kam mit dem Spielstil der damaligen Liverpooler Elf gut klar. Sein erstes Tor erzielte er am 16. Oktober 2004 per Freistoß gegen Fulham. Und als ob das Schicksal schon mit dem Zaunpfahl winkte, war es ein wichtiges Tor, das den 0:2-Pausenrückstand noch in einen 4:2-Sieg verwandelte. Wenige Monate später sollte in Istanbul ja Ähnliches geschehen.

Eine Verletzung am Neujahrstag warf den Basken zurück, doch pünktlich zum Viertelfinalrückspiel bei Juventus Turin am 13.04.2005 konnte er wieder auflaufen. Er vertrat in diesem Spiel den verletzten Steven Gerrard hervorragend und führte die Elf von Rafael Benítez ins Halbfinale der Champions League gegen Chelsea. Die Blues erwiesen sich als harter, aber nicht unschlagbarer Gegner, sodass das Endspiel gegen den AC Mailand feststand. Die Italiener waren haushohe Favoriten, führten zur Pause schon 3:0, doch Alonso machte in der 60. Minute alles richtig, als er einen erst verschossenen Strafstoß im Nachschuss doch noch im Tor von Dida unterbrachte. Im entscheidenden Elfmeterschießen nach der Partie trat er jedoch nicht mehr an.

Ein weiteres Stück Geschichte sind neben dem Sieg über Milan 2005 aber auch zwei besondere Tore des spanischen Nationalspielers. In der dritten Runde des FA Cups brachte er uns nach 1:3-Rückstand gegen Luton Town mit zwei atemberaubenden Treffern zu einem 5:3-Sieg (Ja, wir haben es mit den Comebacks). Einem Distanzhammer aus knapp 35 Metern ließ er einen weiteren atemberaubenden Treffer knapp aus der eigenen Hälfte folgen. Das Tor von Luton war zu dem Zeitpunkt leer, da der Keeper wegen eines Eckstoßes nach vorn gerannt war. Kurioserweise verdiente ein Fan mit diesem Tor 25.000 Britische Pfund. Zu Beginn der Saison 2005/06 hatte der auf ein Tor Alonsos aus der eigenen Hälfte gewettet, 200 Pfund gesetzt und nun gewonnen.

Das Spiel wurde nach dem ersten Treffer von Alonso immer mehr zu einer Qual für Luton. Hatten sie in der ersten Halbzeit noch überrascht, brachen sie nach der Pause zusammen. Florent Sinama-Pongolle sorgte mit seinem zweiten Tor des Abends zur

Rückgewinnung der Führung, die die Reds in der 31. Minute verloren hatten. Alonso rundete seine Vorstellung mit einem Doppelpack in der 90. Minute schließlich ab.

Knapp zehn Monate musste Alonso auf sein nächstes Tor warten. In einem Ligaspiel gegen Newcastle United zauberte er den Ball wieder aus der eigenen Hälfte in des Gegners Netz! Damit ist er der bisher einzige Feldspieler, der in zwei aufeinanderfolgenden Partien aus der eigenen Hälfte heraus ein Tor erzielte. Die BBC beschrieb das Tor später als »außergewöhnlich«[58] und Alonso sagte auf die Frage, welcher der beiden Distanztreffer denn besser gewesen sei: »Ich denke, das hier war besser. Gegen Luton ist der Ball ja noch aufgeschlagen und hier flog er direkt ins Netz.«[59] Liverpool gewann das Spiel im Übrigen auch mit 2:0.

Diese Geschichten reichen normalerweise aus, damit ein Spieler auf ewig in einem Klub bleiben kann. Der Baske war ein wichtiger Bestandteil des Teams und so verlängerte er im Juni 2007 seinen Vertrag bis 2012 mit einer Option auf ein weiteres Jahr.

Doch im Sommer 2008 kehrte der frischgebackene Europameister Alonso in eine unklare Zukunft nach Liverpool zurück. Auf einmal war er umstritten, Coach Rafael Benítez wollte ihn gegen seinen Willen zu Geld machen, um Gareth Barry kaufen zu können. Während dieser Phase half ihm vor allem die Unterstützung der Fans. Sie riefen von den Tribünen und am Trainingsplatz, dass Alonso bleiben müsse und Benítez seine Meinung ändern solle. Dem *Guardian* sagte der Baske später: »Sie [die Fans] hätten mich nicht besser unterstützen können. Ob ich nun essen war oder mir einen Kaffee holte, da kam immer jemand zu mir rüber, klopfte mir auf die Schulter und sagte: ›Es wäre toll, wenn du bliebest.‹« Er sei »glücklich« gewesen, dass es nicht zu einem Wechsel kam. »Ich hatte nie um einen gebeten«, betonte er noch.[60]

Trotz all der Querelen um seine Person zeigte der Mittelfeldspieler eine starke Saison 2008/09. An der Stamford Bridge machte er gegen Chelsea das Siegtor und ließ die Blues das erste Mal seit über vier Jahren wieder als Verlierer vom eigenen Platz gehen. Am 11. Dezember spielte er als erster Akteur in der Premier League seinen 1000. erfolgreichen Pass.

Dennoch wollten die Gerüchte nicht abklingen. Im Sommer 2009 wurden sie konkret und Alonso ging zu Real Madrid. Benítez wollte ihn nicht mehr haben, sagte Alonso später in einem Interview mit dem Klubsender von Real Madrid. Der Trainer hingegen meinte, Alonso habe ihm gesagt, dass Real sein »Traumklub« sei.[61]

Dreckwäsche wurde gewaschen, was am Ende hinter verschlossenen Türen exakt gesagt wurde, wird man nicht erfahren. Fest steht nur, dass Steven Gerrard von dem Wechsel geschockt war. »Tief bestürzt, ja, das trifft es am besten«, sagte der Skipper dem Magazin *FourFourTwo*.[62]

Die Fans von Real Madrid sehen in ihm ebenso einen Anführer wie die Scousers. An einen Abschied von Alonso wollen sie nicht denken.

25. GRUND

Weil wir Fernando Torres' Debütsaison mit eigenen Augen sehen durften

Als Fernando Torres 2007 als junger Stürmer an die Anfield Road kam, war er bei Atlético Madrid bereits eine Legende. Mit 19 war er Kapitän der Madrilenen geworden, nun zeigte er gleich in seiner ersten Saison bei Liverpool, warum er in Spanien so verehrt wurde. Als er die Nummer 9 bekam, sagte er bei der offiziellen Vorstellung: »Dass mir Liverpool diese Nummer gibt, zeigt mir, wie sehr sie mir vertrauen, angesichts jener Spieler, die sie vor mir getragen haben.«[63] Und darunter sind mit Ian Rush und Robbie Fowler zwei wahrhaft treffsichere Spieler gewesen.

Am 11. August 2007 feierte er sein Debüt im roten Trikot, neun Tage später traf er das erste Mal. Und es sollten noch 23 weitere Treffer in seiner Premierensaison folgen. In der Premier League legte er noch vier Tore auf, in der Champions League jubelte er in zehn Spielen sechsmal! In der gesamten Saison traf er wettbewerbsübergreifend in 63 Spielen 37-mal.

Seine Tore in der Liga haben ihm hinter Cristiano Ronaldo den zweiten Platz in der Torschützenliste und Ehrungen wie die Berufung in die Mannschaft des Jahres eingebracht. Im Sommer 2008 krönte er sich und seine Heimat mit einem Tor im EM-Finale zum Europameister. Damit traf er in drei verschiedenen Endspielen (U16, U19 und Seniorenbereich) jeweils zum entscheidenden Tor und immer gingen die Partien 1:0 für die Iberer aus.

Auch seine zweite und dritte Saison absolvierte er mit zahlreichen Toren und Rekorden. Er folgte den Spuren von Robbie Fowler, den er bereits in seinem ersten Jahr als bester Torschütze Liverpools einer Premierensaison überholt hatte. Die Nummer 9 lief und lief, doch mit der Zeit geriet der Motor ins Stottern. Persönlich, aber auch im Team. Die WM-Spielzeit 2009/10 endete für Torres mit einer Knieverletzung und für die Reds enttäuschend auf dem siebten Rang.

Auch wenn er im dritten Jahr mit 22 Toren in 32 Spielen bereits zum zweiten Mal der beste Torschütze der Reds wurde, fand er sich nicht mehr so richtig gut zurecht. Bei der WM 2010 wurde er zwar Weltmeister, doch das Tiki-Taka seiner Landsleute gefiel dem klassischen Stürmer nicht. Er fühlte sich überflüssig und nicht als Teil des siegreichen Teams.

Auch in der darauffolgenden Spielzeit zeigte sich sein Unwohlsein. Nachdem Liverpool in der Saison zuvor unter anderem Xabi Alonso und Sami Hyypiä zu ersetzen versucht hatte, musste der neue Coach Roy Hodgson nun auch bald Torres ersetzen. Schnell kamen Gerüchte auf, der Spanier wolle den Klub verlassen. Und wenn es bereits so weit gekommen ist, ist es meistens auch schon zu spät. Wird der Trainer nach einem Statement zur Zukunft eines seiner Spieler gefragt, dann ist der Abschied oftmals nur noch eine Frage der Zeit. Im Januar 2011 war es so weit, und mit Torres verließ jener Spieler Liverpool, der am schnellsten 50 Tore erreicht hatte. Er benötigte dafür nur 72 Spiele. Sein Weg führte ihn zu den Blues nach London und sein erstes Spiel mit Chelsea war ausgerechnet eine Partie gegen seinen ehemaligen Klub vom Mersey.

Doch der Spanier ist seitdem nicht mehr der Alte, nicht mehr der Spieler, der er noch zu Beginn seiner englischen Zeit war. Im April 2014 hat er für die Elf von José Mourinho in etwas mehr als 100 Ligaspielen lediglich 19-mal getroffen. Im roten Trikot waren es satte 65 Tore in 102 Partien in der Premier League! Und dabei haben sich die Bosse der Blues sein Toreschießen für knapp 60 Millionen Euro teuer erkaufen müssen.

26. GRUND

Weil wir einen Dietmar Hamann in Bestform hatten

»Als ich beim FC Liverpool gespielt habe, war ich der Einzige, der schneller zurück als nach vorn rennen konnte. So haben es zumindest die anderen gesehen«, scherzt Didi Hamann noch heute über seine Zeit bei den Reds.[64] Er kam an die Anfield Road, da war er schon mehrmals Deutscher Meister mit Bayern München geworden und hatte auch den UEFA-Pokal bereits gewonnen. Doch seine Blütezeit hatte er im Trikot des FC Liverpool.

Nach seinem persönlich zweiten Triumph im UEFA-Pokal (2001) schnappte er sich mit den Reds im gleichen Jahr auch den UEFA-Supercup gegen seinen Exklub aus München. Vier Jahre später wiederholte der Deutsche diesen Coup, dann allerdings gegen ZSKA Moskau. Im Jahr 2005 ging jedoch ein erinnerungswürdiges und selbst mit neutralen Augen betrachtet unfassbares Finale der

UEFA Champions League in Istanbul voraus. Ähnlich wie 2001 gegen Alavés war es dramatisch bis zum Schluss und Didi Hamann mittendrin.

Als die Reds von Rafa Benítez zur Halbzeit bereits 0:3 hinten lagen, kam der Mittelfeldspieler in die Partie, und prompt machte Steven Gerrard den Anschluss zum 1:3. Vladimír Šmicer verkürzte nur zwei Minuten später auf 2:3, Xabi Alonso machte mit der Stundenmarke den sensationellen Ausgleich. Maßgeblicher Antreiber war Hamann. Den ersten Elfmeter im anschließenden Lottospiel vom Punkt trat und traf der Ex-Bayer. Neben Jerzy Dudek war er der Held dieser Nacht in Istanbul, zumal er mit einem Ermüdungsbruch im Fuß den Elfer verwandelte und auch zuvor ohne Anzeichen von Schwäche spielte!

Stevie G sagte einmal über seinen Partner im Mittelfeld: »Er hat es mit möglich gemacht, dass ich nach vorn gehen und Tore machen oder vorbereiten konnte. Er hat meine gesamte Defensivarbeit gemacht und für mich getackelt.«[65] Kurz nach der Jahrtausendwende, bestätigte auch Gerrard, habe Liverpool das Glück gehabt, Hamann in der Blüte seiner Zeit unter Vertrag gehabt zu haben. »Er war einer der besten Mittelfeldspieler der Welt, und kein Fan, Spieler oder Trainer würde ihn nicht gern wieder als 26- oder 27-Jährigen in seinem Team haben.«[66] Das sagt alles darüber, wie gut Hamann als Red-Spieler wirklich war und welche Ehre ihm noch heute zuteil wird.

Doch auch die größten Spieler eines Klubs müssen einmal gehen. Während Dudek noch zwei Jahre nach dem Champions-League-Sieg an der Anfield Road blieb, ging Hamann bereits zwölf Monate später – nach Manchester! Aber Gott sei Dank nicht zu unserem Rivalen United, sondern »nur« zu City.

Trainer Benítez hatte für den damals 32-Jährigen keine Verwendung mehr und sagte, Hamann könne gehen. Schnell fand der mit den Bolton Wanderers einen neuen Klub, doch City buhlte plötzlich lautstark um ihn. Innerhalb von nur 24 Stunden entschied er sich um und unterzeichnete bei den Citizens. Da es jedoch zu spät war, den Vertrag mit den Wanderers zu annullieren, musste er für fast 500.000 Euro wechseln – obwohl er offiziell ablösefrei war!

Hamann erinnerte sich später: »Ich hatte das Angebot aus Bolton ein paar Wochen lang auf dem Tisch und dachte, es sei der richtige Schritt. Doch dann habe ich nach meinem Urlaub gedacht, es ist doch nicht mehr so richtig. Ich musste damit leben, und sie haben mir dann auch erlaubt, mich umzuhören. Schnell habe ich dann von City gehört und mich fix dafür entschieden.«[67]

27. GRUND

Weil Markus Babbel den europäischen Glanz mitbrachte und uns 2001 zum Sieg führte

Markus Babbel war zum Zeitpunkt seines Wechsels an den Mersey einer der erfolgreichsten deutschen Fußballer. Mehrmaliger Deutscher Meister und Pokalsieger, den UEFA-Pokal hatte er auch schon auf seiner Visitenkarte zu stehen und natürlich den Europameistertitel 1996. Im Jahr 2000 ging er schließlich in jenes Land, in dem er vier Jahre zuvor Europas König geworden war. Mit Dietmar Hamann spielte damals bereits ein Deutscher im roten Trikot. Und der neue verdrängte sogar Jamie Carragher von der rechten Abwehrseite. Carra ging jedoch ohne zu murren und ohne Leistungsabfall auf links, später dann auch ins Zentrum – ins Herz – der Defensivreihe.

Hatte Babbel 1999 sein letztes europäisches Finale noch in der Nachspielzeit gegen Manchester United verloren, lief es zwei Jahre später gegen Alavés glücklicher ab, wenn auch nicht weniger dramatisch. Steven Gerrard und Babbel selbst brachten die Reds in Führung, Alavés glich jedoch stets aus und musste sich erst nach einem Eigentor von Delfí Geli geschlagen geben. Babbel holte sich zum zweiten Mal den UEFA-Pokal, auch dieser Sieg erfolgte durch ein Golden Goal – wenn dieses auch nicht von einem Teamkollegen geschossen wurde.

In der Saison 2000/01 holte Liverpool nicht nur den »kleinen« europäischen Titel, sondern auch den heimischen Ligapokal und den FA Cup. Hinzu kamen noch die Supercups auf der Insel und jener der UEFA, den sich der Abwehrspieler gegen seinen Exklub Bayern München mit einem 3:2-Sieg in Monaco schnappte. In der gesamten Spielzeit war er ein essenzieller Spieler im Team von Gérard Houllier und sorgte trotz seiner Position als rechter Verteidiger immer wieder für Torgefahr. Selbst schoss er sogar sechs Treffer in dieser erfolgreichen Saison, wenn auch diese sechs seine einzigen Treffer für die Reds geblieben sind.

Doch nur wenige Monate nach dem Abschluss der grandiosen Saison nahm Babbels Leben eine drastische Wendung. Am 18. August 2001 wurde er gegen West Ham United zur Halbzeit vom Platz genommen, neun Tage später musste er bei den Bolton Wanderers völlig ausgepowert vom Feld. Bei ihm wurde das tückische Guillain-Barré-Syndrom diagnostiziert. Eine schwere Erkrankung des peripheren Nervensystems. Doch der 51-malige deutsche Nationalspieler gab nicht auf. Obwohl ihn die Krankheit zeitweise an den Rollstuhl fesselte, kam er nur 15 Monate nach der Diagnose zurück.

Doch zu alter Stärke fand er leider nicht wieder zurück. Im November und Dezember 2002 startete er in vier Spielen. Doch am 18. Dezember musste er bereits in der 39. Minute für Jamie Carragher runter, sein T-Shirt schmiss er frustriert und stocksauer zu Boden. Ein Affront gegen Klub und Trainer – so werden solche Szenen ja stets gesehen. Und so war es auch in Liverpool. Seine Zeit in der ersten Mannschaft der Reds war mit jenem Tag im Dezember beendet.

Eigentlich war er stets als Modellathlet und Vorbild bekannt, doch nach seinem T-Shirt-Wurf musste er in der Reserve antreten und wurde auch hier mit zwei üblen Platzverweisen auffällig. Nun war ein Abschied nicht mehr zu verhindern. Erst wurde Babbel an die Blackburn Rovers verliehen, die damals vom ehemaligen Liverpooler Kapitän und Coach Graeme Souness trainiert wurden. Im Sommer 2004 ging Babbel zurück in die Heimat zum VfB Stuttgart und wurde zum Abschluss seiner Karriere 2007 mit den Schwaben noch einmal Deutscher Meister, anschließend auch Trainer der Süddeutschen.

Bis zum Sommer 2014 stand er in Stuttgart, bei Hertha BSC und bei der TSG 1899 Hoffenheim als Trainer unter Vertrag. An der Seitenlinie reichte es bisher noch nicht zu einem großen Wurf. Bei all seinen Trainerstationen musste er vorzeitig gehen.

28. GRUND

Weil nicht nur Milan in den späten 1980ern einen starken Angriff hatte

Wer kennt nicht den goldenen Milan-Angriff um Ruud Gullit, Marco van Basten und Frank Rijkaard. Ende der 1980er-Jahre begann die Goldene Zeit der »Unsterblichen« oder später auch der »Unbesiegbaren«.

Doch auch in Liverpool herrschte damals eine starke Ära. Wir hatten keine niederländischen Stars, dafür aber einen herausragenden Ian Rush, der insgesamt 346 Tore für die Reds machte. Dazu gesellten sich noch die Talente von Spielern wie Ian Callaghan oder Graeme Souness.

Doch in der Offensive gab es noch viel mehr Power in der damaligen Zeit. Ian Rush als Rekordtorschütze des Klubs lebt noch immer in den Erinnerungen der Fans, aber mit ihm zusammen bildeten John Barnes und zuvor John Aldridge eine der besten Angriffsreihen der Klubgeschichte. Aldridge war ein denkwürdiger Ersatz für Rush, der zu Turin gewechselt war. In 83 Ligapartien kam er auf unfassbare 50 Tore. Sein Pech war das Heimweh von Rush. Der fühlte sich in Italien nicht wohl und Liverpool holte ihn zurück. Zunächst war es Aldridge, der auch weiterhin wie am laufenden Band traf. Erst ein Jahr später fand Rush wieder zu alter Form zurück. Daraufhin verließ Aldridge den Klub und Rush fand in John Barnes einen kongenialen Partner.

Beide schossen Liverpool 1990 noch zu einer starken Meisterschaft und einem Pokalsieg. Zu Beginn der 1990er-Jahre sank der Stern der gesamten Mannschaft. Andere Dinge wurden wichtiger und erst mit Beginn des neuen Jahrtausends kehrte der Erfolg zumindest für eine kurze Zeit wieder an die Anfield Road zurück.

2. KAPITEL

UNSERE GROSSEN TRAINER

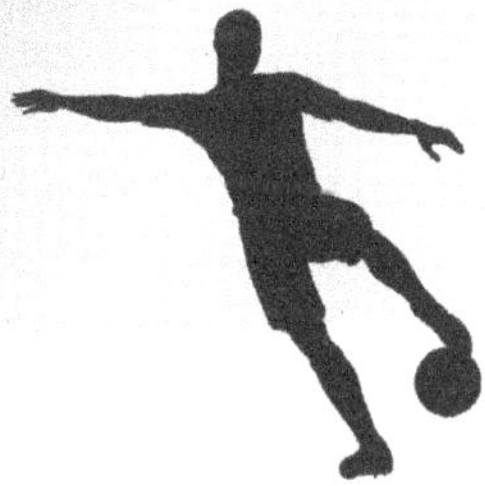

29. GRUND

Weil Bob Paisley eine Legende ist und die Reds noch besser machte als Bill Shankly vor ihm

Bill Shankly machte aus dem »kleinen« Klub von der Anfield Road ein europäisches Schwergewicht. Maßgeblich daran beteiligt war Bob Paisley. Der junge Spieler wollte schon 1939 mit den Reds zu neuen Ufern aufbrechen, doch die Wirren des Zweiten Weltkrieges verhinderten sein Debüt einige Jahre lang. In der Nachkriegssaison 1946/47 lief er das erste Mal in einem Meisterschaftsspiel auf und eine große Ära begann.

Durch den Krieg verlor Paisley Jahre seiner Karriere. Gleich in seiner ersten Saison führte er die Reds zur Meisterschaft, aber so richtig erfolgreich sollte er erst ab 1954 werden. Seine ersten Sporen als Trainer verdiente er sich als Coach der zweiten Mannschaft. Als Bill Shankly fünf Jahre darauf das Traineramt übernahm, sollte Paisley sein Assistent werden. Die Grundsteine für eine bis in die 1980er-Jahre dauernde Ära waren gelegt. Mit Shankly an der Seitenlinie wurde der Klub zum Leben erweckt. Zusammen mit seinem Trainerteam führte er den Verein aus der zweiten Liga bis zur europäischen Krone und zur Meisterschaft.

Die Fußstapfen, die Paisley ab 1974 zu füllen hatte, waren also nicht klein. Seine erste Saison konnte da nur schiefgehen. Der Druck war immens und auf der Zielgeraden verpasste die Mannschaft einen Titel. Was die Fans damals natürlich nicht wussten: Es sollte die einzige titellose Saison unter Paisley sein. Im zweiten Anlauf 1976 führte er die Mannschaft zum Sieg im UEFA-Pokal (und wiederholte somit Shanklys Coup von 1973) und der Meisterschaft. Ein Jahr darauf stand am Ende wieder der Meisterpokal in Liverpool, und die erste Trophäe im Landesmeisterpokal wurde ebenfalls an den Mersey geschickt.

Im Jahr 1977 dann war nicht ein Titel der größte Schachzug des Bob Paisley … Als amtierender europäischer Champion konnte man sich natürlich den einen oder anderen Spieler leisten. Ausgemacht hatte der Coach einen gewissen Kenny Dalglish. Der Schotte beeindruckte Land und Leute bei Celtic Glasgow und bereits früh klingelte das Telefon von Jock Stein in Schottland. Der legendäre Celtic-Coach allerdings wollte seinen Starstürmer nicht ziehen lassen. Sein Versprechen damals aber war, dass ein Anruf sofort nach Liverpool gehen würde, wenn Dalglish nicht mehr zum Bleiben überredet werden könne. Stein hielt sein Versprechen. Im Sommer 1977 verhandelten beide Seiten hart und für den damaligen Rekord von 440.000 Britischen Pfund wechselte die Offensivmaschine Dalglish zu den Reds. Damit hatte Paisley auch gleich einmal Manchester United ausgestochen, obwohl die der Tormaschine sogar mehr Gehalt geboten hatten. Doch King Kenny zog es auch wegen des Trainers an die Anfield Road.

Bob Paisley hatte den soeben abgewanderten Star Kevin Keegan also erfolgreich ersetzt. Also ging er nun daran, Geschichte zu schreiben. Noch vier Meisterschaften, zwei Landesmeisterpokale und drei Ligapokale sollten bis zu seinem Rücktritt in den Trophäenschrank des Klubs wandern. So viele Titel hat bis heute kein anderer Trainer für den LFC geholt.

1983 ging schließlich die Ära Paisley zumindest als Cheftrainer zu Ende. Nach einer unfassbaren Zeit von 44 (!!) Jahren im Dienste des Klubs übergab er an Joe Fagan. Dieser trat nach der Heysel-Katastrophe zwei Jahre später zurück und prompt war Paisley wieder mit an Bord. Sein ehemaliger Schützling Kenny Dalglish war nun Chef und der Meister als Berater tätig. Ironischerweise sollte es der »Lehrling« in seinem ersten Jahr etwas besser machen. King Kenny sicherte dem Klub gleich in seiner ersten Saison das Pokal-Double aus League und FA Cup. Letztgenannten hatte Paisley in seiner Regentschaft nie vermocht zu gewinnen.

Die Zeit des Bob Paisley war eine herausragende, eine strahlende Ära in der Geschichte des FC Liverpool, aber auch des englischen Fußballs. Spricht man von Sir Alex Ferguson und seiner langjährigen Tätigkeit bei Manchester United, dann sind die 27 Jahre, die er bei den Red Devils verbrachte, fast nichts im Vergleich zu den über 44 Jahren, die Paisley in Liverpool arbeitete. So erfolgreich war seitdem kein Trainer mehr. Das ahnten wohl auch die Spieler im Ligapokalfinale 1983. Das letzte Spiel des Trainers im altehrwürdigen Wembley. Nach dem Sieg war es nicht der Kapitän, der den Pokal entgegennahm, sondern der Trainer. Die Mannschaft überließ es dem Boss. Wenige Wochen später ging er das letzte Mal als Cheftrainer vom Klubgelände. Wohl wissend, dass er einer Legende nachfolgen sollte und dabei selbst zu einer wurde. Auch heute noch betritt man das Stadion durch die Shankly- und Paisley-Gates. Ehre, wem Ehre gebührt.

30. GRUND

Weil Kenny Dalglish mit Liverpool ALLE Hochs und Tiefs miterlebte

King Kenny – der Publikumsliebling schlechthin. Okay, inzwischen macht ihm Steven Gerrard ordentlich Konkurrenz, was die Gunst der Fans betrifft. Aber jahrzehntelang war es der Schotte Dalglish, der die Massen in und um Liverpool begeisterte. Als Spieler und als Trainer. Doch seine Zeit an der Anfield Road war auch von großem Schmerz geprägt.

Von Pelé wurde er als einziger Vertreter seines Landes in die Liste der 125 besten noch lebenden Fußballer gewählt.[68] Verdient hat sich der bei Celtic Glasgow zum Profi gewordene Dalglish dies vor allem auch durch seine Zeit beim FC Liverpool. Als Bob Paisley ihn an die Anfield Road holte, war Liverpool an der Spitze, das Maß aller Dinge im englischen und europäischen Fußball. Niemand konnte dem Klub das Wasser reichen. Doch der erste große moderne Star des Fußballs, Kevin Keegan, verließ den Klub und damit gingen auch seine Tore. Für die sollte nun Kenneth Mathieson Dalglish sorgen.

Und wie! Gleich in seinem ersten Spiel sicherte er mit seinem Treffer das wichtige 1:1 gegen den FC Middlesbrough. Hatten die Fans den jungen Schotten zu Beginn noch argwöhnisch beäugt, fingen sie nun so langsam an, ihn zu lieben. Und sie hatten auch allen Grund dazu: 31 Tore in 62 Spielen in seiner Premierensaison, dazu Vizemeister und Zweiter im League Cup. Aber viel wichtiger war die Verteidigung des Titels im europäischen Landesmeisterpokal. Durch ein Tor des neuen Fanlieblings.

In den folgenden Jahren waren die Reds nahezu unschlagbar. Acht Meisterschaften sollten folgen, sowie noch zwei weitere europäische Titel. Den FA und League Cup schnappten sich die Reds mit Dalglish als Konstante auf dem Platz oder an der Seitenlinie auch noch mehrmals.

War er in seinen ersten Tagen noch als Spieler aktiv, boten ihm die Verantwortlichen des Vereins 1985 die Rolle des Managers, also Trainers an. Joe Fagan hatte die Elf im Jahr zuvor zum erneuten Sieg im Landesmeisterwettbewerb und auch in jenem Frühjahr wieder bis ins Finale geführt. Doch Heysel ließ das Spiel zur Tragödie werden und den Coach mit Tränen in den Augen zurück nach Liverpool kommen. Er quittierte den Job und Kapitän Dalglish war der neue starke Mann.

Noch in seiner ersten Saison als Spielertrainer wechselte er sich selbst 21-mal ein und schoss immerhin noch drei Tore für die Reds. Ab 1987 stand er dann fast ausschließlich an der Seitenlinie. Von dort erlebte Dalglish auch die zweite Katastrophe des Klubs hautnah mit. Im April 1989 war er für das Team verantwortlich, als 96 Menschen im Hillsborough Stadium ums Leben kamen. Er sollte später in einer BBC-Dokumentation sagen, dass keiner der beiden Trainer etwas gegen einen späteren Anstoß gehabt hätte. Doch die Polizei wollte ihn nicht verlegen.[69] So wurde das Spiel nur sechs Minuten später, als um 15.06 Uhr die ersten Fans auf das Feld gelassen worden waren, angepfiffen. Dalglish erlebte die Tragödie mit eigenen Augen mit. Vier Jahre nachdem er Heysel als Kapitän am eigenen Leib erfahren hatte, musste er nun die nächste Tragödie verkraften.

Er sollte noch knapp zwei Jahre im Amt bleiben. Dann wurde der Druck – auch die Nachbeben der beiden Tragödien – zu groß. Am 20. Februar 1991 erklärte Kenny Dalglish, mit Liverpool auf dem ersten Tabellenplatz stehend, völlig überraschend seinen Rücktritt. Die Fans wussten nicht, wie ihnen geschah. Die Legende ging von Bord. Doch sie sollte noch einmal zurückkehren.

Nachdem der Schotte als erst dritter Trainer in der Geschichte des englischen Fußballs mit einem zweiten Klub sensationell die Meisterschaft geholt hatte – 1995 mit den Blackburn Rovers –, wechselte er für eine kurze Zeit von der Trainerbank an den Schreibtisch. Nach Stationen bei Newcastle United und seinem Heimatklub Celtic Glasgow wurde es ab dem Jahr 2000 etwas ruhiger um ihn. Angebote hatte er damals genug, doch angenommen hat er keines. Bis Rafa Benítez 2009 auf ihn zukam und ihm einen Job in der Nachwuchsabteilung seiner alten Liebe anbot. Dalglish akzeptierte und übernahm 2011, als Liverpool in der Krise war, sogar noch einmal den Job auf der Trainerbank an der Anfield Road.

Als Interimscoach bis zum Saisonende 2010/11 geholt, unterschrieb er dann doch einen Vertrag über drei Jahre. Die Legende war zurück! Liverpool holte auch auf Anhieb den Ligapokal und zog ins Finale des FA Cups ein, doch für eine weitere Zusammenarbeit reichte es den Verantwortlichen an der Anfield Road nicht. »Kenny wird immer mehr sein als ein Meistertrainer, immer mehr sein als ein erfolgreicher Spieler«, sagte Klubeigner John W. Henry in einem Statement zur Beurlaubung des Coachs. »Er ist in vielerlei Hinsicht das Herz und die Seele des Vereins. Er verkörpert all das Gute des Liverpool Football Club. Er stellt immer die Fans und den Verein an erste Stelle. Kenny wird auf ewig ein Teil der Familie der Anfield Road sein.«[70]

Knapp anderthalb Jahre später war Kenny dann wieder zurück. Dieses Mal nicht als Trainer, sondern als Mitglied der Führungsebene. Der einst so erfolgreiche Spieler und Trainer soll nun die Vereinsspitze beraten, um den Klub wieder dahin zu führen, wo er hingehört: an die Spitze des Klubfußballs. »Wir sind überglücklich, dass Kenny unser Angebot angenommen hat«, freut sich John W. Henry über die »Neuverpflichtung«. »Wir sind uns sicher, dass er einen großen Teil zur zukünftigen Strategie beitragen kann. Kenny hat eine einzigartige Beziehung zu unseren Fans und verkörpert alles, was Liverpool so besonders macht.«[71]

Auch Dalglishs Nachfolger an der Seitenlinie, Brendan Rodgers, wollte die Dienste seines Vorgängers nicht missen. »Als ich ihn das erste Mal getroffen habe, um mit ihm über den Job zu reden, war ich von seiner Leidenschaft und seiner Entschlossenheit, Liverpool wieder an die Spitze zu führen, begeistert.«[72] King Kenny ist zurück an der Anfield Road. Wenn er auch nicht in das Tagesgeschäft eingreift, so ist er doch ein wichtiger Rat- und Taktgeber im Leben des FC Liverpool. Die Legenden bleiben. Auf ewig.

31. GRUND

Weil Gérard Houllier den »Spice Boys« ein Ende setzte und den Klub wieder auf die richtige Bahn brachte

Ein Weltmeister in Liverpool! Das gibt es nicht oft, und nach den enttäuschenden 1990er-Jahren war 1998 die Hoffnung groß, dass Gérard Houllier die Wende bringen und endlich wieder Titel an den Mersey holen würde.

Erst hatte er zusammen mit Roy Evans für einige Monate das Sagen. Zwei Hähne im Stall? Das konnte nicht lange gut gehen. Also trat der »kleinere« Hahn Evans im November 1998 zurück und der Franzose hatte das Zepter allein in der Hand. Das Erste, was er im

Sommer 1999 machte, war, das Ende der »Spice Boys« zu verkünden. Von nun an sollten wieder Disziplin und der Einsatz allein für die Mannschaft und den Klub zählen. Werte, die man in den Jahren zuvor trotz des großen Talents der Mannschaft vermisst hatte.

Der enorm talentierte Steve McManaman ging nach Madrid, auch David James und Paul Ince verließen Liverpool. In die Mannschaft kamen dafür erfahrene Spieler wie Dietmar Hamann oder kommende Größen wie Sami Hyypiä. Auch Steven Gerrard feierte in jenen Tagen sein Debüt für die Profimannschaft des Liverpool Football Club. Houllier hatte einen festen Plan, eine genaue Vorstellung, was er mit dem Klub erreichen wollte. Dazu ließ er auch das Trainingsgelände Melwood komplett neu gestalten und modernisieren.

Die Ziele waren ambitioniert und wurden zuerst auch komplett unterstützt. Immerhin schaffte er den Sprung nach Europa, doch wirklich für Furore sorgte Liverpool damals in den Pokalwettbewerben. Vor allem in der dritten Saison unter Houllier. Gleich drei Pokale wanderten im Jahr 2001 nach Liverpool. Zuerst besiegten die Reds Birmingham im League Cup, spannend war es natürlich auch da: Erst nach dem Entscheidungsspiel (und auch hier erst nach dem Elfmeterschießen) stand der Sieger fest. Der FA-Cup-Sieg gelang gegen Arsenal recht komfortabel mit 2:1, doch im UEFA-Pokal gab es wieder Drama, Baby! Liverpool vs. Alavés, vier Jahre vor Istanbul und fast genauso dramatisch. Beide Teams tauschten damals in Dortmund die Führung hin und her, erst in der Nachspielzeit gelang das Golden Goal für die Reds – ausgerechnet durch das Eigentor eines Spaniers!

Das Pokaltriple war aber dennoch sicher und die Freude in Liverpool riesig. Man war wieder jemand in Europa! Zurück zumindest an der kleinen Spitze des Kontinents. Anschließend durften die Fans auch noch den Charity Shield (gegen Manchester United) und den Europäischen Supercup bejubeln. Die Zukunft konnte nur golden werden. Aber natürlich gab es einen Haken, ein Problem.

Im Oktober 2001 nahm das Schicksal seinen tragischen Lauf, als Houllier in der Halbzeitpause der Ligapartie gegen Leeds United zusammenbrach und mit Blaulicht ins Krankenhaus musste. Not-OP am Herzen und eine ganze Stadt unter Schock. Fünf Monate lang musste der Klub ohne Chefcoach auskommen, Phil Thompson übernahm. Als Houllier schließlich wieder auf der Bank saß, wirkte er verändert. Sein Verhalten war nicht mehr vergleichbar mit jenem vor dem Zwischenfall. So wechselte er in einer Champions-League-Partie bei Bayer Leverkusen beim Stande von 1:1 Didi Hamann aus und brachte den viel offensiveren Vladimír Šmicer. Die Deutschen brauchten zwei Tore zum Sieg, und nun ja, mit einer derart offenen Abwehr waren die für die Elf von Klaus Toppmöller nicht sonderlich schwierig …

Auch wurde die Kritik an immer häufiger werdenden teuren, aber nicht guten Transfers lauter. Man mutmaßte, was der Trainer außer seinem gesunden Herzen noch alles an jenem Tage verloren hatte. So tragisch es damals war, so sicher schien es Houllier auf immer verändert zu haben. Die Gesundheit sollte ihm in der Folgezeit auch immer wieder zu schaffen machen, sodass seine Zeit in Liverpool im Frühjahr 2004 endete. Rafa Benítez übernahm und führte die Mannschaft sogleich zum Titel in der Champions League – vier Jahre nach Alavés.

32. GRUND

Weil Joe Fagan ein ganz großer Trainer und der beste Assistent, den man sich vorstellen kann, war

Der Boot Room. Legendär, wenn man an den FC Liverpool denkt. Nach Bill Shankly und Bob Paisley war Joe Fagan der nächste Trainer, der aus diesem Raum »stammte«. Dort, wo die Taktiken der Gegner analysiert und die Mannschaft zusammengestellt wurden, hatte auch Fagan sein Handwerk gelernt und verbessert.

Er kam 1958 in den Verein und damit sogar noch ein Jahr früher als sein späterer Chef Bill Shankly. Zunächst wurde »Uncle Joe«, wie er liebe- und respektvoll genannt wurde, im Nachwuchsbereich eingesetzt, ehe Shankly ihn dann in den Trainerstab der Profis berief. Fagan diente stets als Bindeglied zwischen den Trainern und der Mannschaft. Seine besonnene und auf Respekt ausgelegte Art wurde von den Spielern gern gesehen. Sein Fachwissen beeindruckte sowohl sie als auch die Führungsetage des Klubs ungemein.

Als Bob Paisley 1974 schließlich Cheftrainer wurde, machte er Fagan zu seiner rechten Hand. Gemeinsam holten die beiden Titel um Titel. Doch zu Beginn der 1980er-Jahre gab es eine kleine Durststrecke. Die Mannschaft lag nur auf dem zwölften Ligarang und der damalige Assistent Fagan rief sie zur Besonnenheit auf. Die wichtigen Dinge müssten wieder zählen. Sie zählten wieder. Liverpool wurde 1982 und 1983 zweimal in Serie Meister. Danach begann die kurze Zeit von Joe Fagan als Cheftrainer.

Dabei wollte er gar nicht Chef werden. »Er wollte nicht wirklich Manager werden«, erinnerte sich Fagans Enkel Andrew gegenüber der Zeitung *Independent*. »Doch er wollte auch niemanden hängen lassen, und er wusste, dass ein anderer Trainer vielleicht seinen eigenen Stab mitgebracht hätte. Mit dem Boot Room wäre es dann vorbei gewesen, und gerade um diese Leute ging es ihm am meisten.«[73]

Als Fagan vom Assistenten zum Chef wurde, rief Graeme Souness die Mannschaft zusammen. Nach immer wieder kleineren Problemen in den vorhergegangenen Spielzeiten sagte der Kapitän nun: »Wir lassen diesen Mann nicht hängen. Nichts, aber auch gar nichts wird in dieser Saison schieflaufen.« Und es ging auch nichts schief.

Was die Bayern 2013 schafften, erreichte Liverpool 1984. Die Reds holten das Triple aus Meisterschaft, Ligapokal und Landesmeisterpokal. Der perfekte Einstieg für den Trainer Joe Fagan!

Doch die darauffolgende Saison sollte alles andere als perfekt werden. Sie wurde überschattet von Heysel. Schon vor dem Finale stand fest, dass Fagan nicht mehr als Trainer weitermachen würde. Die Mannschaft wollte für ihn den Titel verteidigen. Doch das Endspiel endete in einer Tragödie, Fagan kehrte mit tränennassen Augen nach Liverpool zurück.

Der Mann, der nie Chef sein wollte, ist es schließlich auch »nur« zwei Jahre lang gewesen. Kenny Dalglish übernahm den Job, doch Fagan war immer wieder auf dem Trainingsgelände zu sehen. Stets »überprüfte« der loyale Liverpooler die Geschehnisse um seinen Klub. Bis kurz vor seinem Tod schaute er immer wieder vorbei.

33. GRUND

Weil wir Bill Shankly als unsere Legende bezeichnen dürfen

Als Bill Shankly im September 1913 in Glenbuck in Schottland das Licht der Welt erblickte, herrschte dort vor allem eines vor: die Arbeit unter Tage. So auch für den späteren Erfolgscoach der Reds. Er ackerte nach der Schule zuerst vier Jahre lang im Bergbau, dann hatte er Glück und durfte mit dem Fußball sein Geld verdienen.

Nicht wenige Historiker sagen, dass dieser kleine Ort bis zu 50 Fußballprofis hervorgebracht hat. Noch heute wird auf einer Tafel der berühmten Söhne gedacht: »Selten kann es in der Sportgeschichte ein Dorf von der Größe von Glenbuck gegeben haben, das so viele hervorbrachte, die in ihrer Disziplin so Herausragendes erreicht haben.«

Als er seine eigene Karriere im Alter von 34 Jahren beendete, schlug Shankly die Trainerlaufbahn ein. Seine ersten Engagements blieben erfolglos. Ja selbst eine erste Bewerbung beim FC Liverpool ging 1951 noch daneben. Erst acht Jahre später ließen sich die

Bosse des inzwischen zweitklassigen Klubs zu Shankly überreden. Der Verein lag regelrecht am Boden: Das Stadion war marode und zerfiel langsam, auf dem gesamten Trainingsgelände gab es nur einen funktionierenden Wasseranschluss. Im Kader gab es kaum einen Spieler, den der neue Coach mochte, also mussten ganze 24 gehen.

Während es heutzutage oft der Fall ist, dass ein Trainer seinen eigenen Stab mitbringt, vertraute Shankly damals auf die bereits beim FC Liverpool angestellten Physiotherapeuten Bob Paisley und Assistenzcoach Joe Fagan sowie den restlichen Stab. Paisley und Fagan waren es zudem, die die Früchte der Ära Shankly später ernteten.

Doch es war Shankly, der uns wieder in die oberste englische Liga geführt hat, er ist es, der bekannt ist für seine Errungenschaften und maßgebenden Veränderungen an der Anfield Road. Ob nun das gemeinsame Mittagessen, die Professionalität der Verantwortlichen oder die Einführung des heute legendären roten Heimtrikots. All das geht auf Bill Shankly zurück.

Neben dem Aufstieg und einigen Meistertiteln holte er 1973 auch den ersten Pokal der Pokalsieger – den späteren UEFA-Pokal – an den Mersey. Außerdem war er für seine Herzlichkeit bekannt. Seine Nähe zu den Fans ist legendär. So erzählt man sich, dass er Briefe von Anhängern des Vereins allesamt selbst beantwortet hat, und wie er einst den ganzen Stolz der Scharen auf sich vereinte, als er einen Polizisten in die Schranken wies, der einen Schal der Reds auf den Boden feuerte. Diesen Umgang mit einem Klubartikel wollte Shankly sich nicht gefallen lassen. Auch eine Statue am Stadion zeigt den Trainer in dieser Szene, den Schal um den Hals gewickelt.

Noch bekannter ist sein Humor. Seine trockenen Sprüche sind schlichtweg legendär. »Wenn du drei Schotten in der Mannschaft hast, hast du eine Chance zu gewinnen. Wenn du mehr als drei hast, hast du ein Problem«, wird er auf der Website LFCHistory. net zitiert.

Auch diese Worte sind überliefert: »Wenn Everton in meinem Garten spielen würde, würde ich die Vorhänge zuziehen.« Das wohl berühmteste ist jenes: »Es gibt nur zwei Teams in Liverpool: Liverpool. Und die Liverpool Reserves.«

»In einem Fußballklub gibt es eine heilige Dreieinigkeit«, sagte er einmal. »Direktoren sind nicht dabei. Sie sind nur dafür da, die Schecks zu unterzeichnen.«[74]

34. GRUND

Weil wir Brendan Rodgers haben

Brendan Rodgers war kein großer Fußballer. Eine potenzielle Karriere wurde zu Beginn der 1990er-Jahre bereits im Alter von nur 20 Jahren durch eine Verletzung verhindert. Und wie so oft bei jungen Fußballinvaliden musste ein Job her. Der noch junge Rodgers entdeckte schließlich den Trainerberuf für sich. Er machte schnell alle nötigen Scheine und arbeitete während der ersten Wirkungsphase José Mourinhos ab 2004 beim FC Chelsea. Als Jugendcoach sammelte der heutige Cheftrainer des Reds wichtige Erfahrungen und war als Trainer der zweiten Mannschaft von Chelsea die Schnittstelle zwischen Jugend und Profitum bei den Blues. Seitdem ist er mit dem Portugiesen Mourinho eng, über bloßen Respekt hinaus verbunden. Man könnte sogar so weit gehen, die beiden Trainer Freunde zu nennen, auch wenn der Portugiese bekanntlich nicht viele als solche bezeichnet. Doch wann immer sie sich bei Spielen begegnen, begrüßen sie einander herzlich und freundschaftlich.

Nach seinen Jahren in London wagte Rodgers 2008 den Weg in die zweite englische Liga – die Championship – und führte am Ende seiner Zeit im Unterbau der Premier League 2011 Swansea City sensationell in die Belletage des britischen Fußballs.

Eine durchaus gute, aber nicht überragende Bewerbung für das Cheftraineramt an der Anfield Road. Doch die darbenden Reds nahmen ihn dennoch und das zahlte sich aus. Rodgers sollte eine neue Ära prägen und die Mannschaft wieder zur früheren nationalen Stärke zurückführen. Übrigens hatte ihn José Mourinho mit den wärmsten Worten empfohlen. Der Portugiese beschrieb Rodgers als »guten Kerl und Freund« und hob die Stärken Rodgers' hervor: »Als er zu Chelsea kam, war er noch ein junger Trainer mit einem unbändigen Willen zu lernen. Er hatte aber auch Ideen und war bereit, nicht nur zuzuhören, sondern auch zu reden und zu teilen. Dieser Schritt ist nur die Konsequenz seiner fantastischen Arbeit mit Swansea.«[75]

Nach einer ersten durchwachsenen Saison auf Rang sieben der Tabelle – nur einen Platz besser als im Jahr zuvor – fand Brendan Rodgers in seinem zweiten Jahr das große Glück. Hat er in seinen ersten zwölf Monaten als Trainer bei den Reds ein Team gebildet und sogar Luis Suárez trotz ausgebliebener Champions League zum Bleiben überredet, erntet er nun, 2014, die Früchte. Er hat es geschafft, den exzentrischen Stürmer zu Höchstleistungen zu bringen, und auch den immer wieder belächelten Simon Mignolet zu einer wahren Bank im Tor der Reds gezimmert. Sein Team aus Nachwuchsspielern wie Raheem Sterling und alten Gefährten in der Kategorie eines Steven Gerrard sind im 25. Jahr nach Hillsborough auf dem besten Weg, die erste Meisterschaft in der Premier League zu feiern.

Den Grundstein legte Rodgers bereits im August 2013 mit drei Auftaktsiegen, die ihm den ersten »Trainer des Monats«-Preis einbrachten. Die zweite Ehrung bekam er im März 2014, als Liverpool alle fünf Partien in der Liga gewann und er die Reds an die Spitze brachte. Mitkonkurrent Arsenal verspielte in genau diesen fünf Partien jeden Titeltraum.

Im zweiten Jahr fast gleich der ganz große Wurf. Was für eine Leistung! Da kann man auch über den leicht ironischen Kommentar Mourinhos auf einer Pressekonferenz – Liverpool spiele ja auch nicht europäisch und habe daher mehr Pausen – hinwegblicken. Platz zwei in der Premier League und die direkte Qualifikation zur Champions League. Das kann sich sehen lassen und Brendan Rodgers konnte gefühlt selbst seine Laufzeit und sein Gehalt für seinen neuen Vertrag bestimmen. Inwieweit das stimmt, wissen wir natürlich nicht, aber eines ist sicher, der Trainer passt zu Liverpool wie die Faust aufs Auge.

»Ich bin extrem stolz, und es ist ein Privileg, diesen Klub trainieren zu dürfen«, schwärmte er im Sommer 2014: »Ich habe den Vertrag verlängert, da ich Liverpool wirklich als mein Ziel für die kommenden Jahre sehe. Natürlich weiß ich auch, dass es im Moment eine große Euphorie rund um den Verein gibt. Der Stadionumbau und die jungen Spieler in unserem Team, die alle noch besser werden. Wir wollen etwas erreichen und um die größten Titel mitstreiten. Das wird nun hoffentlich auch in der Champions League gelingen.«[76]

Diesen Weg durfte er nicht mehr zu Ende gehen. Im Oktober 2015 musste Rodgers seine Koffer packen und Platz für Jürgen Klopp machen.

35. GRUND

Weil Brendan Rodgers als Assistent des Platzwarts anfing und mit Liverpool in neue Spähren vorstieß

Die großen englischen Teams werden von ausländischen Trainern betreut. Ob nun José Mourinho beim FC Chelsea, Arsène Wenger bei der Londoner Konkurrenz der Blues, dem FC Arsenal, oder auch Louis van Gaal bei Manchester United. Selbst der amtierende Meister Manchester City vertraut mit Manuel Pellegrini auf einen ausländischen Fußballlehrer. Nur der FC Liverpool setzt seine Karten auf Brendan Rodgers und mit ihm zumindest auf einen Briten.

Natürlich ist der Coach Nordire, aber sein Handwerk hat er in England gelernt – anders als die Trainer der anderen großen Klubs. Aber der heute so erfolgreiche Trainer hat nicht als großer Fußballer begonnen. Eine Verletzung beendete jede Hoffnung auf eine Profilaufbahn. Also musste ein anderer Job her.

Beim FC Reading fand sich einer. Der des Assistenten des Platzwarts. Also pflegte Rodgers das satte Grün und lernte nebenbei an der Akademie das Trainerhandwerk. Alles hat er damals aufgesogen, überall seine Blicke schweifen lassen, wo es nur ging. Auch bei Chelsea, als er ab 2004 als Nachwuchstrainer José Mourinho über die Schulter schauen durfte. Den ersten Cheftrainerjob seiner Karriere nahm er aber nicht in London an, sondern rettete den FC Watford in der Saison 2008/09 vor dem Absturz in die Drittklassigkeit. Anstatt zu bleiben, folgte der dann jedoch dem Ruf aus Reading und versuchte sich dort an der Seitenlinie. Allerdings mit sehr wenig Erfolg. Nur ein paar Monate durfte er bleiben, ehe er nach einem Fehlstart in die Saison seinen Posten räumen musste.

Mit Swansea City gelang ihm schließlich die vorzeitige Krönung. Ausgerechnet gegen seinen früheren Klub Reading machte Rodgers sein Kunststück perfekt und führte den Verein 2011 als ersten walisischen Klub in die Premier League.

Mit Liverpool arbeitet Rodgers seit 2012 an seinem nächsten Kunstwerk. Seit Amtsantritt sitzt nahezu jeder Pinselstrich, eine Verlängerung seines Arbeitspapiers ist nach dem zweiten Rang 2014 und dem Einzug in die Champions League nur noch Formsache. Prompt war es im Sommer 2014 dann auch soweit. Sein Arbeitspapier wurde verlängert und er wird wohl auch auf Jahre hinweg in Liverpool bleiben, wenn der Erfolg anhält. Und es gibt keine Anzeichen, dass er das nicht tun sollte.

Die Mannschaft ist taktisch hervorragend geschult. Das ist das Geheimnis des Erfolgs. Immer wieder ändert Rodgers die taktische Ausrichtung des Teams. Nicht nur von Spiel zu Spiel, nein, innerhalb einer Partie – je nach Sachlage. Nicht viele Mannschaften beherrschen dies so ausgezeichnet wie der FC Liverpool unter Brendan Rodgers.

Aber mehr noch: Er hat es geschafft, dass seine Spieler stets Spaß am Spiel haben. Und dass die Fans zufrieden sind. Der schöne, offensive, ansehnliche Fußball befriedigt sie ebenso wie die Bosse des Vereins. Von Platz sieben (mit 28 Punkten Rückstand auf den Meister) zu einem echten Titelkandidaten in nur wenigen Monaten. Auch das ist hervorragende Taktik. Rodgers' Arbeit war die Grundlage für den Erfolg von Jürgen Klopp an der Anfield Road.

36. GRUND

Weil auch Brendan Rodgers gute Sprüche hat

Brendan Rodgers ist ein ganz besonderer Trainer, das sieht man nicht nur an seiner zweiten Saison, in der er die Reds zur Meisterschaft führen kann, sondern auch an seinem Charakter und vor allem an seinen Sprüchen. Eine Auswahl:

»Was ich auch immer tun werde, ist, was ich auch zuvor schon immer getan habe: Ich verspreche, für diese Leute in dieser Stadt um mein Leben zu kämpfen.«

»Ich habe immer gesagt, dass man ohne Wasser lange leben kann, aber ohne Hoffnung schafft man es nicht einmal eine Sekunde.«

»Wenn man 65 bis 70 Prozent der Spielzeit den Ball besitzt, dann ist das für den Gegner tödlich. Tod durch Fußball. Man saugt ihnen einfach das Leben aus.«

»Ich habe immer an Statistiken geglaubt, und wenn du das Spiel dominierst, dann hast du auch eine Chance von 79 Prozent, als Sieger vom Platz zu gehen.«

»Ich habe mir den Trainerjob ausgesucht, weil ich aus den Leuten den gewissen Unterschied rauskitzeln wollte. Nicht nur als Fußballer, auch als Mensch.«

»Wir spielen mit elf Mann, die anderen Teams spielen mit zehn Mann und einem Torwart.«

»Das Problem am Trainer-Dasein ist, man muss ein Flugzeug erschaffen, obwohl es schon in der Luft ist.«

»Ich glaube daran, dass ein junger Spieler für dich mit dem Kopf nach vorn durch eine Mauer rennt. Ein älterer würde wohl eher das Loch in der Mauer suchen.«

»Ich sage immer, ein Team ist wie ein gutes Essen – ich bin zwar kein guter Koch, aber ich weiß, dass ein leckeres Essen etwas Zeit in Anspruch nimmt und man dafür gute Zutaten braucht.«

»Ich werde jeden Stein umdrehen während meines Kampfes – und dieser Kampf wird erbarmungslos sein.«

»Manch einer trainiert Hunde, ich bilde Fußballer aus.«

»Wenn wir den Ball haben, dann ist jeder Fußballer.«[77]

Wenn man einen solchen Trainer hat, kann man sich über jede Pressekonferenz oder TV-Interview freuen. Und das war nur eine kleine Auswahl seiner markantesten Sprüche. Obwohl er erst zwei Jahre in Liverpool ist, hat er bereits jetzt sein Markenzeichen entwickelt und in Stein gemeißelt.

3. KAPITEL

ES GIBT NUR EINEN LUIS SUÁREZ

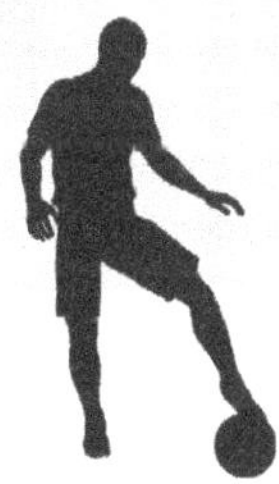

37. GRUND

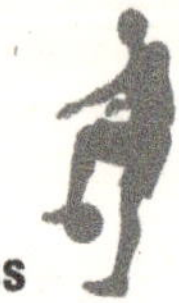

Weil Luis Suárez immer für uns schoss

Der Uruguayer wird auf ewig ein kontroverser Spieler Liverpools bleiben. Nachdem er im Jahr 2013 einen Gegner von Chelsea biss, wurde er nicht nur gesperrt, sondern versuchte auch, seinen Abgang zu forcieren. Er setzte sich beinahe in seine Heimat ab und sagte gar, er wolle nie wieder für die Reds auflaufen. Doch er blieb. Ein weiteres Jahr.

Und das war gut so. Denn nur ein Tor von ihm und schon hatten ihm die Fans verziehen. Haben wir bereits über den Jubeltanz von Daniel Sturridge gesprochen, so ist der Pistolenjubel von Luis Suárez mindestens genauso legendär und ansehnlich.

Ist der Ball drin, dreht er ab und formt beide Hände zu zwei Revolvern, mit denen er wie ein kleiner Junge »schießt«. Der Pistolero ist sein Markenzeichen und wird nicht mehr in Anfield zu sehen sein, zumindest nicht mehr wegen eines Treffers für die Reds. Er hat sein Markenzeichen allein in der Saison 2013/14 31-mal in 33 Spielen in der Premier League zeigen dürfen.

38. GRUND

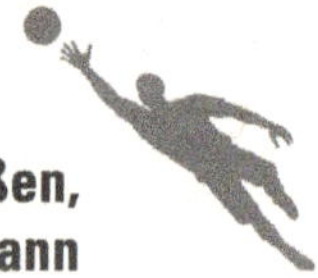

Weil Luis Suárez nicht nur beißen, sondern auch emotional sein kann

Er war der Beißer. Luis Suárez fiel auch im Jahr 2014 wieder durch eine Beißattacke auf. Zum dritten Mal in seiner Karriere. Zum zweiten Mal als Profi des FC Liverpool, auch wenn er zum Zeitpunkt des Vorfalls in Diensten Uruguays stand. Aber der Stürmer, der Liverpool in der Saison 2013/14 verließ, kann nicht nur Skandale produzieren, sondern auch sehr emotional sein.

Nicht nur die Tatsache, dass er nach dem Vorfall in Brasilien sagte, dass es das Schlimmste sei, dass seine Kinder später ihren Vater als Beißer sehen werden, beweist das, sondern auch, wie er sich von den Fans verabschiedete. Nach der WM unterschrieb Suárez einen Vertrag beim FC Barcelona, die Reds kassieren dafür eine Millionenablöse – auch wenn der Stürmer erst am Jahresende nach seiner Sperre wieder spielen darf.

Der Torschützenkönig der Premier-League-Saison 2013/14 schrieb via Twitter an die Fans des Mersey-Klubs: »Heute endet ein Lebensabschnitt, den wir nie vergessen werden.« Und: »In guten wie auch in schweren Zeiten habe ich die unglaubliche Unterstützung der Fans erfahren. Das werde ich immer in meinem Herzen tragen.« Im Namen seiner gesamten Familie fügt er schließlich noch hinzu: »Unsere Zuneigung für Liverpool wird immer bleiben. Wir lassen viele Freunde zurück und besondere Menschen, die immer in unseren Herzen bleiben werden. Wir sind so stolz, dass unsere Tochter hier aufwachsen konnte und unser Sohn hier geboren werden durfte. Wir gehen als Liverpool-Fans. You'll Never Walk Alone.«[78]

Damit hat sich Englands Fußballer des Jahres ein weiteres Mal in die Herzen aller Liverpooler Fans gespielt. Man wird seine Tore vermissen, auch wenn seine Nachfolge schon geklärt ist.

39. GRUND

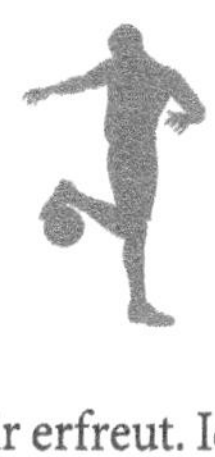

Weil wir einen temperamentvollen und torsicheren Luis Suárez hatten

»Er gehört wieder zur Mannschaft und darüber sind wir erfreut. Ich muss sagen, er hat sich fantastisch auf seine Rückkehr vorbereitet«, erklärte Liverpools Coach Brendan Rodgers, auf Luis Suárez angesprochen, im September 2013.[79] Damals war Luis Suárez gerade wieder nach einer Zehn-Spiele-Sperre zurückgekehrt. Das allein war schon ein kleines Wunder, wollte der Uruguayer doch unbedingt in der Champions League spielen.

Während er in den Sommerferien weilte, ließ er im Sommer 2013 kaum eine Chance ungenutzt, zu betonen, dass er nie wieder für den FC Liverpool auflaufen wolle. Die Medien in England bezeichneten ihn schon als »Vampir von Liverpool«[80] und dies war nur ein Skandal. Bevor er Branislav Ivanović vom FC Chelsea im April des gleichen Jahres in den Arm biss, hatte er dasselbe auch bei seiner vorangegangenen Station Ajax Amsterdam getan. Im November 2010 biss Suárez Eindhovens Otman Bakkal in die Schulter. Damals durfte er sieben Spiele lang nur zuschauen, wechselte jedoch noch vor Ablauf seiner Strafe zu den Reds.

Der »Vampir« oder, nach Meinung der niederländischen Zeitung *De Telegraaf* »Kannibale von Ajax«[81], war also kein Ersttäter. Auch ein rassistischer Zwischenfall 2011 mit ihm und Patrice Evra in den Hauptrollen kommt einem schnell in den Kopf, wenn man an den Nationalstürmer Uruguays denkt. Im Jahr zuvor, bei der WM 2010, wendete Suárez auf der Torlinie mit der Hand das Viertelfinal-Aus seiner Heimat ab und sah dafür Rot. Danach blieb er noch am Ausgang des Spielertunnels stehen und jubelte über den verschossenen Strafstoß Ghanas. Nach dem Spiel sagte er einem uruguayischen TV-Sender: »Die ›Hand Gottes‹ gehört nun zu mir. Ich habe es gemacht, damit meine Teamkollegen das Elfmeterschießen gewinnen können. Als ich sah, wie Gyan verschoss, habe ich eine riesige Freude verspürt.«[82] In England würde man »cheeky« sagen. Und Suárez hat ein verschmitztes und freches Lächeln, das ist unbestritten.

Warum lieben wir, die Fans des FC Liverpool, ihn dennoch? Die Liebe verdient er sich durch seine atemberaubenden Tore. Jedoch muss man auch offen zugeben, dass im Sommer 2013 der eine oder andere Fan ihn mit Argwohn betrachtet hat. Die Führung des Klubs um Sportdirektor Ian Ayre hatte ihn auch bereits mit den Worten

»dieses Verhalten ist eines Spielers, der das Trikot des FC Liverpool trägt, nicht würdig« angezählt.[83]

Doch dann wollte es das Schicksal oder der Fußballgott, dass Suárez im roten Trikot bleibt. Denn ohne ihn würde der einstige englische Rekordmeister nicht um seinen ersten Titel in der Premier League mitspielen. Nach 30 Spielen hatte die Nummer sieben 30 Tore und unfassbare 140 Versuche sowie 74 Schüsse auf des Gegners Kasten auf seinem persönlichen Konto.

»Er hat das Potenzial, dass die Fans ihm alles vergessen und verzeihen«, schrieb der *Daily Telegraph* vor der Saison 2013/14 zu Suárez' Rückkehr.[84] Dieses Potenzial hat der »Uru« mehrfach bewiesen. Darum lieben ihn die Fans, darum lieben wir ihn. Mit 27 Jahren steht er voll im berühmten Saft, mit Brendan Rodgers hat er auch einen Trainer, der ihn richtig einzusetzen und zu motivieren weiß. Skandale? Seit der Beißattacke gegen Ivanović Fehlanzeige.

Mit dem quirligen Stürmer und einem noch stärkeren Kader kann man als Fan des FC Liverpool freudig in die Zukunft schauen. Ich, wie viele andere Anhänger auch, tue es ganz sicher. Und die Fanumfrage »100 Players Who Shook The Kop« aus dem Jahr 2013 belegt mit Suárez' fünftem Rang, wie sehr er geliebt wird.

4. KAPITEL

LIVERPOOL UND SEINE ENDSPIELE – EINE GANZ EIGENE GESCHICHTE

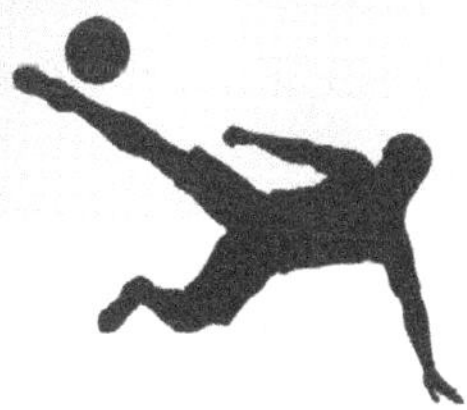

40. GRUND

Weil wir uns 2005 den Sieg in der Champions League erkämpften und für eines der besten Endspiele aller Zeiten sorgten

Istanbul, Atatürk-Olympiastadion, es ist der 25. Mai 2005. Ein denkwürdiger Abend. Der FC Liverpool muss gegen die favorisierten Männer von Carlo Ancelotti und den AC Mailand antreten. Die Italiener sind auf dem Papier haushoch überlegen und haben bis zum Halbfinale kein Tor in den Alles-oder-nichts-Spielen kassiert.

Liverpool hatte im Gegensatz dazu schon ganz am Anfang des Turniers mit Widrigkeiten zu kämpfen. Bereits in der dritten Qualifikationsrunde mussten die Reds eine schmerzliche Heimniederlage gegen den Grazer AK verkraften. Mit einem Sieg im Rückspiel packten sie gerade noch den Einzug in die Gruppenphase, die aber auch ein jähes Ende zu nehmen drohte. Hätten wir nicht Steven Gerrard und sein Siegtor zum 3:1 gegen Olympiakos gehabt, hätten wir es nie bis nach Istanbul geschafft.

Im Achtelfinale war Bayer Leverkusen kein echter Gegner, dafür war das Viertelfinalduell gegen Juventus umso härter. Diese beiden Klubs verbindet seit der Stadionkatastrophe von Heysel eine besonders traurige Beziehung. Wie es die Geschichte so wollte, trafen beide Mannschaften zum ersten Mal nach 20 Jahren wieder in einem Pflichtspiel aufeinander. Die Befürchtungen waren groß, dass die Italiener sich an den Tod der 39 Juve-Fans von damals rächen wollten. In Turin kam es zu Auseinandersetzungen, doch an der Anfield Road hielten beide Seiten Freundschaftsbanner in die Höhe. Der Hass war vergessen.

Liverpool sicherte sich durch einen 2:1-Sieg daheim und eine defensiv starke Auswärtsleistung den Einzug ins Halbfinale, wo Chelsea bereits wartete. Die Blues wussten wir auch zu besiegen und das Finale war perfekt!

Die Favoriten aus Norditalien zeigten bereits nach wenigen Sekunden, warum sie als solche gehandelt wurden. Paolo Maldini sorgte mit dem schnellsten Tor der Finalgeschichte für einen neuen Rekord, ehe der doppelte Hernán Crespo Milan scheinbar uneinholbar in Front brachte.

Ich persönlich war schon tieftraurig, hatte ich doch die ganze Zeit über auf ein Wunder gehofft. Und es sollte auch kommen. Mit dem wiedergenesenen Didi Hamann begann die zweite Halbzeit. Der Deutsche musste in den vorhergegangenen Spielen immer wieder pausieren, doch nach der Pause konnte er wieder ran. Und prompt trafen im »Sechs-Minuten-Chaos«, wie es Carlo Ancelotti später nennen sollte,[85] Steven Gerrard, Vladimír Šmicer und Xabi Alonso.

Noch kurz vor dem Abpfiff verbrachten Gerrard und Sami Hyypiä Glanztaten, als sie die Mailänder in Schach hielten, Jerzy Dudek im Tor wehrte noch einen starken Ball von Andrij Schewtschenko ab. Es half alles nichts, Mailand musste in die Verlängerung, die Fans konnten es kaum fassen. 3:0 waren sie schon vorn gewesen, und nun das! Die Verlängerung blieb torlos, die Entscheidung musste vom Punkt fallen. Hier glänzte schließlich Dudek mit seinem »Tanz« und Stevie G durfte den Henkelpott in den Istanbuler Nachthimmel recken. »2005 war die beste Erfahrung in meinem Leben als Fußballer. Ich habe in meinem Zimmer Fotos von den Szenen in Liverpool hängen, als wir mit dem Pokal nach Hause kamen. Ich will mir noch mehr aufhängen und ich will einen weiteren Stern auf dem Trikot«, sagte Gerrard noch Jahre später.[86]

Zwei Jahre später trafen beide Teams wieder aufeinander. Dann mit dem besseren Ende für Milan. Da fiel den Norditalienern kein Klavier mehr auf den Kopf (so beschrieb Cafu die Niederlage 2005).[87] Sie siegten 2:1, Dirk Kuijt konnte damals erst in der 89. Minute das einzige Tor der Reds schießen.

41. GRUND

Weil wir Alavés 2001 fast den Sieg schenkten und sie ihn dann uns

Vier Jahre vor dem Finale von Istanbul 2005 traten die Liverpooler in Dortmund zum Endspiel des UEFA-Pokals an. Gegen Deportivo Alavés, einen relativ kleinen Verein aus dem Baskenland, waren wir die Favoriten.

Mit einem schnellen Tor von Markus Babbel, der bereits 1996 diesen Titel mit den Bayern gewonnen hatte, und dem zweiten Treffer durch Steven Gerrard befanden wir uns schnell auf der Straße zum Sieg. Doch es wäre kein typisches Finale mit den Reds, wenn es nicht noch einmal so richtig spannend geworden wäre. Iván Alonso verkürzte in der 26. Minute, doch Gary McAllister brachte alles wieder in die rechte Ordnung, als er kurz vor der Pause wieder den Zwei-Tore-Abstand herstellte.

Die Trainer hielten ihre Pausenansprachen und die Basken schienen die bessere bekommen zu haben. Javi Moreno schnürte kurz nach Wiederanpfiff einen Doppelpack, Liverpool erstarrte und wusste nicht, was da gerade passierte. Robbie Fowler dachte, in der 73. Minute den Siegtreffer gemacht zu haben – aber er hatte die Rechnung ohne Jordi Cruyff gemacht. Ausgerechnet Cruyff, werden sich die einen oder anderen Fans gedacht haben! Der Sohn des legendären holländischen Fußballers Johan Cruyff verbrachte viele Jahre seiner Laufbahn bei Manchester United und verdarb nun Uniteds Erzrivalen die Feier.

Sein Tor in der 89. Minute erzwang die Verlängerung im Westfalenstadion. Lange passierte nichts. Die Teams waren darauf bedacht, nicht zu viel zu riskieren, galt damals doch noch die Golden-Goal-Regel, sprich: Nach einem Tor ist sofort Schluss.

Um der Tragik einen besonderen Lauf zu geben, war es auch noch ein Baske, der das alles entscheidende Tor gegen sein Team machte. Delfí Geli setzte den Ball in der 117. Minute, also nur drei Minuten vom Elfmeterschießen entfernt, ins eigene Netz.

Das Spiel war aus und Deportivo Alavés am Boden. Dabei hätte ein Sieg in die Geschichte der Saison gepasst. Sie hatten keine Angst, keinen Respekt vor den großen Namen des europäischen Fußballs: Im Achtelfinale musste Inter Mailand dran glauben, im Halbfinale der 1. FC Kaiserslautern mit unglaublichen 9:2 Toren! Doch der FC Liverpool war den Spaniern dann doch eine Nummer zu groß und sie ebneten den Reds den Weg nach Istanbul 2005.

42. GRUND

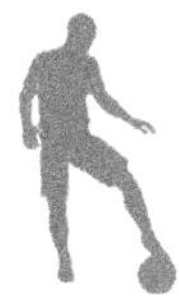

Weil wir ein Händchen für spannende Endspiele haben

Jeder Fußballfan wünscht sich ein spannendes, ein atemberaubendes Endspiel seines Klubs. Egal, ob es nun um den Ligapokal, die europäische Krone oder den nationalen Cup geht, ein Endspiel muss einfach spannend sein und die Leute müssen mitfiebern können. Sucht man sich nach diesen Kriterien einen Verein, dann MUSS man den FC Liverpool wählen.

Im Community Shield, dem englischen Pendant zum DFL-Supercup, siegten wir 15-mal. Nur einmal relativ deutlich mit 3:1 gegen den FC Arsenal (1979), sonst war es immer knapp, einmal ging es auch ins Elfmeterschießen (1974 wurde auf eine Verlängerung verzichtet und gleich vom Punkt aus entschieden). Diese Bilanz ist noch in Ordnung. Im Ligapokal hingegen ging es bei acht Titeln in sechs Endspielen in die Verlängerung, ein Wiederholungsspiel oder ins Elfmeterschießen.

Im weitaus wichtigeren Pokal, dem FA Cup hingegen, mussten die Reds nur einmal eine Extraschicht schieben. 2006 ging es gegen West Ham United ins Elfmeterschießen. Im europäischen Supercup ließen wir uns bei unserem dritten Titel 2005 auch noch ein bisschen mehr Zeit, um ZSKA Moskau 3:1 zu schlagen.

Doch je europäischer es wurde, desto spannender wurden auch die Finals. Im UEFA-Pokalfinale 1973 dachten alle, gegen Borussia Mönchengladbach sei nach dem 3:0 aus dem Hinspiel der Sack schon zu. Doch dann ärgerten die Fohlen uns im Rückspiel und führten noch vor der Pause mit 2:0 (beide Treffer durch einen gewissen Herrn Jupp Heynckes). Die Beine wackelten und Bill Shankly bangte um seinen ersten und einzigen europäischen Titel. Es ging gut, genauso wie drei Jahre später.

Ein nettes Waffelessen gegen einen Klub aus Brügge? So haben es die einen oder anderen vielleicht erwartet, doch schnell schockten die Belgier die Gastgeber aus Liverpool. Sie packten die Tormaschine aus und führten ruck, zuck 2:0 an der Anfield Road! Doch wie auch 2005 drehten die Reds das Spiel in nur wenigen Minuten und gingen mit einem 3:2-Sieg ins Rückspiel. Im Olympiastadion von Brügge glichen diese aber nach elf Minuten aus und hatten schon eine Hand am Pokal, hatten sie doch zwei Auswärtstore in petto. Aber die Hände klebten nur vier Minuten am Pott, dann machte Kevin Keegan das 1:1.

Einige Jahrzehnte später standen wir auf dem Platz des Westfalenstadions von Borussia Dortmund. Am 16. Mai 2001 hieß der Gegner Deportivo Alavés, zwar der drittgrößte Klub im Baskenland hinter Bilbao und San Sebastián, aber eben doch nur ein vermeintlich kleiner Name. Aber es wäre kein Finale mit Liverpool, wenn es nicht wieder spannend gewesen wäre. Die Basken glichen immer wieder aus und erst ein Eigentor von Delfí Geli brachte Liverpool den Sieg.

Und was wir im »kleinen« UEFA-Pokal können, das können wir schon lange im Pokal der Landesmeister beziehungsweise der heutigen Champions League. Bevor Jerzy Dudek uns in Istanbul den Sieg im Elfmeterschießen sicherte – nachdem wir zur Halbzeit bereits 0:3 zurücklagen – und seinen eigenen Tanz aufführte, gab es Rom 1984. 30. Mai, Olympiastadion in der Ewigen Stadt. Die »Gastgeber« glichen das Tor von Phil Neal in der 44. Minute aus, es kam zum Lottospiel vom Punkt. Steve Nicol, insgesamt 468 Spiele für LFC, vergab seine Chance vom Punkt, doch konnte er sich bei Keeper Bruce Grobbelaar bedanken, der auf der Linie tanzte und so auch den Finalsieg 2005 maßgeblich mitprägte.

43. GRUND

Weil Bruce Grobbelaar zuerst den Dudek machte

Europapokal der Landesmeister, das Endspiel 1984. Wie so oft in der Geschichte Liverpools kommt es zum Elfmeterschießen. Im Mittelpunkt stehen die Schlussmänner. Unserer heißt Bruce Grobbelaar und hat Genie und Wahnsinn bereits mehrfach unter Beweis gestellt. Kurz vor dem ersten Schützen war Joe Fagan auf Grobbelaar zugekommen und hatte zu ihm gesagt: »Ich, die Trainer, die Bosse, deine Teamkollegen und die Fans werden dich nicht verurteilen, wenn du einen Ball aus elf Metern nicht halten kannst.« Dies habe ihm noch einmal diesen so wichtigen Anschub gegeben. »Er sagte nur ›zeig es ihnen‹«, erinnert sich der Keeper in seiner Autobiografie. »Und das habe ich auch getan.«[88]

Und wie! Bruno Conti und Francesco Graziani verschossen, und zwar weil Grobbelaar sie einschüchterte. Als Conti sich am Elfmeterpunkt bereit machen wollte, lächelte unser Keeper verschmitzt und provokativ erst ihn und dann die Kamera hinter dem Tor an. Er biss in das Tornetz, um zu zeigen, dass er jetzt Spaghetti essen werde. Das reichte, um den italienischen Nationalspieler einzuschüchtern. Contis Ball flog über die Querlatte. Sieg für Grobbelaar.

Der zweite Italiener, der an ihm scheitern sollte, war Graziani. Als er sich bereit machte, tanzte Grobbelaar auf der Linie, wackelte mit den Beinen und verunsicherte so sein Gegenüber geschickt und vor allem erfolgreich. Rom verlor am Ende 2:4 im eigenen Stadion, Grobbelaar war der erste Afrikaner, der sich zu Europas König krönte.

Aber nicht nur dieser Abend, sondern leider auch Grobbelaars oft nicht überzeugenden Auftritte und lautstarken Meckertiraden in Richtung seiner Abwehrleute sind in Erinnerung. Zum Beispiel im FA-Cup-Finale von 1986, als er Jim Beglin deutlich zu verstehen gab, dass der Gegner nicht zu solch leichten Torchancen kommen solle.

Wenn der in Durban geborene Keeper mal selbst einen Fehler machte, störte ihn das gar nicht. Die gesamten 90 Minuten eines Spiels über strotzte er vor Selbstbewusstsein. Zurück führte er diesen Charakterzug auf seinen Kriegseinsatz in Afrika. »Wenn der Krieg dich gelehrt hat, ist das Leben ein Geschenk, und ich werde mich nie dafür entschuldigen, dass ich lache oder wie ich Fußball genieße.«[89]

Mit Bob Paisley, Joe Fagan und Kenny Dalglish vertrauten ihm auch nicht irgendwelche Trainer in der Geschichte der Reds die 1 an. Grobbelaars oft athletischen Bewegungen und Paraden sind unvergessen. Sein Abschied kam kurz nach der Meisterschaftssaison 1989/90. Der damalige U21-Nationalkeeper David James kam an die Anfield Road und machte ihm den Platz streitig. Schließlich verließ er 1994 seine langjährige Heimat und ging zum FC Southampton. In Erinnerung bleibt er als neben Ray Clemence renommiertester und erfolgreichster Keeper der Vereinsgeschichte.

Im Jahr seines Wechsels wurden auch Manipulationsvorwürfe laut. Er soll zusammen mit anderen Profis und einem Geschäftsmann aus Malaysia illegal auf Spiele gewettet und den Spielverlauf beeinflusst haben. Er betonte immer wieder, dass er unschuldig sei und die angeblichen Beweise gegen ihn nur gesammelt habe, um einen Manipulationsskandal aufzudecken. Vor Gericht glaubte man Grobbelaar, er wurde freigesprochen und verlangte infolgedessen vom Boulevardblatt *Sun* wegen Rufschädigung eine Entschädigung.

Diese bekam er nicht, vielmehr musste er der Zeitung auch noch die Gerichtskosten in Höhe von einer halben Million Pfund erstatten. Letztlich war er dazu nicht in der Lage und musste Insolvenz anmelden. Inzwischen ist er wieder in seiner Heimat, soll aber noch immer jede Menge Schulden haben.

44. GRUND

Weil das FA-Cup-Finale 2006 gegen West Ham United als »The Gerrard Final« in die Geschichte einging

Steven Gerrard ist DIE Legende des modernen Liverpool. Er lebt den Verein wie kaum ein anderer aktuell und hat sich bisher zu allen großen Titel geschossen, die es als Vereinsfußballer zu gewinnen gibt.

Nach dem Sieg im Champions-League-Finale von 2005 in Istanbul ging es ein knappes Jahr später im Millennium Stadium in Cardiff weiter. West Ham ging durch ein Eigentor von Jamie Carragher in Führung, erhöhte dann sieben Minuten später in der 28. Minute durch Dean Ashton. 2:0, das ist schon eine Bank. Doch Liverpool kam noch vor der Pause zurück. Djibril Cissé traf in der 32. Minute zum Anschluss und kurz nach dem Seitenwechsel war es unser Kapitän, der den Ausgleich machte.

Die Geschichte des »Gerrard Final« wurde zu schreiben begonnen. Als Paul Konchesky in der 63. Minute den vermeintlichen Siegtreffer machte, sahen sich die United-Fans schon als Pokalsieger. Doch es kam noch einmal Stevie G. In der Nachspielzeit, in der 91. Minute, zog er einfach ab, der Ball flog an allen Verteidigern vorbei und landete im Netz von West Ham. 2001 bei Gerrards erstem Pokaltriumph war es Michael Owen gewesen, der in den letzten sieben Minuten das Spiel gedreht hatte, dieses Mal war es der Kapitän selbst, der für die Wende sorgte.

Sein Tor brachte die Verlängerung und das Elfmeterschießen. Didi Hamann trat damals, wie auch schon 2005 in Istanbul, als Erster und verwandelte sicher. Nachdem West Hams Bobby Zamora verschoss, traf auch Sami Hyypiä nicht und Teddy Sheringham glich aus. Dann kam der Skipper persönlich, verwandelte sicher. Paul Konchesky, im Spiel noch mit dem 3:2, konnte den Ball nicht versenken. Nun lag es nach John Arne Riises Tor an Anton Ferdinand, gegen Pepe Reina den Ball ins Netz zu bekommen. Und er scheiterte! Der Spanier hatte die richtige Ecke und bescherte Liverpool den siebenten Erfolg im FA Cup.

Gerrard durfte den Pokal in den Himmel recken, bekam ihn von Prinz William überreicht und sicherte Liverpool nach dem ersten Sieg 2001 beim ersten Endspiel in Cardiff auch den Erfolg im letzten Pokalfinale, bevor es wieder ins Wembley Stadium ging.

45. GRUND

Weil uns Djimi Traoré den FA Cup 2005 kostete, er aber in Istanbul dennoch umjubelt wurde

Djimi Traoré kam dank seines Landsmannes auf der Trainerbank im Sommer 2000 aus Laval nach Liverpool. Gérard Houllier hatte ihn überredet. Erst kam er nicht gut klar. Der englische Fußball schien ihm lange nicht zu liegen, und so wurde er in der darauffolgenden Saison nach Frankreich verliehen, dort wurde er fast Meister und kehrte als stärkerer Spieler zurück.

So richtig durchsetzen konnte er sich aber nicht. Das habe auch am französischen Trainer gelegen, sagte er später einmal. »Wir mussten doppelt so hart arbeiten wie die anderen«, monierte er nach der Ablösung Houlliers. »Ich habe so oft an seine Tür geklopft und wollte wechseln. Wäre er noch hier, wäre ich es nicht mehr.«[90] Für Rafael Benítez war es dann doch gut, dass der Defensivmann blieb.

Der Spanier setzte auf den Franzosen, ließ ihn neben Sami Hyypiä und Jamie Carragher als Linksverteidiger auflaufen. Doch er wurde im Januar 2005 in der dritten Runde des FA Cup schwer von ihm enttäuscht. Gegen Burnley zauberte Traoré ein so unglaubliches Eigentor, dass es auf ewig in den Annalen des englischen Pokals stehen wird. Ein Angreifer spielt den Ball von der linken Seite ins Zentrum. Dort steht Traoré. Eigentlich muss er die Kugel nur kontrollieren und einfach klären. Doch sie klebt ihm am Fuß, er dreht sich einmal, zweimal und auf einmal ist er samt Ball im Tor. Ein Zaubertor, nur eben leider auf der falschen Seite des Feldes.

Dennoch sollte er nur wenige Monate später in der magischen Nacht von Istanbul 120 Minuten auf dem Platz stehen und Champions-League-Sieger werden. Das war das größte Highlight seiner Karriere im roten Trikot. Und auch das letzte. Er konnte nicht mehr das zeigen, was man an der Anfield Road von ihm erwartet hatte. Kaum noch Einsatzminuten in der Saison nach dem europäischen Triumph und sein Abgang war besiegelt. Über kleinere Klubs auf der Insel fand Traoré seinen Weg zum AS Monaco. Aber auch hier fand seine Zeit nach einer starken Saison ein Ende. Dann kam Marseille.

»Ich bin stolz auf das, was ich mit Liverpool erreicht habe. Vor allem natürlich den Sieg in der Königsklasse«, sagte er später. Aber er wolle einfach spielen und nicht »in der Champions League auf der Bank sitzen«.[91] Und das macht er noch immer. In der US-amerikanischen Profiliga MLS. Noch immer spielt er und verdient sein Geld mit Fußball.

5. KAPITEL

TANZ UND MUSIK

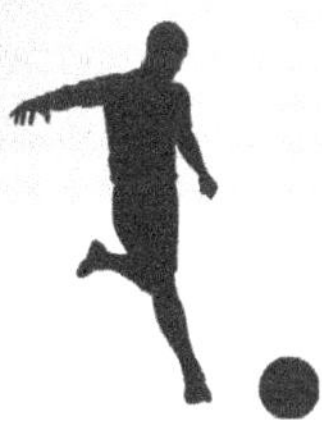

46. GRUND

Weil wir den Dudek-Dance haben

Jerzy Dudeks Karriere hat wie jene von Brendan Rodgers auch mit dem FC Chelsea zu tun. Als Ed de Goey von Feyenoord Rotterdam nach London ging, war es der Pole, der zur Nummer eins bei den Niederländern wurde. Er wurde bester Keeper in der niederländischen Meisterschaft und holte den Titel, ehe er 2001 zu den Reds ging.

In Liverpool feierte er eine starke Premierensaison. Doch nach der enttäuschenden Weltmeisterschaft in Japan und Südkorea 2002 musste sich der polnische Nationalkeeper auch in seinem Klub immer wieder Kritik anhören. Kleine Fehler häuften sich und so wanderte er auf die Bank. Chris Kirkland ersetzte ihn, doch zum Glück Dudeks verletzte sich der eigentliche Ersatzmann, sodass er selbst wieder zwischen die Pfosten durfte.

Eine gute Wahl, wie sich am 25. Mai 2005 in Istanbul herausstellen sollte. Zwar kassierte Dudek in der ersten Halbzeit bereits drei Treffer, doch wir kamen zurück und retteten uns gegen den AC Mailand bis ins Roulette Elfmeterschießen. Noch kurz vor Abpfiff entschärfte Dudek zwei gefährliche Schüsse von Andrij Schewtschenko aus kurzer Distanz. In diesem Glücksspiel vor Millionen von Zuschauern an den TV-Geräten, und vor Tausenden Fans im Atatürk-Olympiastadion behielt er nicht nur die Ruhe, sondern kramte auch ganz tief in der Trickkiste der Geschichte Liverpools.

Hatte einst Bruce Grobbelaar mit seinen ungewöhnlichen Bewegungen beim Elfmeterschießen überrascht, war es nun Jerzy Dudek. Während der Gegner anlief, bewegte er sich auf der Linie hin und her, machte kleine Sprünge und bewegte seine Hände dabei wie ein Hampelmann. Dieser »Dudek Dance« verwirrte die Gegner, die nicht abschätzen konnten, wohin der Pole springen würde.

Gleich zu Beginn versagten Serginho und Andrea Pirlo die Nerven vom Punkt. Für Liverpool hatte inzwischen Didi Hamann schon getroffen, dann versenkten noch Djibril Cissé und Vladimír Šmicer ihre Bälle im Netz, während Milans Andrij Schewtschenko am glänzend aufgelegten und vor allem tanzenden Dudek scheiterte.

Nach dem Spiel sagte der Elfmeter-Held, Jamie Carragher habe ihn auf diese Taktik, die Grobbelaar einst angewendet hatte, hingewiesen. Die Hampelmann-Bewegungen gingen in die Fußballgeschichte ein und machten Dudek weltberühmt. Die Musikgruppe The Trophy Boyz besang seinen Tanz auf der Torlinie mit dem Song *Du the Dudek* und kam damit sogar bis auf Platz sieben der englischen Charts.

Für den Keeper selbst war das Finale der letzte große Höhepunkt im Liverpool-Trikot. In der Saison 2005/06 kam mit Pepe Reina ein starker Konkurrent, der ihn verdrängte. Ein Jahr später ging Dudek schließlich als Nummer 2 zu Real Madrid. Auch wenn er dort noch Meister und Pokalsieger wurde, zum Liverpooler Helden wurde er 2005 in Istanbul.

47. GRUND

Weil unsere Spieler aus Liebe zu unserer Stadt und dem Verein einen Rap geschrieben haben

Musik und Liverpool? Das muss doch *You'll Never Walk Alone* sein, oder? Was anderes kennt man doch am Mersey gar nicht!? Fast. Es gab vor dem FA-Cup-Finale 1988 gegen den AFC Wimbledon noch eine Hommage an den geilsten Klub der Welt. Der *Anfield Rap* schaffte es in Großbritannien bis auf Platz drei der Charts, war musikalisch und künstlerisch jedoch deutlich weniger wertvoll als *You'll Never Walk Alone.*

BBC-Reporter Mark Savage beschrieb 2012 den *Anfield Rap* als einen »unsagbar schrecklichen Song, in dem erwachsene Männer mit dem englischen Sprachrhythmus kämpfen«.[92] Er hat ganz sicher nicht unrecht, denn »hard as hell« mit »Ars-e-nell« zu reimen ist gewöhnungsbedürftig. Doch der Rap ist vor allem eines: eine Hommage an Liverpool und diesen außergewöhnlichen Klub. »Ich habe einfach Rap-Musik geliebt und da habe ich Barnes gefragt, ob er nicht einen Rap über Liverpool machen wolle«, erinnerte sich der Australier.[93]

Mit John Aldridge und Steve McMahon blieb es an zwei Spielern hängen, den typischen Akzent Liverpools den Mitspieler verständlich zu machen. »Ich liebe einfach Dialekte«, sagte Johnston weiter, »und wollte darüber einen Rap machen; darüber, wie Typen von überallher zusammenkommen und dieses unglaubliche Ding namens Liverpool Football Club bilden, ein Team, das damals unschlagbar war. Das Ganze war einfach sehr lustig.«[94]

Es war aber auch eine Parodie auf die populären Rapsongs der damaligen Zeit wie LL Cool Js *Rock the Bells* oder Eric B. & Rakims *I Know You Got Soul.* Doch bei einem Lied über Liverpool, aus Liverpool durften auch die Beatles nicht fehlen. Die Gitarrenelemente und das »Ahhhhh-ahhhhh-ahhhhh« nahmen die singenden Fußballer vom Song *Twist And Shout.* Einige Fans treten in dem Video auf, genauso wie Spieler der damaligen Zeit. Fehlen durften natürlich auch John Aldridge und Steve McMahon nicht, die über ihren besonderen Akzent sangen. Hinzu kamen neben den Initiatoren Craig Johnston und John Barnes noch Bruce Grobbelaar, Kevin MacDonald, Gary Gillespie, Steve Nicol, Ronnie Whelan, Alan Hansen, Ray Houghton, Jim Beglin, Nigel Spackman und Jan Mølby. Auch Trainer Kenny Dalglish ließ es sich nicht nehmen, im Video aufzutreten. Zu Beginn läuft ein O-Ton von Trainerlegende Bill Shankly und eine Strophe sang der bekannte Fußballkommentator von ITV, Brian Moore. Das Lied, mitgeschrieben von Derek B, ist in den Augen von John Barnes »das beste Fußballlied« überhaupt.[95] Die Fans lieben es auf jeden Fall noch immer.

Glück brachte der *Anfield Rap* unserer Mannschaft übrigens nicht. Das Pokalfinale 1988 gewann mit 1:0 der AFC Wimbledon.

48. GRUND

Weil wir einen tanzenden Daniel Sturridge haben

Daniel Sturridge ist eines der größten Talente im englischen Fußball. Der 1988 geborene Stürmer ist mit dem FC Chelsea bereits einmal Champions-League-Sieger geworden und hat in der Jugend von Manchester City gespielt. Doch was ihn besonders auszeichnet ist sein Torjubel.

Während Miroslav Klose seine Treffer spektakulär mit einem Vorwartssalto feierte, tanzt Daniel Sturridge. Einc flapsige Armwelle, ein bisschen Drehen, und jeder Scouser weiß, dass der Stürmer ein Tor gemacht hat.

Aber was wäre ein Torjubel, wenn er nicht auch wirklich typisch wäre? Dazu braucht es viel Disziplin, wie Sturridge einmal erklärte, und er habe auch immer wieder diesen einen Tanz geübt. Viele Fans würden ihn ihm nun nach-, doch nicht alle ganz richtig machen. »Ich muss es den Leuten zeigen, viele machen es falsch, dann sieht es schlecht aus, und das färbt dann auf mich ab.«[96]

Damit auch schon die jüngsten Fans den Tanz richtig üben, ging der Stürmer im April 2014 in eine Grundschule in Liverpool und überraschte seine kleinen Anhänger. Sie wurden von einem Fernsehteam nach ihrem Lieblingsklub befragt und versuchten sich im Sturridge-Tanz. Anschließend überraschte der Spieler selbst die Jungs und Mädchen, tanzte mit ihnen und philosophierte über die Reds.[97]

Ein Junge sprach von der Begegnung als einer »chance of a lifetime«, also einer einmaligen Möglichkeit. Und das als Achtjähriger!

Sturridge zeigte sich beeindruckt und war den Fans total nahe. So sieht man einen Spieler gern und seinen Tanz wollen wir als Fans noch unzählige Male sehen. Das größte Talent Englands steht und tanzt in Liverpool.

49. GRUND

Weil Fans im Pink-Floyd-Song »Fearless« »You'll Never Walk Alone« sangen

Was haben Pink Floyd mit dem FC Liverpool zu tun? Gut, sie sind auch Engländer, kommen aber aus London. Dennoch haben sie für ihr 1971 erschienenes Album *Meddle* auf die Hymne der Reds zurückgegriffen.

Kurz nach Beginn und am Ende des Liedes *Fearless* haben sie Sequenzen vom legendären Anfield-Kracher *You'll Never Walk Alone* eingebaut. Man hört die Fans des FC Liverpool singen und feiern.

Dabei ist das Stück kein Fußballsong. Es ist sehr langsam, sehr melancholisch, wie fast alle Lieder auf der A-Seite der Platte. Die Stimmen von der Anfield Road wurden aufgenommen, als die Kop unsere Hymne intonierte. David Gilmour und Roger Waters haben den Song komponiert, Waters, eigentlich der Bassist, spielt darauf Akustik-Gitarre.

Anders als noch der *Anfield Rap*, wo sowohl der Verein als auch die Stadt im Mittelpunkt standen, ist der Fangesang hier nur ein Beiwerk, eine Unterstützung der Aussage, dass man sich überwinden, etwas schaffen kann.

Fearless wurde nicht als Single, sondern nur auf dem Album *Meddle* und als B-Seite von *One of These Days* veröffentlicht. Fast ein Underground-Hit also. Pink Floyd spielten den Song nur ein einziges Mal in ihrer Geschichte live. Ein kurioser Einfall einer kuriosen Band. Doch Liverpool ist mittendrin.

50. GRUND

Weil die Beatles aus Liverpool kommen und inoffiziell unsere Fans sind

Der FC Liverpool, der FC Everton und die Beatles gehören einfach zu Liverpool. Gut, der Mersey auch gewissermaßen. Ob die drei Erstgenannten viel miteinander zu tun haben, ist nicht exakt überliefert. Doch die berühmten Musiker waren beziehungsweise sind den Reds zumindest nicht ganz abgeneigt.

Nach der Gruppenauslosung zur WM 2010 in Südafrika titelte *The Sun*: »Die beste Gruppe seit den Beatles!« Der große Sir Paul McCartney und Liverpools Legende Kenny Dalglish sind sehr gute Freunde. »Er kam zu den ersten Wings-Gigs und wurde ein echter Fan«, erinnerte sich der McCartney später im *Liverpool Echo.*[98] Vor einem Konzert in seiner Heimatstadt sagte er zudem: »Ich hoffe, dass er kommt – und er kann auch das gesamte Team des FC Liverpool mitbringen.«

Doch wer nun auf einen Red hofft, wird enttäuscht, denn Sir Paul schob schnell hinter: »Auch das ganze Everton-Team kann kommen.« Die Gründe dafür sind einfach. McCartneys Vater wurde in Everton geboren. »Also bin ich ein Evertonian. Und ja, ich unterstütze auch Liverpool.«[99] In einem Derby schlage sein Herz aber für den Lokalrivalen der Reds.

Es gibt aber auch ein paar echte LFC-Anhänger aus dem Umfeld der Beatles: Johns Bruder Mike ist ein frenetischer Fan Liverpools und auch der frühere Roadmanager Neil Aspinall ist durch und durch ein Roter. Er hat regelmäßig die Anfield Road besucht und bei Touren in Übersee stets verzweifelt versucht, die Ergebnisse vom Vortag zu erfahren. Ohne Internet und Handys eine durchaus schwere Aufgabe.

Ringo Starr hatte es eher mit dem FC Arsenal als mit den Reds, doch seine Söhne haben Dauerkarten für die Anfield Road, und auch George Harrisons Sohn sei »ein wahrer Liverpooler«, so Buchautor Andy Thompson im Guardian.[100]

Doch es war John Lennon, der immer wieder für mysteriöse Momente sorgte. So kam auf seine Initiative hin Albert Stubbins auf das Cover von *Sgt. Pepper's Lonely Hearts Club Band*. Der einzige Fußballer auf dem Cover ist eine Liverpooler Legende! Ein Fanklub ist nach ihm benannt, zu seiner Zeit war er ein Star. McCartney schickte ihm die Platte und schrieb darauf die Widmung: »Sehr gut gemacht, Albert, danke für die glorreichen Jahre im Fußball. Long may you bob and weave.«[101]

51. GRUND

Weil wir »You'll Never Walk Alone« zum Fußballsong erklärt haben

Als Stilijan Petrow seine letzte Runde im Paradise-Stadion von Celtic Glasgow drehte, sangen die Fans ein Lied. Es ist dieses eine Lied, das Menschen in allen Stadien der Welt verbindet. Ob nun in Schottland, in Hamburg oder Dortmund. Auch bei der Trauerfeier für den unter so tragischen Umständen aus dem Leben geschiedenen Robert Enke lief *You'll Never Walk Alone*, als der Sarg das Stadiongelände verließ.

Die Toten Hosen sangen es, und nach eigenem Bekunden auch einmal mit einem ihnen bis dahin unbekannten finnischen Gitarristen auf der Hochzeit von Liverpools langjähriger Abwehrsäule Sami Hyypiä.[102] Seit Jahrzehnten ist es fester Bestandteil der Fangesänge in den Stadien dieser Welt, doch seinen Anfang als Fußballlied schlechthin nahm es an der Anfield Road.

Aber lasst uns von vorn beginnen. Zuallererst ist *You'll Never Walk Alone* ein Musicalsong. Richard Rodgers komponierte das Lied im Jahr 1945 für das Broadway-Musical *Carousel*, Oscar

Hammerstein lieferte den Text dazu. Die Uraufführung feierte das Stück am 19. April des gleichen Jahres im Majestic Theatre, fünf Jahre später durften es dann die Londoner im Drury Lane Theatre erstmals genießen. Auf insgesamt 566 Aufführungen kam das Musical.

Der Song beschrieb in dem Musical die Aufforderung an eine schwangere Frau, den Tod ihres Mannes zu überwinden. Im Refrain des Liedes heißt es:

Geh weiter, geh weiter,
Mit Hoffnung in deinem Herzen,
Und du wirst niemals alleine gehen.
Du wirst niemals alleine gehen.

Nach dem Zweiten Weltkrieg erzeugte es viel Emotionalität bei den Menschen, deren Angehörige gefallen oder verwundet worden waren. Auch wenn sich die Träume in Luft auflösten, solle man immer weitergehen, nie die Hoffnung in seinem Herzen verlieren. Man sei nie alleine. Von dieser Aussage bis zur Fußballhymne war es aber noch ein weiter Weg.

In die Charts schaffte es das Lied erstmals kurz nach dem Krieg, als Frank Sinatra eine Single aufnahm und damit bis auf Platz neun der amerikanischen Billboard-Charts vordrang. Zu Weltruhm kam der Song dann, als die Liverpooler Band Gerry & the Pacemakers ihn auf Platz eins der UK Charts führte. Gerry & the Pacemakers teilten sich mit den Beatles den Manager Brian Epstein und den Produzenten George Martin, waren aber zuerst gar nicht überzeugt von dem Song. Das änderte sich schlagartig, als *You'll Never Walk Alone* auf einmal an der Anfield Road zu hören war.

Schon damals ertönten zur Einstimmung auf die Fußballspiele angesagte Songs. In den 1960er-Jahren wurden die Fans in der Kop von den Pacemakers beschallt. Der Legende nach fiel eines Tages die Soundanlage aus. Prompt sprangen die Fans selbst ein und intonierten das erste Mal selbst. Seit jenem Tag singen die Fans das Lied als Vereinshymne vor jedem Heimspiel.

Den Fans auf der ganzen Welt dient der Song als Ausdruck von Zuversicht und der Identifikation mit Fußball und ihrem Verein. Zu verdanken haben sie das dem FC Liverpool. Dort hat der Satz »You'll Never Walk Alone« es sogar in das offizielle Wappen geschafft.

Aber wir haben durchaus noch mehr Hymnen als nur *You'll Never Walk Alone.* Natürlich ist das der bekannteste Song von der Anfield Road, doch ähnlich beliebt ist auch *The Fields of Anfield Road*, der zum 20. Gedenktag von Hillsborough 2009 noch einmal neu aufgenommen und um einen dritten, speziellen Gedenkvers ergänzt wurde. Er wurde damals vom Liverpool-Fan Edward R. Williams geschrieben und ehrt die großen Trainer Bill Shankly und Bob Paisley. Der Song erzählt, wie sehr die beiden für den Erfolg, der Anfield heute umgibt, verantwortlich sind. Kurz vor dem 20. Jahrestag von Hillsborough wurde er erneut aufgenommen und um eine dritte Strophe ergänzt. Sie wirft die Frage auf, warum so viele Menschen damals sterben mussten, und gemahnt daran, dass der Gerechtigkeit nie Genüge getan wurde.

52. GRUND

Weil Die Toten Hosen unsere größten Fans in Deutschland sind und uns mit »You'll Never Walk Alone« bei ihren Konzerten ehren

Die Toten Hosen haben sich 1982 gegründet. Die Liebe ihres Frontmannes Campino zum FC Liverpool besteht aber schon viel länger. Seit den 1970er-Jahren währe diese, sagte der Musiker einmal. »Ich bin durchaus gläubig. Und meine Kirche steht an der Anfield Road.«[103] Seine Worte, und man nimmt sie ihm auch genauso ab.

Campino, Sohn eines Deutschen und einer Engländerin, hat einige Jahre in Liverpool gelebt und besucht noch heute regelmäßig die Spiele unserer und seiner Reds. Auf Konzerten singen die Hosen stets *You'll Never Walk Alone* und preisen den Klub. Doch einen wahren Liebesbeweis lieferte Campino seinem langjährigen Kumpel, der Liverpool-Legende Sami Hyypiä, auf dessen Hochzeit.

»Er hatte mich eingeladen. Während der Feier spielte ein finnischer Akustikgitarrist für die Gäste. Da sagte Sami: Jetzt hätte ich gerne das Lied von dir gehört. Na ja, dann legte ich los«, erinnerte sich der Musiker noch Jahre später in einem Interview mit dem *Kölner Express*: »Ich hatte bereits gut getrunken. Es hörte sich schrecklich an. Es war Samis größter Freundschaftsdienst, dass er mich nicht sofort rauswarf.«[104]

Für seinen Kumpel Sami Hyypiä gibt es auch nur diesen einen Song, erklärte Campino weiter. Wenn er ein Lied über den Finnen schreiben müsse, wäre es genau dieses. »In Samis Seele ist der Fußball zu Hause«, begründete er das damals.[105] Und als Hyypiä zu Bayer Leverkusen wechselte, musste der gebürtige Düsseldorfer doch die eine oder andere Sympathie für den ungeliebten Nachbarn aufbringen. Aber nur aus Freundschaft zu Sami.

Aber nicht nur die Beziehung zum Finnen war etwas Besonderes, auch Didi Hamann oder Markus Babbel sind im Handy von Campino als Freunde gespeichert. In den Jahren nach der Jahrtausendwende war er nah an der Mannschaft dran und pflegt auch heute noch im Restaurant von Jamie Carragher zu speisen und einen Plausch zu halten.

Die Toten Hosen lieben Fußball. Sie haben ihrem Klub Fortuna in den schweren Zeiten geholfen und sind glühende Fans des »Beautiful Game«. Und des FC Liverpool. Gezeigt haben sie es bei ihren Konzerten und Auftritten, wenn sie unsere Hymne intonierten. Auf solche emotionalen und unglaublichen Fans kann man stolz sein.

6. KAPITEL

UNSERE TRAGÖDIEN

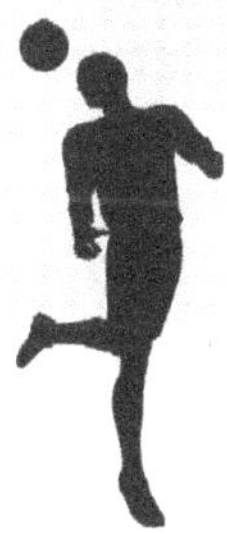

53. GRUND

Weil wir trotz mancher Rückschläge große Erfolge feierten

Was der 1. FC Kaiserslautern 1998 schaffte, gelang dem FC Liverpool schon über 90 Jahre zuvor. Die Pfälzer stiegen damals wieder in die Bundesliga auf und unter einem genialen Trainer Otto Rehhagel wurden sie auf Anhieb Meister. Einzigartig in der Geschichte der Bundesliga! In England ist das nicht neu.

Das beste Beispiel lieferten die Reds bereits 1906! Nachdem der Klub nur neun Jahr nach seiner Gründung bereits englischer Meister geworden war, stieg er schnell in die Zweitklassigkeit ab. Aber kein Grund zur Trauer. Erstklassig wurde die Mannschaft zum Aufsteiger und flog durch die oberste Liga bis ganz zur Spitze.

Aber das war noch nicht alles. Immer wieder holten die Liverpooler trotz vorhergehender Abstiege oder widriger äußerer Umstände Meisterschaften. Durch die beiden Weltkriege in der ersten Hälfte des 20. Jahrhunderts wurden die Fußballligen in Europa zumeist ausgesetzt. So auch in England. Nach Wiederaufnahme nach dem Ersten Weltkrieg spielte Liverpool sofort eine bedeutende Rolle auf der Insel. Zweimal wurden sie Vierter, 1922 folgte der dritte Meistertitel, ein Jahr später Erfolg Nummer vier.

Und auch knapp 25 Jahre später wurde der Klub auf Anhieb Meister. Auch dann ging es noch einmal in die zweite Liga. Wie schon zu Beginn des Jahrhunderts folgte aber nach dem Wiederaufstieg – dieses Mal »erst« im zweiten Jahr – der sechste Sieg im Meisterschaftsrennen.

Selbst nach der Hillsborough-Katastrophe im FA-Cup-Halbfinale 1989 holten wir im gleichen Jahr noch den Pokal. Einer der wohl traurigsten Pokalerfolge in der Geschichte des Fußballs. Und nach Heysel gewannen wir in der darauffolgenden Saison die Meisterschaft und den englischen Pokal. Aufstehen, das können die Scousers eben.

54. GRUND

Weil wir versuchen, Heysel wiedergutzumachen

Es sollte die Krönung werden. Entweder für Juventus Turin oder Liverpool. In Belgien fand 1985 im Heysel-Stadion das Finale um den Landesmeisterpokal statt. Ein großer Tag in den Augen eines jeden Fußballfans. Finalkarten waren auch damals schon das Höchste.

Einmal über den Kanal und schnell ist man auch in Belgien angelangt, dachten sich viele Fans aus Liverpool und machten sich auf den Weg, um ihr Team auch bei diesem Spiel lautstark zu unterstützen. Bereits in Brüssel sorgten sie jedoch für Aufsehen. Das Klischee des englischen Hooligans wurde bestätigt. Viele Fans zogen betrunken durch die Innenstadt. Zum Spiel wurden sie dennoch gelassen. Doch auch die Fans der Italiener trugen ihren Teil zur Tragödie bei. Sie zündeten Feuerwerkskörper in Richtung der Liverpooler Anhänger, die wiederum mit bengalischen Feuern und Schmähgesängen antworteten. Schnell kochte die Stimmung über.

Die Anhänger aus England stürmten aus ihren Blocks X und Y in Richtung des Blocks Z gleich daneben. Manch einer wird sich nun fragen, warum sich beide Fanlager genau nebeneinander befanden? Die Frage wurde beantwortet, als man herausfand, dass ein Reisebüro Tickets illegal erworben und an Juve-Fans verkauft hatte. Geplant war, dass der Block Z von neutralen Zuschauern gefüllt werden sollte. Dann hätten die Fanlager sich in den jeweiligen Kurven des Stadions befunden.

In der Folge ließen sich die Liverpooler immer mehr provozieren und konnten ihrer Wut, ihrem Ärger nicht mehr Einhalt gebieten. Sie drückten und zerrten an einem Maschendrahtzaun, der die beiden Blocks voneinander trennte. Wie Tiere, die auf Jagd sind, versuchten sie, zu ihren Gegnern zu gelangen. Eine bröckelnde Mauer sorgte für den Rest. 39 Menschen wurden getötet, 454 verletzt.

Im Nachhinein ist man bekanntlich immer schlauer und die Folgen dieser Tragödie waren einerseits hart, andererseits aber auch wichtig. Bestraft wurden beide Seiten. Liverpool wurde für sieben Jahre für jeglichen internationalen Spielbetrieb gesperrt, englische Klubs für fünf. Auch Juventus Turin und der gastgebende belgische Fußballverband wurden mit Strafen bedacht.

Die positiven Folgen – wenn man in diesem Zusammenhang überhaupt von »positiv« sprechen kann – sind die Veränderungen in den Stadien. Das Heysel-Stadion war keineswegs für ein Endspiel dieser Tragweite ausgelegt. Es war zu alt und zu brüchig. Später wurde es noch renoviert, seitdem erinnert eine Gedenktafel an die Katastrophe von damals. Weitere Folgen waren auch die nun durchlässigeren Absperrungen zwischen Spielfeld und Zuschauern. Als Schutzmaßnahme sollen Fans schnell auf den Rasen gelangen können, wenn es zu Problemen auf den Tribünen kommt. Auch die Gewalt in den Stadien hat sich in vielen Ländern seitdem verzogen. In den 1990er-Jahren erlebte sie dafür außerhalb der Spielstätten eine Renaissance. Die Ausschreitungen in England, aber auch während der WM 1998 in Frankreich zeigen das.

Seit Heysel versucht der Liverpool Football Club, das Geschehene wiedergutzumachen. Als – der Fußballgott wollte es so – sich beide Klubs exakt 20 Jahre später das erste Mal wieder gegenüberstanden, bat der Verein an der Anfield Road um Verzeihung. Auf den Rängen formten die Liverpooler Fans das Wort »Amicizia« – »Freundschaft« auf Italienisch. Der damalige Sprecher der UEFA begrüßte diesen Schritt und sagte der BBC: »Liverpool muss man für die Art und Weise des Umgangs mit dem Duell Anerkennung zollen. Es gab keinerlei Probleme im Stadion, die Atmosphäre war fantastisch. Großes Lob an beide Vereine. Es war eine große Nacht für den europäischen Fußball.«[106]

Auch der Juventus-Fan Alberto Schibona, in Brüssel selbst dabei, meinte: »Wir sind zur Versöhnung hierhergekommen. Nach 20 Jahren müssen beide Seiten damit umgehen lernen, was damals passiert ist.«[107]

Nicht alle Fans von Juventus wollten dies so sehen. Während viele applaudierten und der Aktion ihren Respekt zollten, wendeten einige den Liverpooler Fans den Rücken zu. Beim Rückspiel in Italien kam es dann sogar zu Ausschreitungen und teilweise sehr geschmacklosen Plakaten. Aufschriften wie »Easy to speak, difficult to pardon: murders[108]« waren noch harmloserer Natur. Auch auf die bis dato größte Tragödie in der Geschichte des Liverpooler Klubs wurde hingewiesen: »15-4-89. Sheffield. God exists«.[109] Die Wunden sind noch immer nicht verheilt. Und werden wohl auch nie ganz verheilen.

55. GRUND

Weil uns Hillsborough noch enger zusammenschweißte

Mit Heysel war der Klub gebrandmarkt. Kein europäischer Fußball mehr für eine lange Zeit. Überall wurden die Fans für diese Tragödie verantwortlich gemacht. Als ob dieses Schicksal – auch wenn die Schuld zu einem Großteil bei Liverpooler Hooligans lag – nicht schon schlimm genug für den Klub gewesen wäre, ereilte ihn eine weitere, viel schlimmere Tragödie. Auch an deren Ende waren wieder die Fans die Schuldigen.

Es war der 15. April 1989. Das Halbfinale des FA Cup sollte um 15 Uhr angepfiffen werden. FC Liverpool gegen Nottingham Forest. Schon im Jahr zuvor waren die beiden Klubs aufeinander getroffen und nun war es wieder so weit. Viele Fans waren natürlich schon Stunden vorher in Sheffield unterwegs. Sie zogen gegen Mittag in Richtung Stadion. Immer mehr Liverpooler Fans kamen, zu viele, die Polizei war überfordert. Was sollte sie tun? Das Spiel beginnt und die Fans sind noch immer nicht innerhalb der Arena.

Um der Masse Herr zu werden, ließ der verantwortliche Chief Superintendent David Duckenfield ein weiteres Tor öffnen. Tragischerweise führte der Tunnel genau in einen bereits überfüllten Block des Stadions. Von hinten drängten immer mehr Menschen nach und vorn an den Zäunen fand kein Fan einen Ausweg. Auf Bildern von dem schrecklichen Ereignis sieht man, wie die Menschen an den Maschendrahtzaun gedrückt werden, wie ihre Lippen den Draht umschließen und blutig am Metall kleben.

Das Spiel läuft dessen ungeachtet weiter. Es ist gerade angepfiffen worden, und zuerst merkt niemand, was sich auf den Rängen abspielt. Einige Anhänger versuchen zu helfen, indem sie die Menschen aus den unteren Rängen in die oberen ziehen. Die Polizei weigert sich derweil weiterhin, die Tore auf den Platz zu öffnen und somit die Katastrophe zu verhindern oder zumindest einzudämmen. Erst nach sechs langen, schier ewig andauernden Minuten wird der Zaun geöffnet, strömen die Menschen auf den Rasen. Das Spiel wird abgebrochen. Zu diesem Zeitpunkt sind bereits Dutzende Menschen ums Leben gekommen. Junge Männer und Frauen, Kinder. 96 Tote sind am Ende zu beklagen.

Der Schock über die Katastrophe sitzt tief. Die Fans des Klubs jedoch rückten damals noch enger zusammen. Kein Hinterbliebener machte den Verein verantwortlich, sie alle wussten, dass ihre Männer, Frauen, Brüder, Schwestern, Tanten, Onkel, Söhne und Töchter nicht betrunken, nicht gewalttätig gewesen waren.

Eine Gedenktafel erinnert an der Anfield Road an diese Katastrophe. Jedes Jahr am 15. April um 15.06 Uhr steht das Leben in der Stadt still. Glocken erklingen und die Angehörigen kommen an den Ort des Gedenkens, legen Blumen nieder und berühren den Namen des geliebten Freundes oder Familienmitgliedes, welches sie verloren haben. Der Klub kämpft um Gerechtigkeit, die Familien fordern sie seit jenem traurigen Tag im April.

Diese furchtbare Tragödie wirkt heute noch nach, für manch einen Spieler des FC Liverpool ist sie der Anlass, alles für den Verein zu geben. Steven Gerrard, 1989 ein kleiner Junge, verlor bei der Katastrophe seinen Cousin. Als Liverpool im 25. Jahr nach

Hillsborough gegen Manchester City spielte, brach er, der Kapitän, in Tränen aus. Überwältigt von seinen Gefühlen, fand er Trost bei seinen Teamkollegen. Auf der letzten Seite seiner Biografie steht: »Ich spiele für Jon-Paul.«[110]

Seit 1989 stehen die Worte »You'll Never Walk Alone« im Wappen des Klubs. Keiner der Trauernden ging alleine zu dieser Zeit. Allein Kenny Dalglish, der Heysel als Kapitän und Hillsborough als Trainer miterlebte, besuchte an manchen Tagen drei Beerdigungen hintereinander. John Aldridge erinnerte sich später: »Nichts bereitet dich auf so etwas vor. Es war kaum zu ertragen. In erinnere mich an ein Begräbnis, an dem erst ein großer Sarg vorbeifuhr, dann ein kleinerer. Es waren Vater und Sohn. Das war für mich einer der schrecklichsten unter all den schrecklichen Momenten.« Und Steven Gerrard ergänzt: »Was in Hillsborough geschah, hat in diesem Klub eine große Bedeutung. Auch heute noch. Es zeichnet diesen Klub aus, dass in schweren Zeiten alle zusammenstehen. Ich versuche, bei jeder Gedenkfeier dabei zu sein. Auch die Spieler, die neu zu uns kommen, lernen rasch, was Hillsborough hier bedeutet.«[111]

96 Menschen mussten damals ihr Leben lassen. Dalglish und die gesamte Klubführung spendeten den Angehörigen Trost, »der mehr wert ist, als jeder Titel und jedes geschossene Tor. Von diesem Zusammenhalt – damals wie heute – ziehe ich jeden Tag neue Kräfte für meine Arbeit. You'll never walk alone.«[112]

Diese Kraft der Einheit, des Zusammenhalts wird in Liverpool gelebt. Die Katastrophe ist allgegenwärtig und jeden Tag wird man mit diesem Thema berührt. Die Kraft kommt aus der Stimmung, aus den Emotionen der Fans und dem Zusammenhalt – auch Jahrzehnte nach Hillsborough.

56. GRUND

Weil bei uns die »Sun« nicht mehr aufgeht

Medien sind die vierte Gewalt im Staate. Was sie aufdecken, was sie schreiben oder zeigen, das glauben die Menschen. Ein Bundespräsident musste in Deutschland vor einigen Jahren zurücktreten, weil allen voran Boulevardmedien alles zu einem Skandal machten, was Christian Wulff damals angeblich falsch gemacht hatte. Er fiel durch die Macht der Medien.

Nach der Hillsborough-Katastrophe nutzte die Boulevardzeitung *The Sun* ihre Macht. Sie schrieb das, was sie für richtig und rechtens hielt. Unter dem Titel »The Truth« (Die Wahrheit) machten sie am 19. April 1989 ihr Blatt groß auf. Darunter Schlagzeilen, in denen es hieß, dass die Toten beklaut worden seien und dass auf »tapfere« Polizisten uriniert worden sei. Auch hätten die Liverpooler Fans Sanitäter bei der Reanimierung von Schwerverletzten angegangen. »Feuerwehrleute und Sanitäter wurden geschlagen, getreten und angepinkelt«, schrieb das Blatt damals. Ein namentlich nicht genannter Polizist wollte gesehen haben, wie ein junges, totes Mädchen vergewaltigt wurde und behauptete weiter, dass die Liverpooler »uns und die Leichen offen angepinkelt« hätten.[113]

Einige andere Medien übernahmen den Bericht, der sich auf Aussagen des konservativen Abgeordneten Irvine Patnick bezog. *The Star* entschuldigte sich einen Tag später, da sie ahnten, dass die Geschichte nicht stimmen konnte. Nicht so *The Sun*. Kenny Dalglish erinnert sich in seiner Biografie, dass die Reaktion in Liverpool damals unglaublich war. »Zeitungshändler haben das Blatt nicht mehr verkauft. Die Leute wollten den Namen nicht mehr erwähnen und haben sogar Exemplare verbrannt. Kein Mitarbeiter der *Sun* konnte sich noch sehen lassen.«[114] Es ging sogar so weit, dass sich die Reporter der *Sun* als Mitarbeiter der *Liverpool Post* oder des *Echo* ausgaben, nur um am Mersey arbeiten zu können.

Der damalige Trainer schreibt sogar von einem Telefonat mit dem damals verantwortlichen Chefredakteur des Blattes: »Wie können wir das Ganze wieder zurechtrücken«, fragte er und ich antwortete: »Tja, wissen Sie, diese große Überschrift – ›The Truth‹. Schreiben Sie einfach: ›We lied‹, genauso groß.« Mackenzie sagte: »Das kann ich nicht machen.« – »Nun ja«, antwortete ich. »Dann kann ich Ihnen auch nicht helfen.«[115]

Erst als es aufgrund des Untersuchungsberichts aus dem Jahr 2012 nicht mehr zu leugnen war, dass die vermeintliche »Wahrheit« nichts als ein Lügengespinst war, entschuldigte sich die *Sun* ganz offiziell für diese Schlagzeile und die gezielte Falschinformation. Geholfen hat es ihr nicht. Seit der Affäre gibt es in Liverpool diese Zeitung fast nicht mehr zu kaufen. Noch heute sieht man Boykottaufrufe an Laternen oder Hauswänden kleben. Die Bewohner Liverpools – ob rot oder nicht – haben der *Sun* nicht verziehen. Und sie werden es wohl auch nie tun.

57. GRUND

Weil es die Kampagne »JFT96« (»Justice for the 96«) gibt

Sheffield am 15. April 1989. Ein Tag des Grauens. So viele Menschen starben. Und so viele wurden zu Unrecht für die Tragödie verantwortlich gemacht. Nicht die Polizei, nicht die Stadt oder der Verband. Nein, die Fans.

Kinder und Heranwachsende sollten alle betrunken gewesen sein. Durchweg. Die Polizeiberichte nahmen da niemanden aus. Zur damaligen Zeit waren – auch bedingt durch Heysel – die Fußballfans durch die Bank Randalierer und Hooligans. Der Staat versuchte ja, für Ordnung zu sorgen, aber konnte sich nicht durchsetzen. So lautete die Darstellung vonseiten der Politik damals.

Das Verhalten der Fans sei aus dem Ruder gelaufen und habe die Katastrophe erst verursacht.

Auch als der Taylor Report von 1989 die Polizei anklagte und die Vertuschung anprangerte, geschah nichts. Der Polizeichef von Sheffield wurde seinerzeit mit einer dicken Abfindung in den vorzeitigen Ruhestand geschickt. Kein Polizist, kein Verantwortlicher wurde belangt, obwohl der Bericht auch die Manipulation der Polizeiakten öffentlich machte. Die Politik schwieg es tot.

Womit die Politik nicht rechnete, waren der Zusammenhalt und die Hartnäckigkeit der Angehörigen. Jahr um Jahr kämpfte die Kampagne »Justice for the 96« für Aufklärung. Erst im neuen Jahrtausend erreichten sie jedoch eine Herausgabe der Dokumente und eine neue, unabhängige Untersuchung.

2012, 23 Jahre nach dem Vorfall, gab es schließlich traurige Gewissheit: Das Schlimmste hätte verhindert werden können. Das zusätzliche Gate, das geöffnet wurde, hätte niemals geöffnet werden dürfen. Die Polizei im Stadion hätte viel früher reagieren und Tore öffnen müssen, um die Menschenmassen aufzulösen. Vor dem Anpfiff kamen bereits 21 Menschen zu Tode! Das Spiel sollte dennoch stattfinden, obwohl beide Vereine einer Wartezeit und sogar einer Verlegung zugestimmt hätten.

Zuerst ließ die Polizei auch keine Rettungskräfte in den Innenraum des Stadions. TV-Bilder belegen, dass sich die Menschen selbst helfen mussten und mit Werbebanden und anderen Gerätschaften die Verletzten auf den Rasen brachten. Erst über eine halbe Stunde nachdem die ersten Menschen das Feld »gestürmt« hatten, kam ein einziger Rettungswagen hinein – dieser widersetzte sich noch den Befehlen der Polizei.

Beamte erklärten mehrere Opfer bereits für verloren und tot, obwohl sie noch hätten gerettet werden können. Kurz nach der Tragödie hieß es offiziell, dass es keinen Unterschied gemacht hätte, ob man nun die sechs Minuten, die das Spiel lief, gewartet hätte oder nicht. Nach dem Bericht der neuen Untersuchungskommission heißt es allerdings, dass über 40 Opfer heute noch hätten leben können.[116]

Allein wenn die Polizei früher verstanden hätte, dass das Herunterdrängen der Fans keine »Pitch-Invasion«, sondern der verzweifelte Versuch, sich aus der Menge zu befreien, war, hätten viele Menschen gerettet werden können. Doch sie beharrte darauf, dass der »Liverpooler Mob« auf die gegnerischen Fans losgehen wollte. Ein fatales Fehlurteil, wie sich später herausstellte.

Die Fans wurden dennoch verantwortlich gemacht, Gerechtigkeit gab es bis 2012 nicht. In der Kathedrale von Liverpool wurden die Ergebnisse damals vorgestellt. Nicht die Fans waren verantwortlich. Sie waren nicht betrunken gewesen, sie waren nicht gewalttätig gewesen, sie alle hatten Tickets gehabt und waren pünktlich am Stadion gewesen. »Die Angehörigen mussten jahrelang mit einer doppelten Ungerechtigkeit leben. Der Ungerechtigkeit der Katastrophe und der Ungerechtigkeit, dass der Staat versagt hat«, gestand Premierminister David Cameron die Fehler der damaligen Regierung ein.[117]

Ein Kamerateam von *Spiegel TV* war dabei, als den Angehörigen der neue Bericht überreicht wurde. Beim Herauskommen aus dem Gebäude ruft ein Angehöriger in die Kamera: »We got them.«[118] Wir haben sie geschnappt. Gemeint hat er die Polizei und die Politik, die jahrelang versuchte, das Unglück und die wahren Hintergründe zu vertuschen. Die Vorsitzende der Kampagne, Margaret Aspinall, sagte am selben Tag auf einer Pressekonferenz: »Wir werden trotz allem die Verlierer von Hillsborough sein. Wir werden immer die Verlierer sein.«[119] Dann ging sie vor die Kathedrale. Dort warteten viele Unterstützer, 96 Kerzen brannten und alle sangen gemeinsam *You'll Never Walk Alone.*

7. KAPITEL

KAMPF UM LEBEN UND TOD

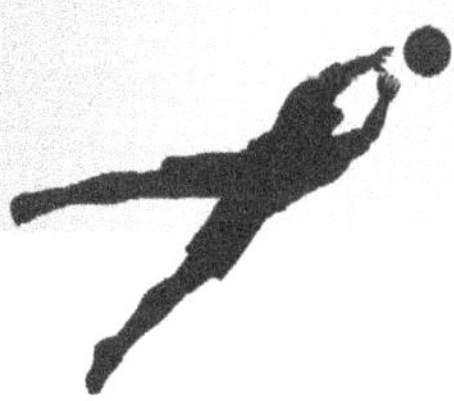

58. GRUND

Weil wir José Mourinho zweimal an einem Sieg in der Champions League hinderten

Liverpool und Chelsea verbindet eine Hassliebe, die aus Sicht der Reds zwar nicht an die Rivalität mit Manchester United heranreicht, aber doch sehr ausgeprägt ist. Als José Mourinho seine erste Amtszeit in London antrat, war es sein deutliches Ziel, Titel zu holen und möglichst in der Champions League zu triumphieren.

Dumm nur, dass in den Jahren 2005 und 2007 jeweils im Halbfinale Schluss war. In der Saison des legendären Istanbuler Finales gegen Milan ebnete Luis García mit seinem Tor in der vierten Minute für Liverpool den Grundstein zum Sieg. Die Elf von Mourinho rannte an, doch das Finale war den Blues nicht vergönnt.

Wie es der Fußballgott so wollte, trafen wir sie wenige Monate später in der Vorrunde wieder. Da gelang zweimal nur ein trockenes 0:0, doch der süße Sieg kam eine Saison später. Abermals im Halbfinale duellierten sich Rafael Benítez und José Mourinho. Die Entscheidung fiel vom Punkt, und Boudewijn Zenden, Xabi Alonso, Steven Gerrard und Dirk Kuijt waren treffsicherer als unter anderem ein gewisser Arjen Robben, der 2012 ja auch im Bayerntrikot in einem wichtigen Spiel vom Punkt vergab.

Ob das der Grund dafür war, dass Mourinho im September 2007 seine Koffer packen musste und weiter nach Mailand zog, lässt sich nicht mit Sicherheit sagen. Jedenfalls verließ er London. Mit Inter gelang ihm schließlich der zweite Titel als Trainer. Damals tat er uns sogar den Gefallen, im Achtelfinale gegen Chelsea zu gewinnen …

Seit José Mourinho jedoch in London tätig gewesen ist, gibt es auch eine gewisse Rivalität zwischen den Reds und den Blues. Hatten sie zuvor nicht viel miteinander zu tun, schaukelte sich mit dem Portugiesen in London und Rafael Benítez in Liverpool die Spannung zwischen den Klubs etwas hoch. Das mag auch daran liegen, dass sich beide Mannschaften allein zwischen 2004 und 2009 24-mal gegenüberstanden. Das waren immerhin 14 (!) Partien mehr, als man in diesem Zeitraum sicher hätte gegeneinander spielen müssen. Doch in den fünf Jahren kam es neben den Spielen in der Premier League eben auch zu vermehrten Treffen in der Champions League, im FA Cup, im League Cup und im Community Shield. Kein Wunder, dass da eine neue Rivalität entstanden ist.

Die Fans von Chelsea sagen gern, dass Liverpool in der Vergangenheit lebe und sich auf den Erfolgen von damals ausruhe. Die Liverpooler wiederum monieren den Erfolg der Blues in den vergangenen Jahren. Er sei ja nur durch das Geld aus Russland möglich, und in der Vergangenheit hätten sie keinen Erfolg gehabt, also auch keine echte Tradition. Allein der Fakt, dass Chelsea vor 1997 lediglich vier große Titel holen konnte, bestätigt das. Nur durch das Kaufen von Stars habe Chelsea Meister, Pokalsieger und am Ende auch Champions-League-Sieger werden können, ist die allgegenwärtige Kritik aus Liverpool. Rivalität entsteht aus genau solchen Gründen …

Dass dann auch noch Fernando Torres an die Stamford Bridge gegangen ist, hat sein Übriges getan, wenn auch der Spanier im blauen Trikot nie die gleichen Quoten erreichen konnte wie im roten Trikot. Als Rafael Benítez als Interimstrainer bei Chelsea einsprang, war die Freude in Liverpool natürlich nicht sonderlich groß, aber noch geringer war sie in London. Als Liverpooler Trainer hatte der Spanier immer wieder in Richtung London ausgeteilt und nun bekam er das durch die Fans seines neuen Arbeitgebers zurück.

Eine weitere Kontroverse zwischen beiden Mannschaften ist der Streit, ob nun Frank Lampard oder doch Steven Gerrard besser beziehungsweise für ihren Klub wertvoller seien. Beide ähneln sich auf dem Feld sehr. Beide spielen im Mittelfeld und machen dennoch einen Haufen Tore. Beide sind Identifikationsfiguren in ihren jeweiligen Vereinen.

Doch vor allem Steven Gerrard hatte in der Chelsea-Zeit Nummer eins von José Mourinho das glücklichere Füßchen. Ihm gelang schnell der Erfolg in der Champions League, auf den Lampard noch viele, viele Jahre warten musste.

59. GRUND

Weil wir Rekordsieger im Ligapokal sind, und, was viel wichtiger ist, United ihn nur halb so oft gewann

Nicht nur, dass Liverpool lange Jahre englischer Rekordmeister war, nein, auch im Ligapokal haben die Reds die Nase vorn. Spricht man von diesem Wettbewerb, muss man aber auch zugeben, dass es sich um den Pokal mit der geringsten Strahlkraft handelt.

Er wurde zur Saison 1960/61 eingeführt, ganz einfach weil die neuen Flutlichtanlagen auf den Plätzen neue Spielzeiten ermöglichten. Neue Spielzeiten forderten aber auch mehr Wettbewerbe und so gründete sich der Ligapokal, der je nach Sponsor einen anderen Namen trägt. Aktuell hört er auf den Namen »Capital One Cup«. Im Volksmund wird er jedoch gern einmal als »Mickey Mouse Cup«, also als sozusagen unnütz bezeichnet. Diesen Ruf hatte er von Anfang an. Viele Vereine waren nach der Gründung gegen einen solchen Wettbewerb und erst die Möglichkeit der Qualifikation für das europäische Geschäft (UEFA-Pokal, heute Europa League) machte den Cup interessanter.

Anders als beim FA Cup treten hier nur die Mannschaften der Football und der Premier League gegeneinander an. Ein weiteres Privileg ist, dass die erfolgreichsten Teams des Vorjahres die ersten Runden nicht spielen müssen.

Liverpool hat diesen Titel insgesamt achtmal gewonnen – in den glorreichen 1980er-Jahren gar viermal in Serie! Auch wenn es oft junge Teams sind, die ins Rennen geschickt werden, ist es eine Ehre, diesen Pokal in die Höhe zu strecken. Immerhin findet das Finale auch im Wembley statt und 2012 war eine sechsjährige Durststrecke der Reds beendet (Sieg im Elfmeterschießen gegen Cardiff City).

Und dass der große Rivale Manchester United in diesem Wettbewerb bisher nur viermal erfolgreich war, macht jeden einzelnen Sieg für die Liverpooler Fans noch süßer. Und am Ende ist jeder Titel ein Titel.

60. GRUND

Weil nicht nur Sir Alex Ferguson ein Tagebuch hatte, sondern auch Joe Fagan

Was haben Manchester United und der FC Liverpool gemeinsam? Bekanntlich nicht allzu viel, aber beide hatten große Trainer (bei den Red Devils spricht man vom größten ihrer Geschichte), die sich die Mühe gemacht haben, ein Tagebuch zu schreiben. Die Rede ist von Alex Ferguson und Joe Fagan. Das Tagebuch des Letzteren – nur zwei Jahre als Chef an der Anfield Road – war nicht für die Öffentlichkeit bestimmt. Es wurde aber dennoch gefunden und liefert interessante Einblicke – vielen Dank dafür!

Sein Enkel Andrew verarbeitete Gedanken Joes in einem Buch über seinen Großvater. Auch wenn dieser nur zwei Jahre das Zepter schwang, so war er über Jahrzehnte »der Kleber, der alles zusammenhielt«, so sagte es einmal Roy Evans. Als Shankly und Paisley die Geschicke des Klubs leiteten, war Fagan immer dabei. Er war ein Mitglied des »Boot Rooms«.

Er notierte sich immer wieder Trainingseindrücke oder Spielmomente in ein kleines blaues Notizbuch. So auch 1977, als die Mannschaft neben dem Meistertitel und dem Pokal der Landesmeister auch noch den FA Cup und so das Triple hätte gewinnen können. Fagan ahnte schon nach dem letzten Training in Liverpool, dass es nichts werden würde mit dem FA Cup. »Das Training war einfach furchtbar«, schrieb er auf. »Die Spieler [...] dachten offenbar, das Ganze wäre Pillepalle, dass sie sich eine schöne Zeit machen könnten. Da hatten sie sich verrechnet. Ich habe ihnen ordentlich den Marsch geblasen.«

Schon damals merkte man, dass der Einfluss des wohl wichtigsten Assistenten größer wurde. Bob Paisley vertraute ihm und so war die Nachfolge bereits früh klar. Schon 1981, als die Zeiten härter wurden, merkte Fagan, dass Not am Mann war. »Es ist echt trostlos, das Team entspricht einfach nicht unseren Standards. Es gibt gerade mal zwei Spieler, die sich wirklich ins Zeug legen. Der Rest? Nein«, schrieb die rechte Hand nach einem 1:3 gegen Manchester City und dem Absturz auf Tabellenplatz 12.

Schließlich wurde Fagan im Sommer 1983 Cheftrainer. Sein erster Eintrag in das Tagebuch: »Es ist nichts Besonderes passiert.« Sein letzter Eintrag nach der ersten Saison als Boss ist datiert nach dem Finale des Landesmeisterpokals: »Rom: Finale. Wir haben im Elfmeterschießen 4:3 gewonnen. Was soll ich sagen? Wir haben den großen Titel geholt, wie man es erwartete. Wir waren besser, konnten aber nicht treffen.«

Und es ging noch weiter: »Alan Kennedy krönte uns zum Sieger mit dem besten Strafstoß, den er jemals getreten hat. Lasst mich zum Abschluss noch Ronnie Moran, Roy Evans und dem ganzen Rest gratulieren. Sie haben einen tollen Job gemacht. J. F. F.«[120]

Ganz hinten im Buch sind noch zwei Fotos zu sehen. Eines zeigt Fagan an einem Swimmingpool in Rom, das andere zeigt ihn am Abschluss seiner Karriere, auf dem Flughafen, als die Reds 1985 aus Brüssel zurückkehrten. Die Tränen nach Heysel sind kaum getrocknet.

61. GRUND

Weil wir Manchester United eine Liga tiefer schossen

Die Rivalität zwischen Manchester United und dem FC Liverpool ist immens. Sie könnte kaum größer sein. Begründet liegt sie auch darin, dass das erste Duell bereits von einer Brisanz geprägt war, wie man es sich kaum vorstellen konnte.

Vor über 120 Jahren (!) trafen die beiden Vereine das erste Mal aufeinander. Am 28. April 1894 sollte man ursprünglich in einem Testspiel gegeneinander antreten, wegen der Entwicklungen in der damaligen Saison wurde die Partie dann jedoch kurzfristig als Relegationsspiel angesetzt. (Damals war es einfacher als heute, solche Spiele mal eben umzudeklarieren.) Würde der Meister der Second Division, Liverpool, aufsteigen oder Manchester United – damals noch unter dem Namen Newton Heath bekannt – aus der First Division absteigen?

Mehr Spannung geht für ein Spiel nicht und mehr geht für ein Derby nicht. Hopp oder Top, Leben oder Tod? Und wie es den Liverpoolern so in die Karten spielte, gewannen sie, damals noch die Weiß-Blauen, das Duell. 2:0 hieß es am Ende. Der rechte Außenläufer Patrick Gordon traf nach 20 Minuten nach einer Vorarbeit von Duncan McLean, und Harry Bradshaw machte es ihm zehn Minuten später nach. Es war nur der verdiente Lohn eines enorm starken Starts. Liverpool hat an diesem Tag erneut bewiesen, warum es die zweite Liga ungeschlagen gewonnen hatte, während die baldigen Red Devils die erste Liga mit nur sechs Siegen aus 30 Partien abschlossen.

Die Zeitung *The Liverpool Mercury* schrieb, dass das Spiel kaum einen Kommentar verdient habe, »weil Liverpool so hervorragend in jedem noch so kleinen Detail Newton Heath beherrschte«[121].

Auch wenn es der Noch-Erstligist nach der Pause noch einmal versuchte, gewannen die Liverpooler, ohne echt in Gefahr zu geraten. *The Liverpool Echo* zog folgendes Fazit: »Viele gute Schüsse gingen auf das Tor von Fall, der auch sehr gut hielt. Aber seine weiße Weste wurde endgültig von Harry Bradshaw beschmutzt, als dieser nach einem cleveren Passspiel zu einem Gewaltschuss ausholte.«[122]

Wie es die Geschichte – oder nennen wir es Schicksal – so wollte, fand dieses Spiel ausgerechnet in jenem Jahr statt, in dem auch die offiziellen Beziehungen zwischen Manchester und Liverpool nicht besser wurden. So gab es zwischen beiden Stadtverwaltungen Unstimmigkeiten wegen des Zugangs zum Meer und der Handelsstraßen. Seitdem gab es viele Duelle, viele Siege und Niederlagen auf beiden Seiten. Und noch immer haben beide Fanlager nicht genug davon. Die Rivalität lebt weiter. In jedem Fan – egal ob Red Devil oder Scouser.

62. GRUND

Weil die Anfield Road im Gegensatz zum Old Trafford niemals leise ist

Anfield Road. Ein legendärer, mythischer Ort. Hier trägt Liverpool seine Heimspiele aus. Hier steigt bei jedem Spiel die Stimmung auf den Siedepunkt. Leise sein? Das kann die Menge im Stadion nur, wenn es eine Schweigeminute gibt. Kein anderes Stadion in England ist so laut und lebendig wie das der Reds.

Selbst das berühmte Old Trafford, das »Theater der Träume«, ist manchmal leise, Anfield schweigt nie. Stets ist da jemand, der antreibt, immer gibt es Musik oder *You'll Never Walk Alone*-Gesänge zu hören. Die Mannschaft wird auch in solchen Situationen noch lautstark unterstützt, wo die Fans manch anderer Mannschaft bereits gehen oder das Team mit Buhrufen, Pfiffen oder einer Mauer des Schweigens bestrafen würden.

Einmal dort stehen – man wird es nie vergessen. In Anfield gibt es keine anderen Farben oder neutralen Zuschauer, die einfach nur einmal das Spiel schauen wollen. In Anfield gibt es nur die Liverpool-Fans und in einem kleinen Block jene der Gäste.

Hier stehen alle für den einen Klub ein, alles ist rot und alle wissen um ihre Aufgabe: das Team unterstützen. Wenn dann aus den Boxen und von den Rängen *You'll Never Walk Alone* ertönt, bekommt ein jeder Gänsehaut, der sich diesen Gesang das erste Mal live im Stadion anhört. Man will einfach mitsingen, einfach mitmachen, die 90 Minuten oder auch mehr das Team unterstützen. An der Anfield Road gibt es keine andere Möglichkeit. Sofort ist man elektrisiert, neutral bleiben geht gar nicht.

In das Stadion passen aktuell knapp 45.000 Fans. Es gab Zeiten, wo es über 60.000 Zuschauer waren, die im wahrsten Sinne des Wortes Radau machten.

Während andere Vereine sich immer wieder Neubauten leisten oder kleine Shopping-Tempel für Fußballstadien ausgeben, ist Anfield nur eines: ein Stadion. Auch nach dem Umbau – die Fans hatten durch Proteste einen Abriss des altehrwürdigen Stadions verhindert – wird der Fußball hier die Hauptrolle spielen. In ein paar Jahren wird die Arena moderner sein, aber keinesfalls lebloser. Anfield wird immer toben, während Old Trafford auch mal schweigt!

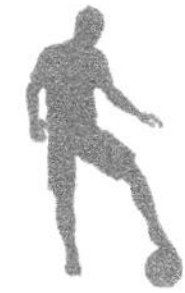

63. GRUND

Weil wir die Größten in Europa sind

Acht europäische Titel. Was will man mehr? Okay, Real Madrid ist mit seinen zehn Titeln in der Champions League unerreicht, aber kein anderer Klub auf der Insel kommt auch nur annähernd an unsere Bilanz heran. Manchester United hat ebenso wie Chelsea vier Titel in den großen europäischen Wettbewerben gewonnen. Und auch Arsenal hat, man mag es kaum glauben, europäische Titel gewonnen. Obwohl sie in der Vergangenheit immer wieder knapp gescheitert sind, haben sie zweimal doch Erfolg gehabt.

Viel Luft nach oben jedenfalls für die englische Konkurrenz, in Anbetracht der Tatsache, dass Liverpool auf acht Titel verweisen kann.

Und wie wir diese acht Titel gewonnen haben! 1976, 1977 und 1978 haben wir jeweils den UEFA- oder den Landesmeisterpokal geholt. Die 1970er und 1980er gehörten eben einfach Liverpool. Schließlich setzten wir unsere erfolgreiche Reise 1981 und 1984 in der heutigen Champions League fort. Diese haben wir natürlich auch schon einmal gewonnen. Wer erinnert sich nicht an Istanbul und das spektakuläre Finale gegen den AC Mailand 2005?

Auch schon vier Jahre zuvor gab es ein ähnlich dramatisches Endspiel in Dortmund. Gegen Alavés sicherten wir uns auch erst in der Verlängerung den UEFA-Pokal. Beide Male kam übrigens auch gleich noch der Europäische Supercup hinzu. Ebenso 1977, als der Hamburger SV mit 6:0 aus dem heimischen Stadion an der Anfield Road gefegt wurde.

In den kommenden Jahren sollte Liverpool nun erst einmal wieder die Bilanz in der Premier League zurechtrücken. Die Fans würden sich freuen.

64. GRUND

Weil wir die Mutter aller Derbys haben

Wie wird ein Verein gegründet? Es ist ganz einfach. Eine Mindestanzahl an Menschen tut sich zusammen, sucht sich einen Grund, warum sie einen Verein gründen will, und macht es dann einfach. Gut, um ehrlich zu sein, ist es ein bisschen komplizierter. Aber auch nicht so, dass nicht jeder Mensch dies tun könnte. Bei unserem Lokalrivalen Everton liegen die Wurzeln in einer methodistischen Kirchengemeinde, die sich 1865 gründete. Was das mit den Reds zu tun hat? So einiges …

Der einstige Pfarrer B. S. Chambers gründete Ende des 19. Jahrhunderts für die Jugend eine Kricketmannschaft. Da man diese Sportart jedoch nur in den warmen Monaten spielen kann, musste auch eine Beschäftigung für Herbst und Winter her. Also entstand 1878 der St. Domingo Football Club. Schnell wurde der kleine Verein bekannt, immer mehr Menschen wollten mitspielen und Zuschauer kamen auch noch dazu. Der Kirche wurde klar, dass eine Umbenennung noch mehr Sympathien hervorrufen würde, und so war der Everton Football Club gegründet.

Die Spiele der Blau-Weißen fanden zu diesem Zeitpunkt alle noch im Stanley Park statt. Schnell merkten die Verantwortlichen aber, dass weder der Platz ausreichend genug, noch die Umgebung perfekt für einen Fußballverein war. Auch die immer zahlreicher werdenden Zuschauer konnten nicht ordentlich versorgt werden. Man fand ein abgeschlossenes Gelände an der Priory Road. So war es auch das erste Mal möglich, Eintrittsgelder zu nehmen. Was erst wie ein kleines Paradies wirkte, erwies sich schnell als das Gegenteil. Denn auch hier konnte man nicht auf vernünftigem Rasen spielen.

Die Sorge war groß. Wo sollte man nun hin? Doch der spätere Gründer des FC Liverpool, John Houlding, hatte eine Idee. Er organisierte ein neues Spielfeld an der Anfield Road. Hier besaß die Orrell-Brothers-Brauerei ein Stück Land, das Everton nutzen konnte. Aber Houlding wäre kein Geschäftsmann gewesen, wenn er nicht auch eine gewisse Gegenleistung für seine Arbeit erwartet hätte. Miete. Der Verein musste Miete zahlen. Doch irgendwann wurde diese zu hoch und der Klub zog erneut um. In den heutigen Goodison Park. Und Houlding? Er hatte nun ein leeres, aber wunderschönes Spielfeld. Also gründete er den Liverpool Football Club. Everton hat also mehr als nur ein bisschen mit den Reds zu tun. Sicher einer der Gründe, warum Hass ein Fremdwort zwischen den beiden Klubs ist.

Natürlich gibt es große Spiele, bedeutende Derbys, aber von Rivalität kann keine Rede sein. Dazu fehlt einfach die Grundlage angesichts der ähnlichen, wenn nicht gar identischen Wurzeln. Es gibt weder religiöse noch politische Differenzen zwischen den beiden Klubs. Dazu ist die knappe Meile zwischen den Stadien wohl eine zu geringe Entfernung. Stattdessen vertragen sich beide Fangruppen in den meisten Fällen. Kein Wunder, sind ja auch oft genug »normale« Familien geteilt in Rot und Blau-Weiß.

Einzig nach der Katastrophe im Heysel-Stadion gab es Ärger zwischen beiden Seiten. Everton-Fans machten den Lokalrivalen für die europäische Sperre aller englischen Klubs verantwortlich und somit auch für die fehlenden Reisen auf den Kontinent.

Doch nur fünf Jahre später zeigten sie sich wieder versöhnt. Nach der Katastrophe von Hillsborough standen beide Vereine Schulter an Schulter. Eine ganze Stadt trauerte um die 96 Opfer von Sheffield und auch die Evertonians boykottieren seitdem die *Sun*. Damals verbanden Schals von beiden Seiten die Anfield Road und den Goodison Park durch den Stanley Park miteinander. Auch das erste Spiel nach der Tragödie, am 3. Mai 1989, war ein Derby im Goodison Park. 45.000 Zuschauer waren anwesend und sahen im Liverpool-Block ein Dankesbanner: »Die Kop dankt euch allen. Wir sind nie alleine gegangen.« (»The Kop thanks you all. We never walked alone.«)

Auch auch im Jahr 2014, 25 Jahre nach der Katastrophe, waren bei der Gedenkfeier Evertonians zugegen, Everton-Trainer Roberto Martínez hielt eine bewegende Rede.

»Ich war noch jung. Ein fußballverrückter Kerl in einer fußballverrückten Familie. Wir hörten damals in den Nachrichten von der Tragödie. Wie konnte es sein, dass die geliebten Freunde oder Familienangehörige von einem Fußballspiel nicht wieder heimkehren? Das ist nicht richtig, das ist nicht fair. Auch was danach passierte, ist weder richtig noch fair gewesen. […] Aber wie schon mein Chef im Jahr 2013 sagte: Die Politiker haben sich die falsche Stadt ausgesucht, wenn sie gedacht haben, damit durchzukommen. *(Standing Ovations und lauter Applaus)* Ich bin erst seit wenigen Monaten in dieser Stadt, aber ich habe bereits jetzt gespürt, wie sehr diese Stadt zusammensteht. […] Wie sehr ihr, die Familien der Opfer, seit Jahren für Gerechtigkeit kämpft. Ich muss es euch nicht sagen: Everton steht euch bei, ihr wisst das. Wir stehen euch auch heute im Goodison Park bei, unsere Spieler, Mitarbeiter und Fans beten für euch und senden euch ihr Mitgefühl. Außerdem werden wir im Goodison Park noch in diesem Jahr eine Gedenktafel für die Opfer aufstellen. Everton gedenkt und wir werden es immer tun.«[123]

Auch zu anderen Gelegenheiten haben die beiden Klubs in der Vergangenheit Solidarität und Zusammenhalt gezeigt. So wurde Everton im Goodison Park vor einem Spiel gegen Newcastle United von zwei Kindern auf das Feld geführt, die mit einer »9« und einer »6« auf dem Rücken die Anzahl der Opfer bildeten. Der Stadionsprecher verlas zu *He Ain't Heavy, He's My Brother* von The Hollies die Namen aller getöteten Liverpool-Fans. Das Stadion spendete stehend Applaus.

Aber nicht nur Hillsborough vereint beide Seiten des Stanley Parks. Auch im Jahr 2007 waren sich beide Klubs unglaublich nah, nachdem Rhys Jones, ein elfjähriger Evertonian, im Croxteth Park in Liverpool von einem Teenager erschossen wurde. Der kleine Fan des Lokalrivalen war gegen 19.30 Uhr gerade auf dem Weg vom Fußballtraining zurück nach Hause gewesen, als eine Bande Jugendlicher sich vor ihm aufbaute. Einer zog eine Waffe und feuerte auf den Schüler. Schnell herbeigerufene Sanitäter kämpften vergeblich um das Leben von Rhys Jones. Er starb noch am selben Abend im Kinderkrankenhaus Alder Hey. Der Liverpool Football Club lud Jones' Familie zu einem Champions-League-Spiel ein und spielte das *Z-cars Theme* nach dem Folksong *Johnny Todd*, den Einlaufsong im Goodison Park. Noch nie zuvor war dieses Lied an der Anfield

Road erklungen. Die Familie trug bei ihrem Besuch Trikots des Everton Football Club und die Fans applaudierten, sangen *You'll Never Walk Alone* und gedachten des kleinen Fußballfans. Egal, ob nun im roten oder im blau-weißen Trikot – in den schweren Zeiten und Stunden halten die beiden Vereine zusammen.

65. GRUND

Weil wir das Merseyside Derby gegen Everton haben

Den Nachbarn liebt man. Bei uns ist es zumindest annähernd so. Gewalttätige Auseinandersetzungen mit unseren Lokalrivalen gibt es nicht. Aber dennoch sind die Spiele gegen Everton in jedem Jahr ein Highlight der Sonderklasse.

Man muss es sich nur einmal vorstellen: Lediglich ein Park trennt beide Stadien. Eine Meile beziehungsweise knapp 20 Minuten Fußweg und schon ist man von der Anfield Road, Liverpool, L4 0TH, zur Goodison Road, Liverpool, Merseyside L4, gelaufen. Und wenn sich die beiden Klubs treffen, ist ein Fußballfest garantiert. Vor allem seit den 1980er-Jahren ging es in den Duellen immer wieder auch um Titel, Qualifikationen oder Pokale. Zuvor sind die blau-weißen Nachbarn und wir schlichtweg nicht zur gleichen Zeit erfolgreich gewesen. Erst Ende der 1970er-Jahre wurde Everton zu einer immer ernster zu nehmenden Gefahr.

Everton gastierte im Herbst 1970 als Meister an der Anfield Road und führte bereits 2:0. Doch dann kam der Steve der »Highway« und machte den Anschluss, bereitete das 2:2 vor und Chris Lawler entschied die Partie dann doch noch für die Hausherren. Die Zeiten der großen Lokalderbys waren nun endgültig angebrochen. Auch 1982 – in der letzten Saison von Bob Paisley – gab es ein besonderes Derby. Ganze fünf Tore kassierten die Evertonians im heimischen Goodison Park. Dieses Mal waren auch die Reds als Meister zu Gast. Das Rückspiel endete im Übrigen wenig spektakulär 0:0.

Eine Saison später wurde Everton dann ein »echter« Gegner und sorgte für Gefahr. Nach 14 Jahren sollten sie endlich wieder einen Titel holen und den FA Cup gewinnen. In der Liga haben sie es nicht nach ganz oben geschafft, verloren das Derbyhinspiel bei den Reds auch deutlich mit 0:3, doch das Rückspiel wurde wieder nur ein 1:1 aus Liverpooler Sicht, und im Finale des League Cups brauchte es gegen die Toffees sogar ein Entscheidungsspiel, um den Titel an die Anfield Road zu holen. Auch da siegte Liverpool nur knapp mit 1:0.

Wie sehr die Evertonians zu Gegnern geworden waren, erfuhr die Elf von Neu-Trainer Joe Fagan nur wenige Monate später. Im Charity Shield 1984 traf Bruce Grobbelaar ins eigene Netz und schenkte so den Sieg her. Mit Howard Kendall in der Verantwortung wurde Everton zu dieser Zeit enorm stark und siegte am 20. Oktober an der Anfield Road. Während Liverpool schon um den Klassenerhalt bangte, kämpfte Everton unter Kendall das erste Mal wirklich um die Meisterschaft. Auch das Rückspiel im Goodison Park endete mit einer knappen Niederlage für die Reds. Liverpool hatte sich bis dahin zumindest noch auf den zweiten Platz gerettet. Und Everton? Sie waren Meister!

Das konnte Liverpool natürlich nicht lange auf sich sitzen lassen. In der Saison 1985/86 kämpften beide Klubs lange um den Titel. Natürlich war da jedes Derby von besonderer Hitzigkeit geprägt. Den Anfang machte Liverpool am 21. September 1985 im Goodison Park. Liverpool siegte gegen Everton und war nun Zweiter hinter Manchester United, während die Toffees nur auf dem sechsten Platz lagen. Dummerweise war beim Rückspiel Liverpool zwar noch auf demselben Platz, Everton aber nicht mehr Sechster. Nach einem 2:0-Sieg lagen sie schon acht Punkte vor den Reds. Das absolute Highlight dieser Saison ereignete sich aber am 10. Mai 1986.

Wembley, FA-Cup-Finale: Das erste Mal in der Geschichte kämpften zwei Teams aus Liverpool um den Pokal des englischen

Verbands. Die Reds wurden in jener Saison ihrem Ruf als Comeback-Kings gerecht und verdrängten Everton am Ende noch von der Tabellenspitze, sodass die Nachbarn natürlich unbedingt Revanche nehmen wollten. Und ein schnelles Tor von Gary Lineker ließ das auch fast wahr werden. Doch nach der Pause drehte Ian Rush auf, traf doppelt und Craig Johnston machte das 3:1 perfekt. Liverpool wurde zum erst fünften Doublesieger in Englands Fußballhistorie.

Späte Rache nahm Everton ein Jahr später, als sie noch einmal Meister wurden, und in der Saison 1990/91, als sie gegen Liverpool 4:4 spielten. Zwei Tage nach diesem Remis trat Kenny Dalglish zurück.

Geschichte wurde auch in der Saison 2004/05 geschrieben. Liverpool gewann die Champions League in einem unfassbaren Finale gegen den AC Mailand. Doch Everton schloss das erste Mal seit 1987 die Tabelle wieder vor den Reds ab. Die Toffees von David Moyes wurden Vierter, siegten im heimischen Stadion sofort 1:0 und Liverpool beendete die Saison einen Platz dahinter, auf dem fünften Rang. Da half es auch nicht, dass das Derby an der Anfield Road 2:1 siegreich für die Reds endete.

In der Saison 2007/08 siegte Liverpool endlich mal wieder in beiden Spielen der Premier League, aber für Aufsehen sorgte nicht dieser Fakt, sondern der Schiedsrichter im Goodison Park, Mark Clattenburg. Evertons Tony Hibbert foulte Steven Gerrard und der Unparteiische entschied schnell auf Strafstoß. So weit, so gut. Doch nachdem der Liverpooler Kapitän ein paar Worte mit Clattenburg gewechselt hatte, entschied der sich, Hibbert auch noch eine Rote Karte zu zeigen. Stevie G's Überredungskünste hatten also geholfen. Aber auch in den restlichen Minuten agierte der Schiedsrichter nicht souverän. Auch wenn die Rote Karte rechtens war, so erweckte die lange Überredung seitens Gerrards, die ihr voranging, doch einen sehr unglücklichen Eindruck, der sich auch weiterhin durch das Spiel zog. Everton dominierte und zum Ende des Spiels wurde Joleon Lescott zweimal von Jamie Carragher im Strafraum von den Beinen geholt. Einen Pfiff gab es zur Freude der Liverpooler Fans nicht. Die Reds qualifizierten sich am Ende der Saison für die Königsklasse, Everton blieb nur der UEFA-Pokal. Und Mark Clattenburg? Er pfiff sechs Jahre lang kein Spiel mehr im Goodison Park und in dieser Zeit auch nur einmal Everton. Auswärts bei Aston Villa.

Natürlich sind das nur ein paar Höhepunkte aus den Hunderten Begegnungen beider Mannschaften. Rekorde gab es ja auch noch. Die längste Zeit ungeschlagen war Everton – das ist allerdings schon eine Weile her. Zwischen den Spielzeiten 1941/42 und 1951/52 siegten in 14 Spielen stets die Toffees. Ebenso oft ungeschlagen, allerdings in Heimspielen, war Liverpool zwischen 1970/71 und 1984/85, sowie seit 2000/01.

Und was gehört zu einem echten Derby auch dazu? Genau, Platzverweise. Schaut man sich den Clásico zwischen Real Madrid und dem FC Barcelona an, dann ist eine Partie ohne Rote Karte fast schon eine Seltenheit. Ähnlich ist es inzwischen auch beim Merseyside Derby. 20 Platzverweise gab es seit Einführung der Premier League, Steven Gerrard sah davon zwei. Den Torrekord bei den Derbys hält selbstverständlich auch ein Liverpooler. Die 25 Treffer von Ian Rush – er überholte Dixie Dean im FA-Cup-Finale mit einem Doppelpack – sind bis heute unerreicht.

66. GRUND

Weil unsere Rivalität zu ManUnited legendär ist

Es ist nicht einfach *ein* Spiel. Es ist *das* Spiel der Saison. Wenn der Spielplan veröffentlicht wird, schaut man zuerst, wann Manchester United und der FC Liverpool aufeinandertreffen werden. Ein Fußballfest ist das garantiert, doch die Rivalität beider Klubs hat historische Gründe, die nur wenig mit Fußball zu tun haben.

Im 19. Jahrhundert waren sowohl Liverpool als auch Manchester zwei bedeutende Industriestädte. Manchester war bekannt für seine Textilindustrie, Liverpool für seinen Hafen und den florierenden Handel. Natürlich wollte Manchester davon auch ein Stück abhaben. Zumal die Wirtschaftsunternehmen dort damals mehr bezahlen mussten, da sie keinen direkten Zugang zum Meer hatten und alles über den Hafen von Liverpool abwickeln lassen mussten. Also suchten sie nach einem Weg, den Hafen zu umgehen oder besser gesagt zu umschiffen. In den 1880er-Jahren baute Manchester schließlich einfach einen Kanal, der am Hafen von Liverpool vorbeiführte. Die Folgen waren wiederum in Liverpool zu spüren: Die Hafenmitarbeiter bekamen weniger Aufträge, Arbeitsstellen fielen plötzlich weg. »Es war Manchesters Antwort auf Liverpools ungemein modernen Hafen«, erklärte Mike Taylor, Vorstandsvorsitzender von BusinessLiverpool, der BBC: »Die Idee dahinter war ganz einfach: Man wollte den Handel nicht über Zwischenhändler abwickeln. Es liegt in der Natur des Menschen, dass ein Wettbewerb entsteht, wenn zwei bedeutende Unternehmen nah beieinander angesiedelt sind.«[124]

Heute ist die Rivalität noch immer zu spüren. Die Bewohner von Manchester veräppeln die Liverpudlians mit stereotypischen Klischees, und die wiederum behaupten, dass Manchester ja viel gefährlicher als Liverpool sei, dass dort Gewalt und Banden herrschen würden. Dabei haben beide Städte »mit ihrer Arbeitertradition, ihren Errungenschaften in der Musik, der Kunst, dem Sport und natürlich ihren enormen Beiträgen zum Fußball« enorm viel gemeinsam, wie der Autor und gebürtige Liverpooler Kevin Sampson gegenüber CNN erklärt. Viel mehr, als ihnen lieb sei, lacht der Autor.[125]

Doch davon zu spüren ist auf dem Platz oder im Fußballgeschäft schon seit Jahren nichts mehr. War Liverpool in den 1970er- und 1980er-Jahren um Welten erfolgreicher als Manchester United, hat sich das Blatt mit der Ankunft von Sir Alex Ferguson gewendet.

Plötzlich waren die ungeliebten Konkurrenten erfolgreich und nahmen Liverpool gar den inoffiziellen Titel als Rekordmeister ab.

Kein Wunder, dass sich ein direkter Spielertransfer da nicht anbietet. Die Reds versuchten es vor nicht allzu langer Zeit dennoch. Gabriel Heinze war das Objekt der Begierde, doch Sir Alex sagte sofort Nein. Um Himmels willen nicht an den verhassten Konkurrenten verkaufen! So kam es gar zum Streit vor Gericht, denn Liverpool wollte die im Vertrag Heinzes festgeschriebene Ablösesumme bezahlen – egal wie hoch sie auch immer sei. Doch das Gericht gab United recht und Heinze wechselte zu Real Madrid. So blieb Phil Chisnall, der 1964 Old Trafford verließ und an die Anfield Road ging, der bis dato letzte Spieler, der direkt zwischen beiden Vereinen wechselte.

Auch der Ton in den Medien der beiden Städte hat sich in Bezug auf die jeweils andere Stadt seit den 1960er-Jahren gewandelt. Als Manchester United 1968 als erste englische Mannschaft den Europapokal der Landesmeister holte, schrieb das *Liverpool Echo*: »Der britische Fußball kann stolz auf dieses United-Team sein. Sie haben Matt Busby jenen Pokal geschenkt, den er am meisten wollte. Es war ein langer, langer Weg für sie an die Spitze Europas – niemand wird Neid empfinden, weil sie es als erste englische Mannschaft geschafft haben.«[126] Ärger gab es dafür in Liverpool nicht. Anders sah dies 2005 aus, als Liverpool nach einem unglaublichen Spiel die Champions League zum fünften Mal gewann. Die *Manchester Evening News* titelte »unfassbar«[127], was fast noch untertrieben war, denkt man daran, dass die Reds nach einem 0:3-Halbzeitrückstand das Spiel noch drehten und im Elfmeterschießen gewannen. Ärger? Gab es diesmal von den treuesten United-Fans. Wie konnte eine Zeitung aus Manchester den Erfolg des Erzrivalen so sehr feiern? Zeiten ändern sich eben …

Natürlich gibt es da auch andere Geschichten, die die Gemüter aufheizen. Geschichten, an die man als Außenstehender gar nicht denken würde. Sir Alex – Trainer von Manchester United – war nicht immer Sir Alex. Er wurde von der Queen zum Ritter geschlagen. An sich kein Grund, um böse zu werden. Doch in Liverpool hat man den Entschluss des Buckingham Palace nicht verstanden. Da hat Ferguson einmal das Triple geholt und das erste Mal die Champions League und schon wird er »heilig« gesprochen? Was hätte denn Bob Paisley noch alles machen sollen, fragte man sich damals in Liverpool. Paisley hatte in neun Jahren beim FC Liverpool sechs Meisterschaften gewonnen, dreimal den Landesmeisterpokal (also damit den Vorläufer der Champions League) und dazu auch noch einmal den UEFA-Pokal. Er ist bis 2014 gar der einzige Trainer gewesen, der die Königsklasse dreimal gewinnen konnte. »Ich denke«, wird Bobs Ehefrau Jessie auf der offiziellen Vereinshomepage zitiert, »dass der schnelle Ritterschlag von Alex Ferguson die Leute wirklich aufgebracht hat.« Und ihr Sohn Graham ergänzte: »Viele Fans und auch ich waren sehr wütend. Ich vermute einfach, dass mein Vater am falschen Ende der East Lancs gewohnt hat.«[128]

Und auch die Spieler sind immer wieder aneinandergeraten. Zuletzt Luis Suárez und Patrice Evra, als der Uruguayer den dunkelhäutigen Franzosen rassistisch beleidigte, deswegen gesperrt wurde und dann beim ersten Aufeinandertreffen beide den obligatorischen Handschlag vor dem Spiel verweigerten. Oder Steven Gerrard, der einen Haufen Trikots anderer Klubs in seinem Haus hat, aber keines von Manchester United. Der Liverpooler Kapitän lebt auch für diese Rivalität. »Vielleicht reicht Real Madrid gegen den FC Barcelona noch da heran«, sagte er vor einem Derby 2012 in Bezug auf den Vergleich zwischen dem Clásico und dem Derby Liverpool vs. Manchester United, »aber für mich ist Liverpool gegen Manchester United das größte Spiel, denn die Premier League ist die beste Liga der Welt und dies sind die beiden erfolgreichsten Vereine.«[129]

Und der ehemalige United-Coach Ferguson ergänzte: »Die Intensität, die Rivalität, die großartigen Fußballer – für mich ist es das Spiel der Saison. Auch wenn sich die Dinge in den kommenden Jahren mit Manchester City vielleicht etwas ändern werden, ich denke,

Manchester United gegen Liverpool ist *das* Spiel der Saison und so wird es auch bleiben.«[130] Seit einigen Jahren wird bei diesem Derby auch kein Alkohol mehr ausgeschenkt, da die Fans sonst nicht mehr zu kontrollieren wären. Der Fußballjournalist und *Mirror*-Kolumnist Brian Reade schrieb 1985 nach einem FACup-Halbfinale zwischen beiden Teams im Goodison Park: »Es gab Szenen mittelalterlicher Straßenkämpfe, eine Messerausstellung im Stanley Park und Kämpfe, wie man sie in Gaza an einem schlechten Tag zu sehen bekommt.«[131] Sicherlich ein wenig übertrieben, aber zu Zeiten der Hooligans gab es auch zwischen den beiden Fanseiten den einen oder anderen Kampf. Auch heute ist es noch ein Hochsicherheitsspiel, das in England seinesgleichen sucht.

Bei den Spielen kommt es auch immer wieder zu unschönen gewaltlosen Szenen. Beide Vereine haben mit dem Münchner Flugzeugabsturz 1958 beziehungsweise Heysel 1985 und Hillsborough 1989 schreckliche Tragödien in ihrer Geschichte. Schlimm genug, dass sich beide Seiten immer wieder über die jeweils andere deswegen lustig machen. Während eines FA-Youth-Cup-Spiels im März 2011 an der Anfield Road gab es unschöne Gesänge von United-Fans in Richtung des Gegners. Sechs von ihnen sollen sogar des Stadions verwiesen worden sein, schrieb die *Daily Mail* damals. John Aldridge, ehemaliger Spieler des FC Liverpool, war bei der besagten Partie zugegen. »Ich habe so etwas noch nie bei einer Nachwuchspartie gesehen und ich will es auch nie wieder sehen«, sagte er dem *Liverpool Echo*. »Man gewöhnt sich natürlich an die Schmähgesänge von United-Fans, wenn sie hierherkommen, aber das über Heysel und Hillsborough zu hören war einfach schrecklich. Das war einfach nur krank.« Einige seien nur zu dem Spiel gekommen, »um Probleme zu machen, und es tut mir für die Familien in der Kurve von Manchester United leid, die einfach nur Fußball schauen wollten«.[132]

Auch für die meisten Fans der Red Devils ist das ein No-Go. »Ich erinnere mich noch an die Särge, die damals nach dem Flugzeugabsturz aus Deutschland kamen. Die Opferzahl war groß, aber bei Weitem nicht so schlimm wie in Sheffield«, erinnerte sich Gerard Shamash von der Manchester United Supporters Trust. »Ich habe die Hillsborough-Katastrophe immer als etwas ganz Schlimmes empfunden. Man hat vielleicht gedacht, dass durch die Katastrophen eine Art Sympathie zwischen beiden Fanlagern entstehen würde, aber manchmal tun Menschen Dinge, bevor sie darüber nachdenken.«[133]

Auch der Journalist und langjährige United-Fan Paul Vallely versteht diesen Konflikt nicht. Beide Lager könnten ja *You'll Never Walk Alone* singen, wenn sie nahe am Jahrestag von Hillsborough spielen. »Man sollte die United-Fans vielleicht auch daran erinnern, dass Liverpool ihnen nach München und dem Tod von acht Spielern fünf ihrer eigenen Spieler anbot, damit sie die Saison noch zu Ende spielen hätten können«, schrieb er in *The Church Times*.[134]

Neben dieser sozusagen außersportlichen Rivalität gab es natürlich auch noch einige große Spiele zwischen beiden Vereinen. Ein ganz besonderes fand am 26. März 1983 statt. Alan Kennedy und Ronnie Whelan sicherten Liverpool im Finale um den League Cup den Titel, nachdem Norman Whiteside United noch in Führung geschossen hatte. Emotional wurde es aber nach Abpfiff, denn es war das letzte Mal, dass Bob Paisley sein Team als Cheftrainer ins Wembley geführt haben sollte. Nach einer Ära der Dominanz Liverpools in England und Europa hörte er auf und übergab an seinen langjährigen Assistenten Joe Fagan. Die Mannschaft machte ihm ein besonderes Geschenk, indem sie ihn einlud, die 39 Stufen in die Royal Box zu gehen und den Pokal stellvertretend abzuholen.

Zwölf Jahre später stand eine andere Generation Liverpooler Spieler im Vordergrund. Die »Spice Boys« kamen langsam ans Tageslicht. Wenige Monate vor dem »Anzug-Gate« im FA-Cup-Finale trafen sich ManU und Liverpool natürlich auch in der Premier League. Am 1. Oktober 1995 feierte Éric Cantona nach achtmonatiger Sperre – er hatte einen Zuschauer attackiert – sein

Comeback für United. Ausgerechnet im Derby gegen Liverpool. Die schnelle Führung für die Gastgeber im Old Trafford erzielte Nicky Butt, ehe »Spice Boy« Robbie Fowler doppelt zuschlug und das Spiel drehte. Doch in der 71. Minute kam die Zeit von Cantona. Die Red Devils bekamen einen Strafstoß zugesprochen und der Franzose hämmerte den Ball in die Maschen. Das Spiel endete 2:2.

Am Ende derselben Saison trafen sich beide Klubs im Wembley zum Pokalfinale. Damals standen natürlich die cremefarbenen Anzüge von Armani und die weißen Schuhe von Gucci im Vordergrund, die die gesamte Mannschaft bei der Platzbegehung trug, aber auch ein paar unschöne Szenen nach dem Spiel (siehe unten). Die Partie selbst stand lange unentschieden, bis zur 85. Minute konnte keines der zwei Teams treffen. Dann jedoch trat David Beckham eine Ecke, die David James erst noch abwehren konnte. Doch der Ball kam zu Cantona, der sich die Chance natürlich nicht nehmen ließ und den Siegtreffer ins Tor haute. Bei der anschließenden Siegerehrung wurde Cantona – damals auch Kapitän von Manchester United – von Liverpooler Fans bespuckt. Sein Trainer Sir Alex Ferguson konnte einem Faustschlag eines Reds-Fans nur knapp ausweichen.

Eine weitere nicht so schöne Szene ereignete sich knapp zehn Jahre später in der fünften Runde des FA Cups an der Anfield Road. Der United-Spieler Alan Smith brach sich während der Partie ein Bein und die Fans in der Kop verhöhnten den Verletzten, indem sie die Geräusche einer Rettungssirene imitierten. Und der Rettungswagen wurde, als er auf dem Weg ins Krankenhaus war, vor dem Stadion von Anhängern des FC Liverpool attackiert. Im gleichen Spiel wurden Liverpools Steven Gerrard und Manchesters Gary Neville mit Münzen und Essensresten beworfen. Dieses Spiel nahm die Polizei in der Folge zum Anlass, für Derbys zwischen den beiden Teams ein Alkoholverbot zu verhängen.

Geschichte wurde auch am 14. März 2009 geschrieben. Dieses Mal in Old Trafford in der Premier League. United war Tabellenführer und Liverpool versuchte sich noch mit einem letzten großen Kraftakt zum Ende der Saison im Titelrennen zurückzumelden. Immerhin hatten sie den letzten Meistertitel 1990 gewonnen und United kam in der Ära Ferguson zum damaligen Zeitpunkt Rekord von 18 immer näher. Schnell gingen die Gastgeber durch ein Tor von Cristiano Ronaldo in der 23. Minute in Führung, doch Fernando Torres wusste damals noch das Tor zu treffen und glich fünf Minuten später für Liverpool aus. Kurz vor der Halbzeitpause traf schließlich Kapitän Steven Gerrard vom Punkt zur knappen 2:1-Führung. In der zweiten Halbzeit sah Nemanja Vidić vom Schiedsrichter das Zeichen zum frühzeitigen Duschen und Liverpool nutzte die Überzahlsituation gnadenlos aus. Fábio Aurélio und schließlich Andrea Dossena erhöhten auf 4:1 für Liverpool! Das hatte gesessen: die höchste Niederlage für United im Old Trafford seit 17 Jahren! Das Theater der Träume wurde zum Theater der Tränen. Gebracht hat der Sieg Liverpool titeltechnisch allerdings nicht viel, denn United holte die Meisterschaft, Liverpool wurde nur Zweiter …

8. KAPITEL

FANS, FANS, FANS UND ANFIELD

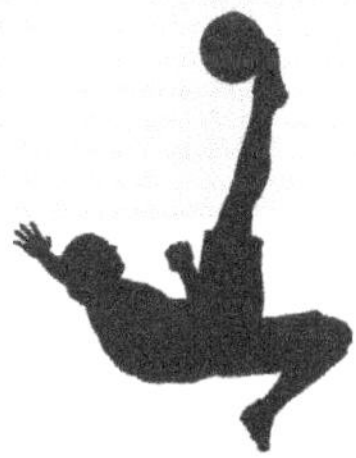

67. GRUND

Weil der große Nelson Mandela unser Fan war

Nelson Mandela setzte sich im Vorfeld der Fußballweltmeisterschaft 2010 immens dafür ein, dass das Turnier in seiner Heimat in Südafrika ausgetragen werden würde. Seine Liebe zu seinem Land, seiner Heimat war immens. Doch auch er ist im Herzen ein Fan des FC Liverpool gewesen.

Wenige Jahre nachdem er das Gefängnis verlassen hatte, reiste er 1994 nach Europa und besuchte auch die Anfield Road. John Barnes, der in den ersten Jahren seiner Karriere sowohl im englischen Nationaltrikot als auch im roten Trikot rassistischen Anfeindungen ausgesetzt war, übergab dem Freiheitskämpfer und Anti-Apartheid-Aktivisten ein T-Shirt des LFC. Prompt bekannte sich Nelson Mandela als Fan des damaligen englischen Rekordmeisters.

Zugleich setzte er durch damals auch ein Zeichen gegen den anhaltenden Rassismus in den Fußballstadien dieser Welt. Jeder Mensch soll das Recht auf freie Meinung haben und in Ruhe und in Freiheit leben können. Mandela lebte getreu dieser Überzeugung und sie sollte auch in jedem Stadion dieser Welt beherzigt werden.

Anlässlich seiner Wahl zum ersten schwarzen Präsidenten Südafrikas versprach Mandela am 10. Mai 1994 in Pretoria: »Nie, nie, nie wird dieses wunderbare Land noch einmal die Unterdrückung von Menschen durch Menschen erleben und die Demütigung, als Stinktier der Welt zu gelten.«[135] Keine Unterdrückung zulassen, egal wo man lebt oder sich befindet. Nicht als »Stinktier« gelten. Das ist immer schnell gesagt, aber schwer gelebt.

Andere Menschen nicht zu diskriminieren, weil sie beispielsweise eine andere Hautfarbe haben, ist heute eigentlich selbstverständlich. Doch wie oft hört man das Wort »Neger« im Stadion? Auch dort sollten Mandelas Überzeugung gelten, die er selbst, einer der größten Männer des Planeten und einer der wichtigsten Fans des FC Liverpool, vorgelebt hat.

Er lebte sie bis zu seinem letzten Atemzug am 5. Dezember 2013. Als die Nachricht seines Todes die Runde machte, weinte man auch an der Anfield Road. Einer der Größten war gegangen.

68. GRUND

Weil Samuel L. Jackson unser Fan ist und »The 51st state« in Liverpool spielt

Samuel L. Jackson ist einer der besten und erfolgreichsten Schauspieler Hollywoods. Als Auftragskiller in *Pulp Fiction* ist er vielen Fans in Erinnerung. Doch seit einem ganz bestimmten Film ist er auch glühender Fan des FC Liverpool.

Als Jackson für den Film *The 51st state* 2001 in Liverpool weilte, verfiel er den Reds. Die Komödie über einen kleinkriminellen Pharmakologen mag nicht zu den herausragenden filmischen Meisterwerken in der Karriere Jacksons gehören, ist aber insofern für uns Scousers bedeutsam, als dass er in Liverpool, und zwar während eines Derbys gegen Manchester United, spielt.

War das große Derby an der Anfield Road im Film nur inszeniert, war das Merseyside Derby gegen den FC Everton zum Zeitpunkt des Drehs alles andere als erfunden. Jackson war bei dem Spiel und blickte später begeistert zurück: »Als ich dort war, habe ich das Derby gegen Everton besucht, und es hat mir richtig Spaß gemacht. Es war verdammt cool.«[136]

Neben dem Stadion sind aber auch noch andere Attraktionen der Stadt im Film zu sehen. Die St George's Hall, das Royal Liver Building oder die Docks sind neben vielen weiteren Wahrzeichen gefilmt worden.

69. GRUND

Weil James Bond die Anfield Road liebt

Eigentlich wurde Daniel Craig in Chester geboren, doch aufgewachsen ist der Schauspieler am Mersey. Kein Wunder also, dass er sich dem Zauber des FC Liverpool nicht entziehen konnte.

Schnell fand er sich an der Anfield Road wieder und ist noch immer ein gern gesehener Gast beim LFC. Auch wenn er mit 16 Jahren nach London zog und an der Kunsthochschule Guildhall School of Music & Drama studierte. Ein Red blieb er stets.

Einmal, so ist es überliefert, wartete Kapitän Steven Gerrard im Foyer der Anfield Road auf James Bond. Er wollte unbedingt ein Autogramm auf seinem Foto von Craig haben. Damit hat sich die Liverpooler Legende in gewisser Weise revanchiert, denn Craig verehrt den Skipper wie kaum einen anderen Spieler der Reds.

Wenn man einen James Bond als Fan hat, kann kaum etwas schiefgehen. Auch wenn seit dem Einstieg des Edelfans in das Agentenbusiness nicht mehr der ganz große Wurf gelang. Immerhin gelang im Jahr seiner Beförderung der Sieg in der Champions League und 2014 wären die Reds um ein Haar Meister geworden. Doch James Bond lebt weiter, wie auch der Klub, und Meister werden kann man auch noch 2015.

70. GRUND

Weil Anfield eine riesige Familie ist und keine Grenzen kennt

Wenn man einmal im Maracanã von Rio de Janeiro stand, dann weiß man, was Geschichte ist. Was Fußball mit einem Menschen machen kann. Wenn man das sogar noch vor dem WM-Umbau in den Jahren 2010 bis 2013 geschafft hat, dann weiß man auch, dass Fußball verbindet.

Wenn sich in dieser Fußballkathedrale Fluminense und Flamengo getroffen haben, dann waren zwar nicht unbedingt die Fans beider Lager nett beisammen, aber doch die Fans verschiedener sozialer Klassen. Zumindest für 90 Minuten spielte es keine Rolle, ob man sein Geld als Taxifahrer, Putzkraft oder Banker verdiente. Wenn der Fußball regiert, dann sind alle gleich – dann sind alle Fans des einen Klubs.

In Liverpool ist es ähnlich. Einmal an der Anfield Road sein, davon träumt jeder Fan außerhalb Liverpools und Englands. Dort, wo der Verein geatmet wird, dort, wo die treusten der Fans stehen, dort spielt es keine Rolle, ob man arm oder reich, jung oder alt ist. In diesem Stadion trifft man jene Menschen, die gefühlt die Gründung des Vereins hautnah miterlebt haben, und wieder jene, die erst seit wenigen Jahren ein rotes Trikot an ihrem Körper tragen.

Man jubelt zusammen, die Stimmung ist immer einzigartig. Verliert die Mannschaft auf dem so nahen Grün, dann ist man zusammen traurig und versucht, die Elf wieder aufzubauen. Stets wird das Team unterstützt. Es ist egal, woher man kommt, um ins Stadion zu gelangen, oder wohin man geht, wenn die 90 Minuten vorüber sind. Während der 90 Minuten ist man bei seiner Familie. Hier steht und fällt man zusammen – ein Leben lang.

71. GRUND

Weil die Loyalität unserer Fans einfach unbeschreiblich ist

Ein Fan, das ist laut Wikipedia »ein Mensch, der längerfristig eine leidenschaftliche Beziehung zu einem für ihn externen, öffentlichen, entweder personalen, kollektiven, gegenständlichen, abstrakten oder sportlichen Fanobjekt hat und in die emotionale Beziehung zu diesem Objekt Ressourcen wie Zeit und/oder Geld investiert«.[137]

Geld und Zeit, das investieren die Fans des FC Liverpool seit 1892. Sie sind loyal bis in den Tod. Immer, ja wirklich immer singen und schreien sie für den Klub. Die Fans der Reds haben *You'll Never Walk Alone* zur Fußballhymne werden lassen und selbst in Musikvideos mitgespielt oder gar Lieder komponiert. Sie sorgen mit Choreografien für die schönsten Momente – von Toren mal abgesehen – eines Fußballspiels an der Anfield Road.

Nach Heysel und Hillsborough standen alle Fans beisammen. Niemand hat – anders als Medien und Politik – einen anderen Anhänger für die Taten verantwortlich gemacht.

Die Fans der Reds fahren mit in die abgelegensten Ecken des Kontinents und sind in der ganzen Welt verteilt. Als die Mannschaft einmal in Australien spielte, sangen über 90.000 Anhänger unsere Hymne. Sie gehen mit dem Verein durch dick und dünn. Mehr als bei jedem anderen englischen Klub sind die Menschen miteinander verbunden. Oft redet man von einer »Familie«, aber an kaum einem anderen Ort in England wird sie auch so gelebt. Die Menschen tragen den Klub im Herzen. Egal, ob man aus den USA, Asien oder auch aus Deutschland zum einem Spiel an die Anfield Road kommt. Willkommen ist man immer. Die Menschen sind herzlich und tragen einen »auswärtigen« Fan auf Händen. Schnell kommen sie ins Plaudern, reden über das Erlebte und fragen natürlich auch, warum man in einem recht fernen Land wie Deutschland Fan des Liverpool Football Club ist.

Natürlich beeindruckt die Fankultur, die auch durch die Katastrophen rund um den Verein erst »so richtig« entstanden ist, aber die Herzlichkeit gepaart mit dem »roten« Blut ist unbeschreiblich. Man muss die Anfield Road einfach einmal bei einem Heimspiel erlebt haben. Am besten in einem Derby gegen Manchester United. Dann ist wohl jeder Mensch auf der Welt Fan der Reds. Außer den paar hundert verlorenen Seelen aus Manchester …

72. GRUND

Weil die Anfield Road das geilste Stadion der Welt ist

An der Anfield Road liegt ein Stadion, das in der Welt legendär ist. Es ist das Stadion mit der größten Emotionalität, hier wird Fußball geatmet, Geruch von Schweiß mischt sich mit dem Duft nach frischem Rasen. Hier wurde Geschichte geschrieben, große Fußballer kamen hierher, um die Anfield Road einzunehmen, sie alle gingen als geschlagene Krieger zurück in ihre Heimat. Nun ja, sagen wir fast alle.

Wenn man in die Nähe kommt, ist einem sofort klar, dass dieses Stadion mehr als einfach nur ein Ort zum Fußballspielen ist. Wenn man die Statue von Bill Shankly sieht, an ihr vorübergeht oder durch die Paisley- oder Shankly-Gates das Gelände betritt und sich noch einmal an die Goldenen Jahre erinnert, dann weiß man, welche Geschichte in diesem Stadion, welch Tradition noch heute hier geatmet und zelebriert wird.

Die Atmosphäre in diesem Stadion ist bebend, nie wird hier geschwiegen, immer stehen die Fans zusammen und unterstützen den Liverpool Football Club. Es ist ein unbeschreibliches Gefühl, wie viel Emotionen hier an den Tag gelegt werden. Selbst wenn der Gegner nur ein kleiner ist, die Unterstützung, die Hingabe der Fans ist auch dann immens.

Kaum aus der Kabine getreten, wird jeder Gegner von diesem mythischen Ort eingeschüchtert. Auf dem Weg zum Spiel verdeutlicht ein Schild mit der Aufschrift »This is Anfield« ihm ganz genau, wo er aufzutreten hat. Im Spielertunnel sind die Fans zu hören, wie sie *You'll Never Walk Alone* singen. Emotionen und Gänsehaut sind garantiert!

Dabei hätte es auch ganz anders kommen können. Ausgerechnet unser Lokalrivale Everton spielte zuerst auf dem Gelände. Doch dem Verein wurde die Pacht schnell zu teuer, sodass der Besitzer und unser späterer Gründer John Houlding einen neuen Klub brauchte. So kamen die Reds an die Anfield Road, deren treueste Fans in der Kop zu finden sind. Dort singen sie und feiern sie den Klub mit einer Leidenschaft, wie es sie wohl kaum ein weiteres Mal in England gibt. An den großen Europapokalabenden erzeugen sie eine Atmosphäre, die die Knie eines Jeden zittern lassen.

So schafften es bisher auch nur drei deutsche Teams, auf diesem Grund überhaupt ein Tor in einem offiziellen Europapokalspiel zu erzielen. Dynamo Dresden, der BFC Dynamo und Bayer Leverkusen teilen sich diese Ehre. Drei Niederlagen nacheinander – mehr mussten die Fans hier nie verdauen. Siebenmal blieben die Reds vor dieser Kulisse eine gesamte Saison lang ungeschlagen.

73. GRUND

Weil die Welt den FC Liverpool liebt

Der Liverpool Football Club ist der in Europa erfolgreichste englische Klub, war lange Jahre Rekordmeister und begeistert die Massen. Auch weltweit. Weit über 200 offizielle Fanklubs sind organisiert und unterstützen den Verein. Sie pflegen die Tradition, die Pokale und die Geschichte des Klubs in Deutschland, Brasilien, in den USA oder sonst wo auf dem Planeten. Millionen Fans tragen Liverpool in ihrem Herzen. Was wäre die Welt ohne die Reds? Ein Stück ärmer.

Als sich Liverpool in der Saisonvorbereitung 2014/15 in Dänemark mit Brøndby maß, mussten die Reds eine späte Niederlage in Kauf nehmen. In dieser Phase ist das natürlich kein Beinbruch, zumal die Mannschaft erst wenige Tage vor der Reise zum Jugendklub von Daniel Agger in die Vorbereitungen für die neue Spielzeit eingestiegen war. Natürlich wusste das auch Coach Brendan Rodgers. Vielmehr war es für den Nordiren von Bedeutung, welchen Empfang die Reds beim Brøndby IF bekamen. »Wo auch immer Liverpool in dieser Welt hingeht, wir ziehen immer die höchstmögliche Zahl an Fans an«, freute er sich trotz der 1:2-Niederlage: »Ich möchte Brøndby gratulieren – wir wurden hier sehr gut empfangen, die Menschen waren großartig, haben uns hervorragend unterstützt und für eine außergewöhnliche Atmosphäre gesorgt.«[138]

Und natürlich ist es nicht nur Dänemark. Um ganz ehrlich zu sein, konnte man natürlich beim früheren Klub von Tattoo-Gott Agger mit einer großen Unterstützung und einer tollen Atmosphäre rechnen. Doch weltweit gibt es sogar Orte, da zieht Liverpool mehr Menschen an als der jeweilige lokale Klub. So finden sich zum Beispiel in Irland allein 31 Fanklubs. Einem davon gehört auch Phil Mahon an. Er hatte eigentlich keine Wahl – entweder Manchester United oder Liverpool. Die Leute in seinem Alter sind Anhänger eines der beiden Vereine. Wie auch die jüngeren Menschen in England oder auf dem Kontinent haben sie nur Manchester United gewinnen sehen. Unter Sir Alex Ferguson war der Klub einer der erfolgreichsten. Also warum entscheidet man sich dennoch für den nicht ganz so erfolgreichen LFC?

Aus Liebe zu einem ganz besonderen Gefühl, erklärt Mahon auf der Vereinshomepage: »Ich habe immer versucht, den anderen zu erklären, dass es etwas Besonderes ist, Liverpool zu unterstützen, aber natürlich stieß ich nur auf taube Ohren.«[139]

Und seinen größten Moment? Den hat er wie auch so viele andere jüngere Fans des FC Liverpool 2005 erlebt. »Der 25. Mai hat gezeigt, dass wir vielleicht nicht den besten Fußball gespielt haben, aber immer wieder zurückkommen. Immer.«[140] Die Nacht von Istanbul ist einzigartig und immer wieder in aller Munde, wenn es um grandiose Comebacks in einem Spiel geht.

Auch in den USA wird Fußball geliebt. Das hat nicht erst die Weltmeisterschaft 2014 in Brasilien gezeigt, als Tausende US-Amerikaner nach Südamerika reisten, um ihr Team zu unterstützen, und es auch in den Vereinigten Staaten eine »Fußballbewegung« gab. Liverpool ist auch dort allgegenwärtig. 25 offizielle Fanklubs lassen sich in Nordamerika, also auch Kanada, finden. Und um dort ein Spiel zu sehen, muss man ganz früh aufstehen oder lange wach bleiben. Wie wichtig der Markt in den USA ist, beweist nicht nur Bayern München mit einer US-Tour im August 2014, Liverpool ist schon in den Jahren vor Bayerns erstem Trip in die USA aufgebrochen, um sich seinen Fans zu zeigen.

Wenn deine Lieblingsmannschaft, dein »favourite of your life«, auch bei dir daheim ist, zu dir in deine Stadt kommt, dann machst du doch alles dafür, um deinen Lieblingsspieler zu sehen und vielleicht sogar ein Autogramm zu ergattern. Dabei kann das wirklich zu einer Herausforderung werden, wie die Geschichte von Rijul Sharda zeigt. Eines gleich vorab: Sie endet glücklich für den 20-jährigen Fan aus Neu-Delhi, der derzeit in den USA lebt.

Zuallererst machte sich Sharda wie so viele andere auch auf den Weg zum Flughafen, wo die Reds ihre USA-Reise beginnen sollten. Doch am Boston Airport fand die erhoffte Begegnung mit der Mannschaft nicht statt. »Ich habe es versucht«, erklärte Sharda auf der offiziellen Tourhomepage des Vereins, »doch ich habe sie einfach nicht sehen können.«[141] Natürlich gab es da noch eine andere Möglichkeit. Das Teamhotel. Aber ebenso natürlich ist es, dass die Herberge der Reds gut geschützt war. »Ich konnte einfach nicht rein.« Doch das Happy End rückte immer näher. Denn auf einmal kam Daniel Sturridge zu ihm. Aber nicht, dass es nun ein Selfie mit dem Youngster gab, nein, der Spieler machte ein Foto von Sharda! Nicht vom ganzen Fan, sondern nur von seinem Arm, der von einem wundervoll gestochenen Liverpooler Wappen geschmückt wird. »Er trägt den Verein im Blut, wörtlich«, schrieb Sturridge, als er das Bild bei Instagram postete.[142] »Es hat sich so unglaublich angefühlt«, freute sich Sharda später, »dass er es auf seiner privaten Homepage gepostet hat. Mein Arm ist nun berühmt. Es war der beste Tag meines Lebens, ich kann noch immer nicht glauben, dass es kein Traum war. Ich liebe den Liverpool Football Club einfach!«[143]

Einer, der dies gleichermaßen tut, ist in den USA kein Unbekannter. Es ist der Schriftsteller John Green. In Deutschland wurde er vor allem für *Das Schicksal ist ein mieser Verräter* bekannt, für das er sogar den Deutschen Jugendliteraturpreis 2013 erhielt. Mit all seinen Erfolgen hat er aber auch nie vergessen, welche Farbe sein Blut hat: Rot. Natürlich stellt man jetzt schnell die Frage nach dem Warum. Er hat sich einfach kurz nach der Jahrtausendwende in den Verein verliebt. »Wahrscheinlich habe ich einfach *You'll Never Walk Alone* im Fernsehen gesehen und es hat mich endgültig erwischt«, verriet er während der USA-Reise des Klubs in einem Interview.[144] »Nichts und niemand ist größer als der Klub und der Stolz, das Shirt zu tragen – ob nun im auf dem Platz, auf den Rängen oder daheim. Der Gedanke, dass man als Fan oder Spieler oder Freund einfach wirklich nie alleine geht«, sagte der Autor stolz.

Sein Liebling in der Mannschaft? Natürlich Steven Gerrard. »Weil er den Klub so liebt. Er ist in den besten Zeiten bei uns gewesen und in den schlimmsten«, schwärmt Green vom Kapitän. »Es gibt so viele großartige Spieler beim LFC, aber das gibt es nur ein- oder zweimal in einer Generation, dass man einen Spieler hat wie Stevie, der nur für einen Klub spielt. Wir hatten Glück, wir hatten auch noch Carra. Die wahren Legenden bleiben einfach und ihre Namen werden für immer gesungen werden. Stevie ist immer geblieben. Es war nicht immer leicht, doch er blieb.«

Wenn man ein »frischer« Liverpooler ist, kommt einem natürlich schnell Istanbul 2005 in den Kopf. Als schönster Moment. Aber nicht bei Green. Er denkt an etwas ganz anderes. »Natürlich, als bestes Spielerlebnis, aber meine größte Erinnerung habe ich an den 12. September 2012, als die neuen Untersuchungsberichte zu Hillsborough veröffentlicht wurden. Es war ein großer Schritt, dass endlich die Wahrheit ans Licht kam.« So konnte nun auch Green wieder ganz entspannt die Spiele verfolgen. Und vielleicht wird diese Erinnerung ja bald auch gegen eine sportliche ausgetauscht.

Und manche Fans kommen sogar über den großen Teich an die Anfield Road geflogen. So hat es zumindest Eric Vogel einmal gemacht, wie er der Vereinshomepage des LFC verriet. »Mit der Hilfe eines Fanklubs konnte ich Tickets für ein Spiel gegen Manchester United ergattern!«[145] Und dort hat er sich neu verliebt. Nicht in eine Frau, nein, seine Ehefrau war ja schließlich mit, nein, in die Stadt Liverpool. »Es ist eine Leidenschaft, die ich zuvor noch nicht gespürt habe«, erinnert er sich: »Ich habe in den USA viele Sportevents besucht, aber nichts davon kann mit dem mithalten, was ich am Mersey erlebt habe. Liverpool ist für mich nicht nur eine Mannschaft, es ist ein Lebensgefühl.«[146]

Wenn das ein Amerikaner sagt, muss es etwas bedeuten. Denn wer kennt nicht die verrückten Bilder, wenn eine Footballmannschaft spielt oder ein Basketballteam auf Korbjagd geht? Es ist ein Event, laute Musik spielt und die Unterhaltung ist auch abseits des Platzes oder Parketts bestens. Doch all das kann offenbar nicht anstinken gegen die Leidenschaft für den Liverpool Football Club.

Und die gibt es sogar in Brasilien. In Brasilien? Ja, auch dort, wo das schöne Spiel erfunden wurde, wo es unzählige Klubs und Plätze gibt, wird Liverpool geliebt und das Trikot mit Stolz getragen. »Dank der sozialen Medien haben wir viele Foren und können uns treffen, um die Spiele zu schauen«, erklärt der Fan Claudio Virginio: »Wir haben sogar eine eigene Site eingerichtet, um alle Fans in Brasilien mit News über den Klub zu versorgen.«[147] Nicht nur Fluminense, Flamengo oder Internacional haben in Brasilien viele Fans. Auch Liverpool hat sich im Land des Rekordweltmeisters breitgemacht.

Auch aus Asien finden Fans ihren Weg nach Liverpool. Sogar von den entfernten Philippinen, wo aber echte Fans beheimatet sind, wenn es auch nicht so viele seien wie in manch anderem Land Asiens, sagt Jo, Redakteurin einer Fanhomepage. »Ich wette aber, dass wir mit unseren Charaktereigenschaften des *bayanihan* (Zusammenbringen von Mitteln, um sich gegenseitig zu helfen) und der *pagpapahalaga sa pamilya* (die Bedeutsamkeit der Familie) richtige, echte Fans in diesem Land haben, die mit dem Verein durch dick und dünn gehen werden.«[148]

Aber nicht nur in Manila und anderen Orten auf den Philippinen wird der FC Liverpool gelebt und geatmet. Nein, auch in Thailand muss es den einen oder anderen Fan geben. Der Verein ist auch dort in den sozialen Medien vertreten und hat eine Facebook-Page allein für Thailand – verschiedene Kanäle gibt es auch in Brasilien, Neuseeland und noch in vielen anderen Ländern. Doch in Thailand hat es die Seite auf Facebook im Sommer das erste Mal unter die beliebtesten zehn Social-Media-Plattformen des Landes geschafft. Der Grund für den rasanten Anstieg ist simpel: Die Kommunikation erfolgt seit Monaten in der Landessprache. Natürlich wurde auch eine offizielle Liverpool-Homepage gelauncht und sie hat gar mehr Klicks und Fans als die Gegenstücke in Indonesien und China. In Bangkok haben die verschiedenen Plattformen gar mehr Fans als Liverpool Einwohner!

Ein besonderes Highlight war der Sieg Liverpools bei Manchester United im März 2014. Immerhin ein 3:0-Erfolg im Old Trafford, das war auch den Fans in Thailand nicht verborgen geblieben. Die Homepage der thailändischen Liverpool-Ausgabe hatte an jenem Tag mehr Interaktionen mit seinen Fans vor Ort als alle anderen 19 Klubs der Premier League. »Es ist unglaublich faszinierend«, so Jeerawan Duangnam Herriot, Thai-Homepage-Verantwortlicher und Social-Media-Manager des LFC. »Es unter die Top Ten zu schaffen ist eine unfassbare Errungenschaft, und hoffentlich wird es noch mehr, wenn die Saison wieder läuft.«[149]

Die Leidenschaft für den Verein ist in Thailand also einfach nur riesig. Seit es lokalisierte Nachrichten für die Fans vor Ort gibt, ist der Hunger nach noch mehr Nachrichten und Informationen kaum zu stillen, stellt Herriot begeistert fest. »Im Oktober 2012 war Thailand für Liverpool das viertgrößte Land bei Facebook – nach Großbritannien, Indonesien und Malaysia.«[150] Inzwischen ist Thailand die Nummer eins, einfach weil die News nicht mehr nur auf Englisch, sondern auch auf Thai gepostet werden. Über drei Millionen Fans sind es zum Zeitpunkt der Entstehung dieses Buches Ende Juli 2014. Die neue Saison hat zu diesem Zeitpunkt noch gar nicht begonnen, es werden also immer mehr werden. So die Prognosen.

»Das Beste sind aber nicht nur die Follower allein, sondern vielmehr, wie sehr sie den Klub unterstützen«, führt der Social-Media-Experte weiter aus. »Kein anderer Klub der Welt kann einen höheren Nutzwert auf Facebook – zumindest in Thailand – erzielen als der Liverpool Football Club.«[151]

Durch dick und dünn mit seinem LFC geht auch Plator Sllamniku, ein Fan aus Mazedonien, seit Jahren. Immer wieder müsse er sich anhören, dass der Klub im Vergleich zu anderen Vereinen ja kaum Titel hole, aber er erwidere dann einfach: »Darum geht es uns auch gar nicht. Natürlich würden wir uns über Titel und Pokale freuen, aber egal, ob man gewinnt, verliert oder unentschieden spielt, wir wählen den Liverpool Football Club. Es ist der Liverpool Football Club, der uns zusammenschweißt, nicht die gewonnenen Titel.«[152]

74. GRUND

Weil wir die besten Banner der Geschichte haben

Banner gehören in Stadien wie Fans. Oder wie die Gesänge der Fans. Dabei sind die Banner der Liverpooler so kreativ, witzig und vielsagend wie keine anderen. Eine kleine Auswahl:[153]

»Sami«

Einfach nur ein Banner mit dem Namen eines der wohl besten Verteidiger in der Geschichte des Klubs. Ein Name, das Konterfei von Sami Hyypiä vor einem roten Hintergrund. Fans spendeten für dieses Plakat und der Finne liebte es. Mehr kann man als Fan wohl kaum fordern.

»Wir sind nur auf ein Sandwich weggegangen«

Es gibt Hunderte Geschichten in den Straßen Liverpools, die von Fans handeln, die eigentlich nur ein Brot oder eine Milch kaufen oder eben ein Sandwich essen gehen wollten, dann aber für Tage nicht gesehen worden sind. Man kann es sich eben nicht vorstellen, Nein zu sagen, wenn man seine Kumpels auf dem Weg in den Supermarkt trifft. Wenn sie gerade auf Reisen gehen wollen, fährt man eben schnell mit. Und wenn die Familie eines LFC-Fans daheim wartet, muss sie eben Toast essen und Tee trinken.

»Kein Ticket,
wen interessiert's?«

Dieses Banner ist im Stadion natürlich schon paradox. Wenn man dort sitzt, dann hat man in den meisten Fällen schließlich auch eine Eintrittskarte. Doch nicht alle Fans reisen mit einer sicheren Karte zu den Auswärtsspielen. Und wenn man keine bekommt, dann reicht auch eine nette Bar mit Kumpels und erschwinglichem Bier.

»Siempre Es Posible«

Wann reicht schon ein Banner oder ein Fangesang, um den Trainer zum Bleiben zu überreden? Dieser Spruch sorgte dafür, dass Rafael Benítez im Frühjahr 2009 erneut bei Liverpool unterschrieb. Er bedeutet so viel wie »Es ist immer möglich«. Lange hielt die erneuerte Partnerschaft allerdings nicht. Nur ein Jahr später verließ Benítez den Klub und schloss sich Inter Mailand an.

»Wieder eine unglaubliche Nacht mit meinem Täubchen gehabt«

Immer wieder lustig, aber auf Deutsch bei Weitem nicht so wie im englischen Original. »Yet Another Amazing Night Out With My Bird« ist doppeldeutig, denn »bird« heißt in Liverpool einmal »Frau«, bezieht sich aber auch auf das Wappentier des Klubs, den »Liver Bird«.

»An alle Zuschauer in Blau und Weiß: So sieht ein Europäischer Pokal aus«

Auch hier ist das englische Original wieder besser, da es sich (jedenfalls im Dialekt vernuschelt) reimt: »For Those Of You Watching In Blue And White, This Is What A European Cup Looks Like«. Doch der Sinn erschließt sich auch auf Deutsch allemal: Wenn man in Europa unterwegs ist, muss man auch den Erzrivalen in der Heimat grüßen.

»Ihr seid immer in unseren Gedanken (96)«

Wenn man die Möglichkeit hat, sich dieses Banner näher anzuschauen, sollte man es unbedingt tun. Es erinnert natürlich an die Tragödie von Hillsborough, als 96 Liverpooler Fans in Sheffield starben. Doch bei diesem Banner ist die »96« aus allen Namen der Opfer zusammengefügt. Die Botschaft, dass diese 96 niemals vergessen sein werden, und das Detail, dass auch noch alle Namen auf dem Banner sind, machen es zu einem ganz besonderen.

»Joey hat die Froschbeine gegessen, die Schweizer Rolle gemacht und nun mampft er Gladbach«

Auch hier ist die Originalversion wieder nur unzureichend übersetzbar. »Mampfen« heißt auf Englisch »munching« und ähnelt dem Klang nach »Mönchen« im Namen Mönchengladbach. Gewidmet ist es Joey Jones, der erst gegen St. Etienne, dann gegen Zürich und am Ende auch gegen die Deutschen im Landesmeisterpokalfinale in Rom stark aufspielte. Als Jones dieses Plakat vor dem Finale gesehen hat, muss er sich wohl noch einmal größer gefühlt haben, als er eigentlich schon war. Geholfen hat es bekanntlich. Liverpool siegte 3:1.

75. GRUND

Weil das »This is Anfield«-Schild am Ausgang des Spielertunnels jedem Gegner Angst und Schrecken einflößt

Bayern München hatte es im unwichtigen Duell gegen Borussia Dortmund in der Saison 2013/14 mit »Meister«-Bannern versucht. Damit wollten sie deutlich machen, dass der BVB keine Chance mehr auf den Titel hatte, weil er nämlich beim Deutschen Meister 2014 antrat.

Liverpool hat sich ein anderes Zeichen ausgedacht. Als Bill Shankly 1959 Trainer der Reds wurde, hat er so manches verändert. Nicht nur, dass er das Team in die oberste englische Liga führte, mehrere Meisterschaften und den UEFA-Pokal gewann, auf ihn geht auch das berühmte Schild mit der Aufschrift »This is Anfield« zurück.

Kein Verweis auf die Meisterschaften oder einen großen bedeutenden Titel – von denen Liverpool genügend gewonnen hat – sondern einfach nur ein Schild, das verdeutlicht, wo man sich gerade befindet. Ein kluger Schachzug. Heute muss man sich das nur einmal vorstellen: Der Spielertunnel an der Anfield Road ist sehr eng. Nicht so großzügig wie in den neu gebauten Stadien wie der Allianz-Arena in München oder den WM-Stadien in Brasilien. Man steht sehr dicht beieinander, während man auf den Schiedsrichter und den Einmarsch wartet. Von draußen dröhnen die Fans unser Lied, im Spielertunnel steigt die Anspannung, und dann geht es raus auf den Platz. Der Spielertunnel wird immer enger, die

Treppenstufen runter zur roten Tür scheinen kein Ende zu nehmen, und dann ist da auch noch dieses Schild, gut sichtbar über dem Ausgang. Unweigerlich blickt jeder Gast darauf, wenn er die Stufen nicht blind oder rückwärts hinabsteigt.

Sofort wissen die Gegner, wo sie gelandet sind. Die Angst in den Knochen, die drohende Niederlage vor Augen. So hat es sich Bill Shankly einst gedacht, daher hat er dieses Schild anbringen lassen. Besser hätte man es wohl kaum machen können. Meisterschaften ändern sich, Pokalerfolge gehen in peinlichen Niederlagen nur wenige Jahre später unter, doch dieses Schild bleibt.

Jedes Mal, wenn unsere Reds hinaus auf das Feld gehen, dann berühren sie dieses Schild. Es bringt jedem, der es anfasst, Glück. Ob nun mit einem leichten Streicheln oder einem festen Schlag. Es bringt Glück, was sich in bisher sieben Spielzeiten ohne Heimniederlage widerspiegelt. Zudem mussten wir Fans nur drei Niederlagen am Stück ertragen – öfter verloren die Reds in Heimspielen nie nacheinander. Ein guter Schnitt!

Das Schild hat – wenn auch kaum nachweisbar – sicher den einen oder anderen Sieg vor den eigenen Fans begründet. Und dass das Meisterbanner, das Bayern München einsetzte, ihnen nicht geholfen hat, zeigte sich nach 90 Minuten an den schnell in die Kabine rennenden Stars. Soeben hatten die amtierenden Meister 2014 sang- und klanglos 0:3 gegen den Erzrivalen Borussia Dortmund verloren.

76. GRUND

Weil wir die schönsten Schals haben

Egal ob im Stadion oder daheim. Wer einen Schal um- oder einfach nur bei sich hat, ist seinem Verein gleich ein Stück näher. Und im Winter wärmt er dazu auch noch den Hals und schützt vor Erkältungen. Das perfekte Schal-Erlebnis hat man aber erst, wenn man einen Schal des FC Liverpool umhat – den schönsten von allen.

Ob nun mit »Liverpool Football Club«, »This is Anfield« oder ganz ohne Aufschrift, der rot-weiße Liverpool-Schal zeichnet sich durch sein schönes und klassisches Design aus. Keine großen Verschnörkelungen oder Verzierungen. Es gibt nichts Schöneres, als wenn die Mannschaft ihn als Zeichen an die Fans trägt oder die Anhänger die Schals im Stadion zu einem roten Meer vereinen.

Eine besondere Bedeutung hat der Schal übrigens seit April 2014. Kenny Dalglish, Legende und inzwischen in nicht exekutiver Tätigkeit beim Klub angestellt, hat vor dem 25. Jahrestag von Hillsborough sämtliche Profi-Klubs in England sowie die nationalen Verbände von Schottland, Wales und Nordirland um Schals gebeten. Was er damit vorhatte, blieb bis zur offiziellen Gedenkfeier geheim. Nur eines war sicher: Sämtliche Schals sollten anschließend an Bedürftige in Liverpool gespendet werden. Bei der Feier wurde schließlich offenbar, was der Klub geplant hatte: Die Schals aller Klubs stellten auf dem Feld eine 96 – die Zahl der bei der Tragödie verstorbenen Fans – dar. Ein Symbol der Einheit in den schlimmsten Stunden des englischen Fußballs.

Auch dieser Symbolhaftigkeit wegen gehört ein Schal für die Fans des LFC einfach dazu.

9. KAPITEL

VON LIVERPOOLER SOAPS, SCOUSERS UND ANDEREN SKANDÄLCHEN

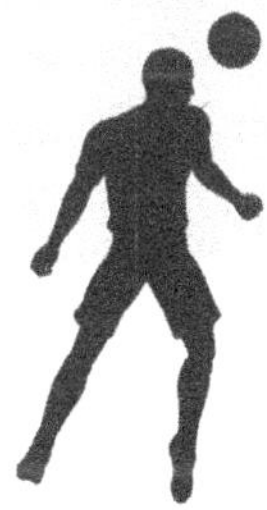

77. GRUND

Weil wir Soap-würdige Dramen haben

In Liverpool wurde über 21 Jahre lang die Soap *Brookside* gedreht. Sie spielte auch am Mersey und handelte von den sozialen Konflikten und Dramen des täglichen Lebens. Wie eine solche Serie eben nun einmal aufgebaut und konzipiert ist. Dabei hätte es auch gereicht, wenn man die Geschichte des FC Liverpool in einer Soap verarbeitet hätte.

Immer wieder kamen und gingen die großen Versprechungen. Ob es nun Tom Hicks und George Gillett waren, die aus dem Champions-League-Sieger 2005 eine Weltmarke machen wollten und damit grandios scheiterten. Das Nachspiel der Ära Hicks/Gillett waren ein Rechtsstreit und ein nicht gerade erfolgreich wirtschaftender Verein.

Neben den Investoren aus Übersee waren auch die Spielerkäufe nicht immer erfolgreich. So war zum Beispiel der Ukrainer Andrij Woronin zwar ablösefrei von Bayer Leverkusen gekommen, doch nach nur einem Jahr wieder zurück in die Bundesliga zu Hertha BSC geschickt worden.

Leider gab es in der Geschichte des Klubs auch die menschlichen Katastrophen, die es in einer Soap braucht. Als ob Heysel 1985 noch nicht schlimm gewesen wäre, musste vier Jahre später auch noch Hillsborough hinzukommen. Besonders schwer traf es Kenny Dalglish, der beide Katastrophen erlebte. Gegen Juventus stand er auf dem Platz, gegen Nottingham saß er auf der Bank. Später trat er auch wegen der schlimmen Erinnerungen daran zurück. Noch immer stecken diese beiden Schicksalsschläge in allen Herzen, die für den FC Liverpool schlagen.

Doch auch für das Lachen und Strahlen in den Gesichtern ist selbstverständlich gesorgt. Ob es nun die markigen Sprüche von Brendan Rodgers oder die Reden und Twitter-Posts von unserem

Besitzer John W. Henry sind, einen Lacher gibt es immer auf unserer Seite.

Aber auch für die Herzschlag-Finals können wir sorgen. Das beste Beispiel für ein Comeback innerhalb eines Spiels ist und bleibt wohl das Champions-League-Finale 2005 in Istanbul. Dann ist das Leben manchmal doch wie im Film. Oder eben Soap.

78. GRUND

Weil wir John W. Henry und vor allem seinen Twitter-Account haben

Als John W. Henry im Oktober 2010 den FC Liverpool kaufte, lag der Klub am Boden. Die Zeit von Tom Hicks und George Gillett war zwar endlich vorbei, doch die Zukunft war ungewiss. Dann kam aber der US-Amerikaner, der schon die Boston Red Sox zu einem starken Team gemacht hatte und mit dem Boston Globe ordentlich wirtschaftete. Die Hoffnung kam zurück und die Fans sind inzwischen zufrieden. Das liegt auch an seinem Twitter-Account.

Aber warum wollte ein Amerikaner den Klub kaufen, den zwei seiner Landsleute zu Grunde gerichtet hatten? Ganz einfach, wie Henry am 8. Januar 2014 in einer Rede in Boston erklärte. »Wenn wir gegen Manchester United spielen, schaut etwa eine Milliarde Menschen am Fernseher zu. Das sind neunmal mehr als beim Super Bowl«, erklärte der Unternehmer und erinnerte sich an die Rivalität vor seiner Haustür: »Die Beziehung ist wie jene zwischen den Red Sox und den Yankees.«[154]

Die Fans seiner beiden Klubs seien zu Beginn jedoch nicht auf einer Wellenlänge gewesen. »Als die Red Sox 2011 300 Millionen Dollar für Adrian Gonzalez und Carl Crawford ausgegeben haben, waren die Liverpool-Fans wütend, dabei hätten es jene in Boston sein sollen«, schmunzelt Henry. »Und als wir im selben Jahr

200 Millionen Dollar, das Gehalt nicht eingerechnet, für Fußballer ausgegeben haben, waren die Fans in Boston wütend, obwohl es eigentlich die in Liverpool hätten sein sollen.«[155]

Natürlich ist dies nur ironisch gemeint. Inzwischen sind beide Vereine auch auf eine gewisse Art und Weise zusammengewachsen. »Als Boston 2013 die World-Serie gewann«, erinnert sich Henry, »haben auch Fans des LFC gejubelt. Genauso war es in Boston, als die Reds Weihnachten 2013 die Tabellenführung übernommen hatten.«[156]

Doch auch die Stadien hätten einiges gemeinsam. »Beide spielen in den historisch bedeutsamsten Kathedralen des Sports. Anfield hat zwar 7.000 Sitzplätze mehr als das Fenway, doch man kann sagen, dass es etwas gemütlicher ist.«[157]

Henry hat das erste große Geld investiert und die Erfolge kommen langsam ans Tageslicht. Mit Brendan Rodgers spielt die Mannschaft einen modernen und ansehnlichen Fußball, die Anfield Road soll ausgebaut werden, und man merkt es dem Besitzer an, dass er den Fußballklub wirklich liebt.

Beweise? Hat er auf seinem Twitter-Account hinterlassen. Am 24. Juli 2013 zwitscherte er: »Was glaubt ihr, was sie drüben im Emirates rauchen?« Auf die Frage eines Fans, warum man denn nicht Wesley Sneijder von Galatasaray verpflichte, twitterte er nur: »Ich bin pleite.«[158] Und nach dem Sieg bei Manchester United März 2014 meinte er einfach: »Das Team des LFC liefert die spannendsten Fußballspiele.«[159]

Mit Henry als Besitzer scheint Liverpool auf dem richtigen Weg zu sein, das zeigt nicht nur der sportliche Erfolg, sondern auch die Langzeitplanung bezüglich der Stadionrenovierung und der Investitionen in den Kader. Wir können uns freuen, einen solchen Besitzer zu haben.

79. GRUND

Weil wir unsere ehemaligen Besitzer Tom Hicks und George Gillett selbst zum Weggang bewegt haben

Zugegeben, die Überschrift ist recht harmlos formuliert. Die Fans haben Tom Hicks und George Gillett nicht bewegt, sich aus Liverpool zu verabschieden, sie haben die beiden US-amerikanischen Geschäftsleute eher gezwungen. Und das war auch gut so.

Aber von Anfang an: Tom Hicks lebt in Texas und investiert sein Vermögen in Sportklubs. Zu seiner Holding gehörten zum Zeitpunkt der Liverpool-Übernahme bereits die Rangers (Baseballteam) und der traditionsreiche brasilianische Fußballverein Corinthians aus São Paulo. Dabei hätte man schon am Beispiel des Letzteren sehen können und sollen, dass ein Investment in einen Fußballklub nicht so sinnvoll ist. Dem Meister Brasiliens von 1998 versprach Hicks ein neues Stadion und eine neue, erfolgreiche Ära. Doch nur wenige Jahre sollte diese »Ära« dauern und ein Stadion gab es für die Paulistas auch erst mit der WM 2014.

Nichtsdestotrotz wollte Hicks noch einen Fußballklub kaufen und suchte sich den FC Liverpool aus. Nach Aston Villa und Manchester United waren wir der dritte Klub, der unter der Herrschaft eines US-Amerikaners stand. Die Fans waren natürlich nicht dumm und vom ersten Tag an misstrauisch, doch der neue starke Mann versprach: »Liverpool ist ein fantastischer Klub mit einer außergewöhnlichen Geschichte und einer leidenschaftlichen Fangemeinde. Wir wissen und akzeptieren die Einzigartigkeit der Historie und wollen sie in Zukunft auch respektieren.«[160]

Zur Erinnerung: Liverpool gewann kurz vor dem Einstig Hicks' 2007 die Champions League und den FA Cup, ähnlich wie Corinthians war es also ein erfolgreicher Klub. Doch kaum war Hicks angekommen, ging das Theater los. Die Mannschaft spielte noch gut, aber nicht mehr um Titel. Die versprochenen großen Investitionen blieben aus, der *Sunday Mirror* rechnete nach dem Ende von Hicks vor, dass es gerade einmal 25 Millionen Pfund gewesen sein sollen.[161] Zwar habe Hicks das eine oder andere Pfund für Spieler ausgegeben, aber eben auch eingenommen, sodass nicht von »großen Investitionen«, wie es angekündigt war, gesprochen werden kann.

Schnell rumorte es in der Fangemeinde, die Anhänger wollten Erfolge sehen, war der Klub doch zuvor auch nicht gerade schlecht aufgestellt gewesen. Doch Hicks und Gillett überwarfen sich mit den Fans und Coach Rafa Benítez trug das eine oder andere Gefecht mit dem von den Investoren beibehaltenen Generaldirektor Rick Parry aus. Der war seit 1998 im Amt, doch mit dem neuen Geld wollten die Fans eben auch neue Spieler sehen. Zudem sahen sie ihren Trainer nicht ausreichend von der Chefetage unterstützt.

Die Spielzeiten wurden enttäuschender und in der Saison 2009/10 reichte es nur zu einem siebten Platz, Benítez musste gehen. Doch im Jahr 2010 wurde auch der Kampf der Fans gegen Hicks immer rabiater. Einige bedrohten ihn persönlich, der Filmproduzent Mike Jefferies wählte einen anderen Weg. Er drehte den Film *Dear Mr Hicks*, in dem er Fans aus England und vom gesamten Planeten zu Wort kommen ließ. Sie machten klar, was der Klub für sie bedeutete und was sie von Hicks hielten. Er habe sein Wort gebrochen, sei »korrupt« und solle einfach »weggehen«.[162] *The Independent* schrieb dazu: »Das Potenzial dieser Stadt steckt darin, aus der Not heraus so etwas Wundervolles zu produzieren. ›Dear Mr Hicks‹ wurde online veröffentlicht und macht deutlich, dass er gehen solle. Zusammengefasst ist die Nachricht der Fans: ›Geh, und zwar schnell.‹«[163]

Die Worte in der Zeitung wurden just einen Tag, nachdem der Verein bekannt gab, dass der FC Liverpool wieder zum Verkauf stünde, geschrieben.[164] Schlussendlich wurde der Klub am 15. Oktober 2010 an die von John W. Henry geführte Fenway Sports Group verkauft. Steve Horner von der Fanvereinigung Kop Faithful erklärte umgehend: »Es ist wie eine Regenwolke, die über uns schwebte und nun weggeblasen wurde. Hicks und Gillett lassen nichts zurück außer Chaos.«[165] Und auch der Vorsitzende des Liverpool Supporters Club, Richie Pedder, ließ seiner Freude freien Lauf: »Es ist der Beginn einer neuen Zeit. Eine große Last wurde nun von den Schultern des Klubs genommen.«[166]

Der legendäre Tommy Smith (*The Anfield Iron*) schrieb in seiner Kolumne für die *Liverpool Daily Post*: »Seit heute sind sie nicht mehr im Klub, und ich bin so glücklich wie jeder andere Fan auch, der es verdeutlichte, dass wir die Schnauze voll hatten. Alles was sie wollten, war Geld zu machen. Sie wollten nicht den großartigsten Klub der Welt nach oben führen und sinnvoll investieren. Sie wollten sich nicht gut um den Klub kümmern.«[167]

Tom Hicks wollte noch gegen den Verkauf vorgehen und die gesamte Geschichte landete vor Gericht. Kurz nach dem Verlust des Klubs sagte Hicks in einem Interview mit der BBC: »Es lief etwas schief in der Kommunikation mit den Fans. Ich bin sehr traurig darüber.«[168] Er verklagte dennoch den einen oder anderen Verantwortlichen in Liverpool. Erst drei Jahre später wurden alle rechtlichen Schritte beendet. Hicks bekam kein Recht und schwamm selbst am Rande einer privaten Insolvenz.

Der neue Besitzer John W. Henry musste nun den Klub wieder aufrichten. Der Manager des FC Liverpool, Christian Purslow, sagte im September 2010, dass die hohen Schulden entstanden seien, »als der Klub gekauft wurde« und das Geld vor allem zur Bedienung der Kredite genutzt werden musste.[169]

Bei der Royal Bank of Scotland hatte der Klub zeitweise 237 Millionen Pfund Schulden. Ein Desaster für den Verein und seine Fans. Seit Henry das Sagen hat, geht es wieder aufwärts. Die Anfield Road wird saniert und ausgebaut.[170] Und dass Henry Titel kann, bewiesen seine Boston Red Sox 2007 und 2013, als sie die World Series im Baseball gewannen. Nur knapp zwei Jahre nach dem Kauf durch Henry konnten auch wir wieder einen Titel gewinnen. 2012 holten wir den League Cup, nachdem wir sechs Jahre lang ohne einen Erfolg bleiben mussten. Und auch im Jahr 2014 ist Liverpool auf einem guten Weg!

80. GRUND

Weil wir Scousers sind

Sir Alex Ferguson, langjähriger Trainer von Manchester United, war auf Pressekonferenzen oder bei TV-Interviews schwer zu verstehen. Der Schotte sprach einen heftigen Akzent aus seiner Heimat, der selbst für manch einen englischen Muttersprachler, in jedem Fall aber für einen Ausländer schwer zu verstehen war.

Doch was die United-Legende kann, können in Liverpool alle. Die »Scousers« genannten Einwohner haben einen eigenen Akzent, in der Selbstdarstellung ist es auch eine eigene Sprache. Fest steht, dass Scouse etwas ganz Besonderes, etwas Typisches für Liverpool ist und auch den Verein nicht unberührt lässt.

Im *Anfield Rap* wird dieser Akzent oder Dialekt oder die Sprache, je nachdem, wie man es hält, ein wenig auf die Schippe genommen. In den letzten Jahren der 1980er spielten nur zwei in Liverpool geborene Fußballer, John Aldridge und Steve McMahon, bei den Reds. Ihre Aufgabe sahen sie auch darin, den vielen Mersey-fremden Spielern ihre Sprache beizubringen.

So betonen die Scousers nicht nur anders – die verwendeten Tonhöhen unterscheiden sich enorm –, sie haben auch einen eigenen Wortschatz. Das *Liverpool Echo* hat die wichtigsten Ausdrücke zusammengetragen: Zigaretten heißen »ciggys« oder »bifters«, Bier ist bekannt als »bevvie« oder »ale«. Und das Geschäft, wo man beides kaufen kann, heißt nicht Off-Licence-Store, sondern »offie«. Und hat man sich verletzt oder muss auch mal ein Spieler ins Krankenhaus, dann liegt er nicht im »hospital«, sondern befindet sich im »ozzy«.

Ist ein Scouser verheiratet, dann hat er einen »bird« oder eine »queen« daheim und kein »wife«. Umgekehrt wird ein Mann gern als »lad« oder »auld fella«, aber auch als »mate« bezeichnet, wobei Letzteres auch in Australien zuhauf verwendet wird. Neben den

Worten zeichnet das Scouse aber auch die starke Akzentuierung aus.[171]

Den Ursprung dieses Dialekts sehen viele Wissenschaftler in der Geschichte Liverpools als Hafenstadt begründet. Matrosen und Seefahrer aus ganz England und aller Welt trafen sich in Liverpool. Sie ließen sich am Mersey nieder und die Sprachen vermischten sich. Das Worte »Scouse« kommt jedoch von einem skandinavischen beziehungsweise norddeutschen Seefahrergericht. Kommt man in ein feines Lokal in Hamburg oder Kiel, kann man auch heute noch Labskaus bestellen. Klassisch wird dazu gepökeltes Rindfleisch in Wasser gekocht, mit Roter Bete, Salzgurken, Zwiebeln und Matjes verfeinert und durch einen Fleischwolf gedreht. Durch die Zutaten, die lange haltbar sind, war es ein typisches Gericht für Matrosen.

Bedeutsam ist aber auch, dass Scouse nicht typisch für die Region am Mersey ist, sondern wirklich nur für Liverpool selbst. In den Grafschaften rundherum wird wieder anders gesprochen. Und selbst innerhalb der Stadt lassen sich Unterschiede zwischen Norden und Süden erkennen.

Aber die Sprache ist mehr als nur »Nicht-Englisch«, sie ist ein Lebensgefühl. An der Anfield Road wird regelmäßig mit einem Plakat daran erinnert, dass man »kein Engländer, sondern ein Scouser« sei. Das spiegelt sich auch in der Unterstützung der Three Lions wider. Da in der Historie des LFC die großen Spieler des Klubs selten auch große Nationalspieler waren, hat sich eine gewisse Abneigung entwickelt, die noch immer zu spüren ist. Jamie Carragher vergaß nie zu betonen, dass der Klub über allem stünde und ihm das Nationaltrikot nicht sehr viel bedeute.

81. GRUND

Weil bei uns alles billig begann und enorm teuer wurde

Angefangen hat alles im ganz Kleinen. 35 Pfund für William Dunlops Talent. Immerhin waren diese hervorragend investiert, spielte der Verteidiger doch 14 Jahre lang für den Klub und lief 325-mal im Reds-Trikot auf.

Den ersten Spieler für mehr als 1.000 Pfund kaufte Liverpool ausgerechnet vom Rivalen Manchester United. Für 2.800 Pfund unterschrieb 1921 Fred Hopkin bei den Reds. Das erste Mal mehr als 10.000 Pfund gab der Klub erst nach dem Zweiten Weltkrieg aus. An Newcastle United flossen im Mai 1946 12.000 Pfund für die Unterschrift von Albert Stubbins.

Dann dauerte es noch einmal 20 Jahre, bis die nächste große finanzielle Hürde übersprungen wurde. Erst im September 1968 für Alun Evans, dann 24 Monate später für Legende John Toshack, der 110.000 Pfund kostete. Die Klubikone und der wohl beste Spieler, der je das Trikot der Reds trug – Kenny Dalglish –, kostete im August 1977 immerhin 440.000 Pfund Sterling. Dass dieses Geld mehr als nur hervorragend investiert worden war, zeigt ein Blick auf die erfolgreichen Jahre mit ihm als Spieler und Trainer.

Als erster Ausländer brach Craig Johnston den Klubrekord. Im April 1981 kam er für 575.000 Pfund an die Anfield Road. Ein wichtiger Bestandteil der später im Jahrzehnt so erfolgreichen Angriffsreihe war Peter Beardsley. 1987 waren seine Tore dem Klub immerhin fast zwei Millionen Euro wert. 59 Treffer lieferte er dafür in 175 Auftritten.

Ein neues Angriffsduo formten in den 1990er-Jahren Robbie Fowler und Stan Collymore. Letztgenannter setzte mit 8,5 Millionen Pfund einen neuen britischen Transferrekord, als er nach Liverpool kam. Seitdem kosteten Emile Heskey und ein paar andere gute Bekannte mehr.

Heskey, der vor allem während seiner Anfangszeit beim LFC beeindruckte, kostete zu Beginn des Jahrtausends elf Millionen Pfund. Djibril Cissé, mit großen Hoffnungen zum FC Liverpool gekommen, war dem Klub immerhin 14,5 Millionen Pfund wert. Zurückgezahlt hat es der Franzose nie so wirklich. Die Fans waren vor allem von seinen wechselnden Haarfarben begeistert, die Zahl seiner Tore überzeugte weniger.

Ganz anders machte es da Fernando Torres, der über 20 Millionen Pfund kostete und in 142 Spielen 81 Tore machte. Nicht nur, dass er seine Ablösesumme so zurückzahlte, vielmehr investierte Chelsea ganze 50 Millionen Pfund in seine Dienste und ließ ihn so zum teuersten Spieler werden, den Liverpool jemals verkaufte.

Diesen Rekord brechen könnte Luis Suárez. Der Uruguayer hat eine noch junge, aber sehr erfolgreiche Karriere im Liverpooler Trikot hinter sich. Gejagt wird er seit der WM 2014 von den großen Klubs des Kontinents, die bereit sind, viel Geld zu bezahlen.

Viel Geld hat Liverpool auch einmal für Andy Carroll ausgegeben. Die 35 Millionen Pfund, die sie an Newcastle überwiesen, erwiesen sich jedoch als verbranntes Geld. Die lediglich elf Tore in 58 Spielen konnten die hohe Ablöse nicht rechtfertigen. Inzwischen steht Carroll nicht mehr bei Liverpool unter Vertrag. Nur kurz nach seiner Verpflichtung wurde er an West Ham United verliehen und steht dort seit 2013 fest unter Vertrag. Immerhin bekam Liverpool noch etwas mehr als 15 Millionen Pfund für ihn.

82. GRUND

Weil wir Transferrekorde aufstellten

Heute werden Spieler für zig Millionen von einem Verein zum anderen transferiert. Vor ein paar Jahren war das noch ganz anders. Vor ein paar Jahrzehnten sogar fast unvorstellbar, für wie viel Geld ein Spieler zu einem anderen Verein gehen konnte. So war auch der erste Wechsel beim FC Liverpool noch recht »billig«. Für 50 englische Pfund ging der damalige Topstürmer George Allan im Mai 1897 zu Celtic Glasgow. Heute wäre er mehrere Millionen Euro wert, hatte er doch in 49 Spielen sagenhafte 41 Tore gemacht.

Der erste Liverpooler Meisterkapitän Alex Raisbeck verließ den Klub im September 1909 für 500 Pfund Sterling. Insgesamt war er elf Jahre bei den Reds und ist seit 2002 auch Mitglied der Hall of Fame. Der ersten Transfer, der die 1.000er-Marke überschritt, war jener von Sam Hardy. Der legendäre englische Schlussmann ging 1912 für 1.500 Pfund zu Aston Villa. Er war auch der teuerste Spieler, der zu diesem Zeitpunkt im Klub unter Vertrag stand. 500 Pfund hatte er den LFC gekostet …

Robert Priday setzte nach dem Zweiten Weltkrieg mit 10.000 Pfund eine neue Bestmarke für den Verein, die immerhin zwölf Jahre anhielt. Der Schotte James Harrower verließ den Mersey im März 1961 für 15.000 Pfund in Richtung Newcastle. Vom heutigen Rekord war er damals dennoch weit entfernt.

Das erste Mal den 100.000er-Erlös überschritten hat der Verkauf von Larry Lloyd. Ganze 240.000 Pfund brachte er dem Klub ein. Kevin Keegan sorgte wenig später für einen neuen Rekord. Als er 1977 zum Hamburger SV wechselte, mussten die Norddeutschen eine halbe Million Pfund überweisen und sorgten auch für den ersten Transferrekord eines Liverpool-Spielers zu einem nicht-britischen Klub.

In astronomische Höhen stiegen die Einnahmen schließlich Ende der 1980er-Jahre. Ian Rush ging für 3,2 Millionen Pfund zu Juventus Turin. Bis eine neue Bestmarke gesetzt werden sollte, verging dann mehr als ein Jahrzehnt. Erst im neuen Jahrtausend zeichneten die knapp 13 Millionen Pfund für Robbie Fowler 2001 eine neue Bestmarke, die allerdings nicht lange hielt. Robbie Keane sorgte sieben Jahre später für einen neuen Rekord. Erst kam er für 20 Millionen Pfund von Tottenham, dann verließ er die Reds wenige Monate später wieder für die Spurs. Die 16 Millionen Pfund, die der Verein noch einnahm, machten den Fehleinkauf etwas erträglicher. An die unglaublichen Summen für Xabi Alonso und Fernando Torres kommt er jedoch bei Weitem nicht heran.

Beide Spanier gingen für insgesamt 80 Millionen Pfund zu ihren neuen Klubs. Während sich der Mittelfeldstratege Alonso nach einem Streit mit dem damaligen Trainer Rafa Benítez für Real Madrid entschied, wechselte Fernando Torres zum wohlhabenden Londoner Klub Chelsea. Wird Alonso von der Kop noch immer wie ein Held verehrt – er war maßgeblich am Champions-League-Titel 2005 beteiligt –, wird Stürmer Torres nicht mehr gern gesehen. Während seiner Zeit wurde er umjubelt, erreichte die 50-Tore-Marke des Klubs schneller als jeder andere und traf 81-mal in 142 Spielen. Doch seinen Abgang zu den Blues verbinden die Fans heute mit dem Interesse am Geld. Eine Rückkehr haben sie sich von Alonso oft gewünscht, von Torres nicht mehr.

83. GRUND

Weil unser Heimtrikot das schönste der Welt ist

Weltweit gibt es viele schöne Heimtrikots. Ganz klar. Und jeder Fan wird sagen, dass das von seinem Klub das schönste ist. Aber es gibt nur eines, das *wirklich* das schönste ist: das rote Trikot des FC Liverpool, das an der Anfield Road stets getragen wird.

Dabei sah das Trikot zu Beginn des FC Liverpool ganz anders aus. Da der Klub aus dem FC Everton hervorging, entsprachen auch die Trikotfarben dem Stadtrivalen. Hellblau-weiß gestreiftes Shirt, dazu dunkelblaue Hosen, in diesem Dress lief das Team bis 1896 auf. Dann kamen die Verantwortlichen auf die Idee, die Farben der Stadt in das Trikot zu übernehmen, und die Mannschaften spielten von nun an in roten Shirts und weißen Hosen.

Doch erst Bill Shankly sollte die Reds zu den Reds werden lassen. Als er sein Amt antrat, entschied er 1965, man möge doch das gesamte Outfit in Rot halten. »Wir haben die Farbe gewechselt und es war fantastisch«, erinnerte sich der Trainer später. »Die Einführung des vollständig roten Trikots hatte auch einen psychologischen Effekt. An diesem Abend sagte ich meiner Frau: ›Ich war heute in der Anfield Road und das erste Mal schien ein echtes Feuer zu brennen.‹«[172]

Auch der damalige Spieler Ian St. John erinnerte sich später in seiner Autobiografie an die Einführung des roten Trikots.

»Eines Tages kam [Shankly] in die Umkleide und warf ein paar rote Hosen zu Ronnie Yeates. ›Zieh die an‹, sagte er ihm. ›Oh mein Gott, du siehst toll aus, Furcht einflößend und gleich ein paar Köpfe größer.‹ Ich schlug vor: ›Warum tragen wir nicht alles in Rot. Warum nicht auch noch rote Stutzen?‹ Shankly stimmte zu und so war ein legendäres Trikot geboren.«[173]

Gesagt, getan. Seitdem gibt es eine Farbe, die die Anfield Road regiert. Seitdem gab es unzählige Erfolge in Rot und nicht wenige Gegner sahen in Liverpool rot. Auf jedem Trikot wird auch der 96 Hillsborough-Opfer gedacht.

Der Klub sorgte in den 1970er-Jahren nicht nur für sportliche Erfolge auf der Insel und in Europa, sondern auch für ein Novum in der englischen Trikotgeschichte. Der japanische Elektrotechnikriese Hitachi prangte als erstes Unternehmen auf der Brust eines Premier-League-Teams. Seitdem warben verschiedenste Konzerne auf der roten Brust. Aktuell ist es die Bank Standard Chartered, die 2010 die Brauerei Carlsberg ablöste. Die war 18 Jahre lang auf dem Trikot verewigt gewesen und zierte auch in Istanbul 2005 die Front.

84. GRUND

Weil unsere Auswärtstrikots kreativ, merkwürdig, aber dennoch liebenswert sind

Man sieht es immer wieder. Merkwürdige Trikots. Ob es nun rosafarbene Torhüter-Trikots oder andere – vorsichtig gesagt – interessante Outfits sind. Jedes Team hat mindestens einmal eine modische Sünde auf dem Platz getragen. Liverpool scheint hier jedoch ein bisschen weiter zu sein als mancher Konkurrent.

Lange Zeit waren die Trikots gelb oder weiß mit schwarzen Hosen. Aber es gibt immer wieder Ausnahmen. Allein die abgelaufene Saison stellte im Vergleich zu den wunderschönen roten Heimtrikots eine modische Sünde dar. Oben weiß, fließt die Farbgebung des Shirts langsam in Schwarz über und verbindet es so mit der Hose. Ein bisschen Gelb und Rot ist auch im Trikot zu finden. Nicht wunderschön, aber noch lange nicht das Schlimmste. Viel schlimmere Kombinationen waren im Verlauf der Jahre gestreifte Trikots in unsäglichen Farben wie Grau und Grün. Auch ein Karomuster gab es zu sehen.

Die Designer der Trikots ließen sich einiges einfallen, aber komischerweise ist es immer nur dann merkwürdig und nahezu hässlich, wenn es an die Auswärtstrikots geht.

85. GRUND

Weil die weißen Anzüge der Spice Boys so schlimm waren, dass sie fast schon wieder cool waren

Es gibt nicht viel, dessentwegen man sich an das Pokalfinale 1996 erinnern müsste. Es ging gegen den Erzrivalen Manchester United und es ging auch noch verloren. Das Auswärtstrikot war natürlich nicht entscheidend. Es waren wohl eher die weißen Anzüge. Sie waren schlimmer als jedes Auswärtstrikot in der Geschichte des Klubs. (Und davon gab es ja doch das eine oder andere, wie im Grund zuvor beschrieben wurde.) Vor Anpfiff machte sich das Team in weißen beziehungsweise cremefarbenen Anzügen auf den Weg auf das Feld. Als ob das nicht schon schlimm genug gewesen wäre, trugen sie dazu babyblaue Hemden, rot-weiß gestreifte Krawatten und eine blaue Blume im Revers. Modisch sehr gewagt, das mussten alle Fans zugeben.

Dumm nur, dass natürlich auch die Fans von Manchester United die Anzüge sahen. Liverpools Keeper David James modelte damals für Armani und hatte dafür gesorgt, dass seine Teamkollegen dieses Outfit ausführten. Zum Vergnügen der gegnerischen Fans und natürlich Sir Alex Fergusons.

Der sollte später einmal schreiben, dass jene Mannschaft Liverpool »talentiert«, aber bei Weitem nicht so professionell wie Manchester United gewesen sei. »Sie kamen mit schockierenden Anzügen zum Finale. Es sah so aus, als ob sie die mehr Zeit beim Schneider als bei der Vorbereitung aufs Spiel zugebracht hätten«, schrieb Ferguson in der *Mail on Sunday*.[174] Der Lifestyle der damaligen »Spice Boys« war sogar Thema in den Mannschaftsbesprechungen Uniteds: »Spielt einfach den Ball in Richtung deren Tor, denn David James wird eh damit beschäftigt sein, Giorgio Armani in der VIP-Lounge zuzuwinken.«[175]

Er hat nicht die ganze Zeit gewunken. Verloren haben wir das Spiel dennoch. Und es gab noch mehr Geschichten rund um die Spice Boys …

86. GRUND

Weil die Spice Boys immer für Gesprächsstoff sorgten

Der moderne Fußball kennt nicht nur Tiki-Taka und das schnelle Umschaltspiel, sondern auch den modernen Fußballer. Oder besser gesagt den modernen Fußballstar. Ob nun Cristiano Ronaldo oder auch Zlatan Ibrahimović. Sie alle beeindrucken durch ihr Können, aber mindestens genausoso sehr auch durch ihr Auftreten. In Liverpool gab es Mitte/Ende der 1990er-Jahre gleich einen ganzen Haufen solcher Stars. Die »Spice Boys«, wie sie liebevoll-spöttisch genannt wurden, lebten am Mersey.

Jedoch war keiner aus dieser Gruppe mit einem solchen Talent wie der Schwede oder CR7 gesegnet. Die Hauptrollen spielten damals Jamie Redknapp, David James, Steve McManaman, Robbie Fowler und Jason McAteer. Teilweise mit von der Partie waren auch Stan Collymore, Phil Babb, Neil Ruddock, Dominic Matteo, Patrik Berger, Rob Jones, Paul Ince, John Scales und Michael Owen.

Den ersten denkwürdigen Auftritt dank der Spice Boys hatte die Elf im FA-Cup-Finale 1996. Damals modelte David James für Armani und besorgte all seinen Teamkollegen einen cremefarbenen Anzug. Den Gegner freute es, Liverpool verlor.

In der folgenden Zeit gab es dann noch verschiedene Schlägereien in Nachtklubs und teure Partys. Die Spieler machten damals den Eindruck, dass ihnen ihr Ferrari oder der nächste Werbevertrag um Einiges wichtiger waren als die Belange des Klubs. Die Spielweise der damaligen Mannschaft war nicht schlecht, Robbie Fowler sorgte für viele Tore, aber richtig angesehen waren sie durch ihre Eskapaden eben auch nicht. Sie ärgerten ihre Teamkollegen, diskutierten über die Preise ihrer Kleidung und äußerten sich auch schon einmal unglücklich in der Öffentlichkeit.

McManaman wollte in einem Interview mit dem Magazin *FourFourTwo* aus dem Jahr 2009 von den ganzen Problemen nicht mehr viel wissen. Die Gruppe habe aus bis zu neun Leuten bestanden und die Presse habe die Personen »nach Lust und Laune« ausgetauscht. »Es war nicht fair«, sagte er. »Als wir Dritter wurden, mussten wir herbe Kritik einstecken. [...] Die Leute sahen, wie wir lachten und scherzten, und dachten, uns wäre es egal, wo wir stehen. [...] Wenn man heute Dritter wird, sind alle aus dem Häuschen, alle sind dann total begeistert, weil man sich für die Champions League qualifiziert hat.« Viele seiner Teamkollegen hätten ihm »leidgetan«. »Unter Roy Evans haben wir fantastischen Fußball gespielt«, verteidigte McManaman sich weiter, »nur weil einige junge Kerle dabei waren, die manchmal ihren Spaß hatten, verstanden es die Leute gleich falsch.«[176]

Heute arbeiten einige von ihnen in der Nachwuchsabteilung des Vereins. Cheftrainer Brendan Rodgers höchstpersönlich hat darauf bestanden.

87. GRUND

Weil wir auch schöne Anzüge haben

Ja, es stimmt. Diese cremefarbenen Anzüge vom FA-Cup-Finale 1996 waren wirklich Geschmackssache. Ob nun Armani darauf stand oder nicht. Die Belustigung des Gegners ist damals in jedem Fall gelungen und bedanken können wir uns auch Jahre später noch bei David James. Aber sonst sehen die Spieler in Anzügen einfach klasse aus. Ob nun Kapitän Steven Gerrard, der bei der Platzbegehung in feinem Stoff den Rasen begutachtet, oder auch ein Daniel Agger, der trotz seiner Tausenden Tattoos darin eine gute Figur macht. In den Anzügen, die Liverpool ihnen zur Verfügung stellt, sehen alle Spieler klasse aus.

Ob nun ein großer Haudegen Sami Hyypiä oder Jamie Carragher, ob ein beißender Luis Suárez oder der feine Tänzer Daniel Sturridge.

Liverpool weiß, wie man sie einzukleiden hat. Und sie haben natürlich auch aus dem »Anzug-Gate« 1996 gelernt. Welche Mannschaft kommt auch mit weißen Anzügen zu einem Pokalendspiel. Nun ja, es waren die Reds aus Liverpool. Aber Fehler sind bekanntlich dazu da, gemacht zu werden. Und um daraus zu lernen. Seitdem gab es nur noch schicke Anzüge und keine weißen mehr. Egal, was David James dazu zu sagen hatte. Weiße Anzüge wird es an der Anfield Road nicht mehr geben.

88. GRUND

Weil wir einfach alles dem Bier zu verdanken haben

Natürlich ist jedem Fan die Carlsberg-Werbung auf der Brust von Steven Gerrard und Co. in Erinnerung. Lange Jahre sponserte der Bierhersteller den Verein. Aber nicht erst seitdem sind wir dem Gerstensaft eng verbunden.

Vielmehr sind wir es seit der Gründung unseres Vereins 1892. Alles fing mit dem späteren Lord Mayor of Liverpool, John Houlding, und dessen Brauerei an. Der windige Geschäftsmann bot dem neuen Klub FC Everton sein eigenes Hotel und einen Platz ganz in der Nähe zum Fußballspielen an. Der Klub freute sich erst, doch mit der Zeit wurde die Miete für die Anfield Road zu hoch.

Erst wollten Mieter und Vermieter gemeinsam eine Lösung finden, Houlding schlug die eine oder andere Idee vor, doch zufrieden waren die Mitglieder von Everton keinesfalls. Sie rochen Geldmacherei und suchten sich prompt einen anderen Platz, weiter nördlich im Stanley Park – heute heißt die Spielstätte Goodison Park.

Nun hatte Houlding selbst ein Problem. Immerhin hatte er einen schönen und perfekt zu bespielenden Platz, aber leider keinen Klub mehr. Also musste eine Lösung her. Die einzige war, einen eigenen Fußballklub zu gründen. So entstand 1892 Everton Athletic. Die

Football Association, also der englische Verband, erlaubte jedoch keinen weiteren Verein aus Everton mit »Everton« im Namen. Also wurde er umbenannt in Liverpool Football Club.

Unsere großartige Geschichte begann einst also auch irgendwie mit Bier. Fünf Jahre nach der Gründung wurde John Houlding dann zum Lord Mayor of Liverpool gewählt. Seine Ideen setzte er fortan in der Politik um.

89. GRUND

Weil der Mersey durch Liverpool fließt und die Lebensader unserer wundervollen Stadt ist

Der Hafen von Liverpool, die Docks: ein wundervoller Ort! Nicht viele Orte sind schöner, und verantwortlich für seine Schönheit ist der Mersey, ebenso wie für den gemalten Blick vom Fluss auf das Stadtzentrum der Hafen- und Handelsmetropole Liverpool.

Die Stadt lebt natürlich durch den Fußball und die beiden großen – der LFC ist selbstverständlich um Welten größer als Everton – Klubs. Aber auch der Mersey ist lebenswichtig für die Scousers. Gerry & the Pacemakers sangen schon 1964 *Ferry Cross the Mersey* und sogar eine ganze Musikrichtung aus Liverpool, der Mersey Sound beziehungsweise Beat – deren bekannteste Vertreter sind natürlich die Beatles. Dass das übergeordnete County auch noch den Fluss im Namen trägt, rundet das Ganze nur noch ab.

Inzwischen ist der Fluss – nach großen Verschmutzungsproblemen als Folge der Industrialisierung – »einer der saubersten Flüsse im Vereinigten Königreich«.[177]

Nach dem Verlust als Handels- und Hafenmetropole – weil es plötzlich einen direkten Wege nach Manchester gab und so die Händler ihre Textilien direkt absetzen konnten –, stiegen die Arbeitslosenzahlen in den 1970er-Jahren rasant an. Heute gibt es auf der einen Seite ein großes Dienstleistungsgewerbe und auf der anderen Seite Banken und den Tourismus. Dennoch ist die Stadt noch immer eine der ärmsten in England. Der Fußball steht dabei immer wieder als Anker für die Menschen im Vordergrund.

90. GRUND

Weil John McKenna ein Visionär war

Der erste Trainer ist immer besonders. Nicht nur junge Spieler sagen dies, auch für einen Klub ist der allererste Coach, der bei dem allerersten Spiel in der Vereinsgeschichte auf der Bank saß, etwas ganz Besonderes. Als John McKenna am 1. September 1892 seine Mannschaft beim 7:1 gegen Rotherham Town das erste Mal in Aktion sah, hatte der Trainer und Sekretär des Vereins schon ganz andere Pläne.

Der ganz passable Rugbyspieler McKenna hatte beste Kontakte zu allen möglichen Fußballvereinen in England und Schottland – die besten Spieler kamen also auch schnell zum Liverpool Football Club. Bereits nach der allerersten Saison stellte er 1893 bei der Football League den Antrag auf Aufnahme in den Ligabetrieb. Im Klub wusste damals niemand von seinem Vorhaben. Es misslang auch.

Erst nach einem 2:0-Sieg gegen einen Vorgängerverein von Manchester United 1894 wurden die Reds dann doch für die Liga zugelassen. Bekannt war der Verein damals für seinen Kampfgeist und auch dieser war ein Grund für die ersten gewonnenen Meisterschaften kurz nach der Jahrhundertwende. McKenna war damals schon ein sehr angesehener Funktionär im englischen Fußball. In verantwortungsvoller Position beim Ligaverband und später auch noch als Vize-Präsident der Football Association.

Nach mehr als 40 Jahren in den Diensten des Vereins verstarb McKenna im März 1936. Wie nach dem Tor von Klubgründer John Houlding 1902 wurde auch McKennas Sarg von drei Liverpoolern und drei Spielern des FC Everton durch die Stadt getragen. Der damalige Everton-Boss William Charles Cuff schrieb: »Er wird immer in unseren Erinnerungen sein. Furchtlos, offen und absolut ehrlich, er wurde nicht ohne Grund ›Honest John‹ genannt. Die Fußballwelt trauert.«[178] Noch heute erinnert im Foyer an der Anfield Road eine Gedenktafel an die großen Verdienste des ersten Trainers des Liverpool Football Club.

91. GRUND

Weil allein Daniel Agger ausreichend Tattoos für die gesamte Mannschaft hat

Daniel Agger ist Däne. Danish Dynamite hat er vielleicht in den Knochen, aber auf der Haut trägt er Tattoos, die für die gesamte Mannschaft reichen würden.

Auf dem Rücken trägt er Bilder von einem Friedhof und von Wikingern. Auch auf seinem rechten Oberarm hat er die Krieger seiner skandinavischen Heimat verewigt. Neben den Wikingern auf seinem Rücken, die die gesamte Fläche bedecken, hat er sich auch für das Motto »Mors certa, hora incerta« entschieden. Auf Deutsch heißt es: »Der Tod ist gewiss, nur die Stunde des Todes ist es nicht.« Dieser Spruch zusammen mit seinem Geburtsdatum formt unterhalb seines Nackens ein Memento mori.

Hinzu kommt noch eine Kette, die er um den Hals trägt – natürlich auch mit Farbe unter die Haut gespritzt. Auch seine Arme sind tätowiert, ebenso wie die Finger seiner rechten Hand. Als es im Jahr 2012 immer wieder Gerüchte um einen baldigen Abschied des Verteidigers gab, entschloss er sich dazu, die Buchstaben »YNWA« auf die Finger seiner rechten Hand tätowieren zu lassen. Die Abkürzung für »You'll Never Walk Alone« sollte seine Verbundenheit mit dem Klub bekräftigen.

Zudem ist Agger selbst ausgebildeter Tätowierer und könnte seinen Teamkollegen den einen oder anderen Pokal stechen.

Natürlich kann er neben den ganzen bunten Bildern auf seinem Körper auch Fußball spielen. Seit 2006 kickt Daniel Agger für den FC Liverpool und seit Sommer 2013 ist er auch Vize-Kapitän, nachdem Jamie Carragher seine Karriere beendet hat. Für seine Heimat läuft er ebenso auf und führt Dänemark als Mannschaftsführer auf das Feld. Tattoos stören ihn dabei nicht – und die Binde ist auch stets übergestreift und nicht gestochen.

92. GRUND

Weil auch wir Djibril Cissés Haare genießen durften

Du hast die Haare schön – ein Partyschlager vom Friseurmeister und Sänger Tim Toupet. Treffend auch für den Franzosen Djibril Cissé, der seine Haarfarbe noch öfter wechselte als seine Arbeitgeber.

Gefühlt jede Woche kam er mit einer neuen Farbe oder Frisur auf den Platz. Ob nun bunt oder ganz weiß, er überraschte immer wieder. Mal waren sie komplett weiß, dann wieder nur die Spitzen. Oder an den Seiten abrasiert oder die Spitzen bunt. Mal war auch sein gesamter Bart weiß gefärbt, mal nur die Haare. Auch Schwarz probierte er schon einmal aus. Zusammen mit den unzähligen Tattoos auf seinem Körper rundeten sie das merkwürdige, aber auch besondere Bild des Stürmers ab.

Dieses verrückte Bild konnte Cissé sich aber auch leisten, zeigte er doch starke Leistungen im Trikot des FC Liverpool. Sein Manko war aber, dass er nie zu einer echten Konstanz fand. Zu Beginn traf er in 15 Spielen immerhin dreimal in des Gegners Kasten, erlitt jedoch gegen die Blackburn Rovers einen Schien- und Wadenbeinbruch. Wie es das Schicksal so wollte, hatten sich ein Jahr zuvor

Jamie Carragher und Milan Baroš im Spiel just gegen den gleichen Gegner ein Bein gebrochen.

Während es bei seinen beiden Teamkollegen relativ schnell ging, wurde bei Cissé gleich der Teufel an die Wand gemalt. Ein behandelnder Physiotherapeut sprach von rund neun Monaten, dem Saison-Aus oder gar einer Pause von bis zu 18 Monaten.[179] Ja sogar seine Karriere stand kurzzeitig auf dem Spiel, doch zum Glück bekam er sofort die richtige Versorgung.

Da Cissé hart an sich arbeitete, feierte er schon im Viertelfinalrückspiel der Champions League gegen Juventus Turin sein Comeback. Nach rund einem halben Jahr war der Stürmer wieder fit. »Ich habe mir schon Gedanken gemacht, ob ich mein altes Level erreichen würde«, gab der pfeilschnelle Cissé zu, »aber in den Tests war ich derjenige, der am höchsten sprang und am schnellsten rannte. Keiner bei Liverpool kann mich schlagen. Djibril ist zurück!«[180]

Im Finale in Istanbul schoss er schließlich auch einen Elfmeter und sicherte seinem Team so den Titel. Eine echte Konstanz seiner Leistungen mochte sich dennoch nicht einstellen und Rafael Benítez zeigte sich immer wieder unzufrieden mit seinem Schützling. Er arbeite nicht ausreichend genug für die Defensive, kritisierte der Spanier. Cissé änderte sein Spiel nicht und ein Abschied rückte immer näher. Im Juli 2006 wechselte er zurück nach Frankreich, obwohl er wieder mit einem Beinbruch verletzt im Krankenhaus lag. Während eines Länderspiels zog er sich erneut eine Fraktur zu, die aber nicht so schlimm war wie jene aus dem Spiel gegen Blackburn.

Auch heute spielt er nach sechs weiteren Stationen innerhalb von acht Jahren wieder in seiner Heimat. Seit Januar 2014 steht Cissé beim Sporting Club de Bastia auf der Insel Korsika unter Vertrag. Seine Haare sind weniger, aber nicht weniger verrückt.

10. KAPITEL

UNSERE JUNGSPUNDE

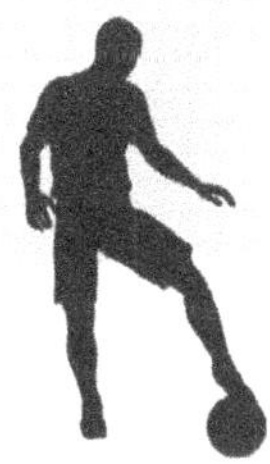

93. GRUND

Weil wir Daniel Sturridge mehr zu schätzen wussten als Chelsea

Man weiß nicht genau, was den FC Chelsea getrieben hat. Als sie im Januar 2013 Daniel Sturridge an uns verkauften, war er schon kein unbeschriebenes Blatt mehr. Er hatte bei Olympia in London getroffen und mit Manchester City bereits den Jugend-FA-Cup geholt. Doch die Blues ließen ihn ziehen, nachdem er in sieben Spielen nur ein Tor in der Hinrunde 2012/13 gemacht hatte und Gerüchte aufkamen, er könne zurück zu City gehen. Doch sein Weg führte an die Anfield Road.

Dem *Jamaica Observer* sagte er einmal: »Es ist ein großartiges Gefühl; viele träumen davon, für einen Klub wie Liverpool zu spielen. Ich lebe meinen Traum und bin dankbar für alles, was bisher auf meinem Weg passiert ist.«[181] Und das war schon so einiges – auch dank seiner Zeit beim FC Liverpool. Immerhin hat er es bis in den Kader der englischen Fußballnationalmannschaft geschafft, die 2014 in Brasilien zumindest versuchte, die Gruppenphase zu überstehen. Dass es nicht gelungen ist, dürfte jedem Fan bekannt sein. Doch zum Glück gibt es ja noch die Premier League, um zu vergessen. »Ich freue mich schon auf die Zukunft und es wird riesig werden. Ich bin sehr aufgeregt.«[182] Man merkt dem jungen Mann die Faszination am Fußball in Liverpool und England einfach an.

Natürlich haben wir Fans uns damals über die Verpflichtung von Daniel Sturridge gefreut, und auch Trainer Brendan Rodgers vergaß nicht zu betonen, dass er den jungen Mann für »eine lange Zeit« beim FC Liverpool sehe. Sturridge stimmte schnell mit ein: »Auch ich will lange hier bleiben. Ich habe nicht unterschrieben, um nur ein paar Jahre hier zu spielen, ich will lange bleiben.«[183] Da passt es auch sehr gut, dass er im Oktober seinen Vertrag »langfristig« verlängert hat.

Und was er kann, zeigte er gleich in seiner ersten Partie für uns in der Premier League! Im FA Cup, den er mit Chelsea bereits zweimal gewinnen konnte, traf er gleich bei seinem Debüt für seinen neuen Klub am 6. Januar 2013. Und auch wenige Tage später in der Liga schenkte er bei der 1:2-Niederlage gegen Manchester United zumindest einen Treffer ein. Es kamen noch neun weitere Treffer hinzu, darunter sogar ein Hattrick gegen Fulham. Zwei seiner drei Tore in London bereitete der ebenfalls im Januar 2013 gekommene Coutinho vor.

Auch in seiner ersten vollen Spielzeit in Anfield beeindruckte Sturridge mit unglaublichen 29 Torbeteiligungen in 27 Partien (Stand 30. April 2014). Er war zudem erst der zweite Stürmer, der in der Geschichte der Premier League in acht aufeinanderfolgenden Partien traf. Zuvor gelang dies nur Ruud van Nistelrooy 2002/03 im Trikot von Manchester United. Jim Cassell, zur Zeit Sturridges Leiter der Nachwuchsakademie von Manchester City, lobte seinen früheren Schützling in den höchsten Tönen: »Ich hoffe, dass Liverpool das Beste von Daniel bekommt – er hat das Zeug, ein internationaler Spieler der Extraklasse zu werden. […] Daniel war schon als 13-Jähriger einfach sagenhaft.«[184]

Und was fehlt, um ein Star zu werden? Titel. Natürlich, er hat schon die Champions League offiziell auf seiner Visitenkarte zu stehen, aber seinen ersten »echten« Pokal hat Sturridge in der vergangenen Saison nur knapp verpasst, »was natürlich noch immer irgendwie wehtut«, wie er offen bekennt. »Aber wir entwickeln uns und schauen schon gespannt auf die Zukunft. Es wird ein großartiges Jahr, eine großartige Saison und wir können es kaum abwarten. Es wird wundervoll werden.«[185]

Wir wissen um unser Juwel und freuen uns bei jedem seiner Tore doppelt. Sturridges Charakter, sein Torjubel ist ansteckend und macht jeden Fan einfach nur glücklich. Und wenn dann auch noch bald ein Titel auf seiner Visitenkarte hinzukommt, wird sich nicht nur Daniel Sturridge tanzend freuen. Dann werden auch die Liverpooler Fans auf den Tischen und Stühlen tanzen. Das ist sicher.

94. GRUND

Weil wir einen Raheem Sterling haben und ihr nicht!

Wie auch Daniel Sturridge hat Raheem Sterling Vorfahren aus Jamaika. Sterling wurde sogar in Kingston geboren, wuchs aber in London auf. Hier absolvierte er auch seine ersten Fußballspiele. Und hier wurde er von Rafael Benítez' entdeckt und in der Folge den Queens Park Rangers abgekauft. Der Vertrag für den jungen Sterling war eine der letzten großen Amtshandlungen Benítez'. Der Spanier ging und der Rechtsaußen kam.

Schon in jungen Jahren hatte Sterling zu beeindrucken gewusst und war als 14-Jähriger für die U16 von QPR aufgelaufen. »Er hatte Spitznamen wie ›Der Magische‹, manchmal wurde auch das Team nach ihm benannt: ›Raheem Park Rangers‹«[186], erinnert sich Steve Gallen, der Chef der QPR-Nachwuchsakademie in White City. Nicht schlecht für einen Teenager.

Beim LFC kickte Sterling zunächst noch in der Jugend, doch seit Brendan Rodgers das Sagen hat, ist er ein unverzichtbarer Bestandteil der Profimannschaft. Seine Entwicklung brachte ihm die Berufung in die U21-Nationalmannschaft und gar in die A-Elf Englands. Mit seinem Einsatz am 14. November 2012 gegen Schweden ist er mit 17 Jahren und 332 Tagen der fünftjüngste Nationalspieler der Three Lions und durfte sogar mit zur WM nach Brasilien. Es sei für den Nachwuchsspieler »natürlich eine großartige Erfahrung« gewesen, »bei einem solch großen Turnier« dabei gewesen zu sein.[187] Immerhin durfte er alle drei Vorrundenpartien der Engländer absolvieren. Nachdem die Welt nun gesehen hat, was er kann, will Sterling sich nach einer verdienten Sommerpause auch in der Premier League beweisen. Die neue Saison kann schließlich nur besser werden. »Wir haben in der vergangenen Saison als Team überzeugt«, erinnerte sich der

Youngster noch gut. »Auch die neue Saison werden wir wieder als Team spielen und einfach alles Schritt für Schritt angehen und von Woche zu Woche sehen.«[188]

Nach der vergangenen Saison und der Vizemeisterschaft ist die Euphorie groß. »Wir werden noch gestärkter auftreten und hoffentlich zeigen, was wir können«, strahlte Sterling bereits im Sommer nach der WM.[189]

Die ganze Welt ist begeistert von diesem jungen Kerl. Und auch Manchester City war es, sodass die Blauen aus der Nachbarstadt 2015 Sterling zu sich lockten. Auch bei City wurde er zum Leistungsträger und just 2018 englischer Meister.

95. GRUND

Weil Lucas Leiva sich immer wieder nach oben kämpft

Lucas Leiva ist eine Maschine. In den vergangenen Jahren ackerte er in der Stammelf und zeigte in jeder Saison, warum Liverpool auf ihn vertraut. Hatte er zu Beginn seiner Liverpooler Zeit (ab 2007) zunächst Probleme, biss er sich doch nach und nach im Team fest.

Seit 2012 gab es jedoch immer wieder Verletzungssorgen. Nachdem Leiva über ein halbes Jahr lang verletzt war, ist der Brasilianer 2014 wieder ein Hauptbestandteil der Reds. Im defensiven Mittelfeld ist er inzwischen kaum noch wegzudenken und hat die Vorhersage des BBC-Experten Tim Vickery erfüllt. Kurz nach der Verpflichtung Leivas hatte der in einem TV-Interview gesagt: »Diese Transfers sind immer heikel, aber ich denke, dieser wird ein guter sein. Diese aufregenden Spielertypen hat Brasilien in den zurückliegenden Jahren nicht so oft hervorgebracht.«[190] Oftmals hätten die Mittelfeldspieler dort die Rolle aufzupassen, damit die Innenverteidiger offensiv spielen könnten. Lucas Leiva sei »anders«. »Er ist ein großer, blonder Kerl, der die Kraft und die Energie hat, sich offensiv einzusetzen. Seine Pässe sind stark, und er liebt es, nach vorn zu gehen.«[191]

Als Leiva zu Liverpool kam, hatte er zwei starke Spielzeiten in Brasilien hinter sich. In seinem Jugendklub Grêmio aus Porto Alegre spielte er 2007 eine Schlüsselrolle beim Aufstieg in die Serie A und ein Jahr später beim Klassenerhalt. Der Nationalspieler wurde zum besten Spieler des Jahres gewählt und führte die Jugendauswahl Brasiliens als Kapitän auf den Platz. Mit der Olympia-Auswahl seines Landes gewann Leiva 2008 die Bronzemedaille in Peking.

Seitdem spielt er an der Anfield Road als harter Arbeiter, der auch die jeweiligen neuen Trainer von sich überzeugen konnte. Auch Brasiliens Nationaltrainer Luiz Felipe Scolari fiel die starke Form seines Landsmannes auf. Er berief den Mittelfeldspieler wieder in die Seleção. Den Sprung zur WM 2014 allerdings verpasste Lucas Leiva trotz einer starken Saison 2013/14 knapp. Unter Jürgen Klopp kam er dann nicht mehr so zum Zug, sodass er Liverpool 2017 nach zehn Jahren verließ und bei Lazio Rom anheuerte.

96. GRUND

Weil wir Philippe Coutinho nach Liverpool gelockt haben

Das Januartransferfenster 2013 wird in die Geschichte eingehen. Damals holten die Reds mit Daniel Sturridge und Philippe Coutinho zwei Spieler, die für die Zukunft des Liverpool Football Club stehen sollten und es sicher auch werden.

Wie auch Sturridge ist der Brasilianer Coutinho noch enorm jung und ebenso talentiert. Auch er ist bereits mit der einen oder anderen Erfahrung gesegnet. In Italien holte er mit seinem früheren Klub Inter Mailand den Pokal und den Supercup, kam aber nach einer Verletzung nicht mehr auf die gewünschte Einsatzzeit. Liverpool war schnell genug, krallte sich den Youngster und gab ihm einen langfristigen Vertrag.

Auf der Homepage des Vereins war es dem kleinen Mittelfeldspieler anzumerken, wie sehr er sich über seinen neuen Klub freute. »Liverpool ist ein großartiger Klub und wir haben auch in Brasilien von der großen Geschichte des Vereins gehört.«[192] Auch dass er neue Kapitel in der Geschichte der Reds schreiben will, ist deutlich spürbar, hat er doch schon in seinen ersten 13 Partien zehn Torbeteiligungen zu verbuchen. Hatte Coutinho bei Inter in der ersten Saisonhälfte 2012/13 nur einmal getroffen, machte er bereits im zweiten Spiel im roten Trikot sein erstes Tor und ließ noch zwei weitere folgen.

Seine Kraft, seine Schnelligkeit und vor allem der Fakt, dass er noch sehr jung ist, begeistert die Fans. Anfield hält noch viele Spiele für Coutinho bereit, und es gibt noch einige Titel, die er uns Fans bescheren kann. Davon ist auch Brendan Rodgers mehr als überzeugt. »Coutinho ist das Gehirn unserer Mannschaft, der konstanteste Spieler. Er schießt vielleicht nicht so viele Tore, aber er ist eine wundervolle Ergänzung des Teams«, lobte der Trainer seinen Spielmacher. »Er ist ein Spieler, der die Mannschaft antreibt, nach vorn für Bewegung sorgt.« Noch muss Coutinho ein bisschen an seiner Fitness arbeiten, »aber die Fans begeistert er jetzt schon. Für jemanden, der so klein ist, ist er sehr stark und robust. Er ist ein immenser Techniker mit großartigen Spielideen.«[193] Seit Januar 2018 steht er beim FC Barcelona unter Vertrag.

97. GRUND

Weil sich das deutsche Megatalent Emre Can für einen Wechsel zu uns entschieden hat

Jeder wollte Emre Can. Erst hatte ihn Bayern München, dann holte Bayer Leverkusen ihn sich. Doch auch hier sollte der begehrte

Youngster nicht lange bleiben. Der Jugendnationalspieler beeindruckte Brendan Rodgers so sehr, dass der Liverpooler ihn unbedingt haben wollte.

Mit Anfang 20 ist der Mittelfeldmann Can bereits Champions-League-Sieger, Deutscher Meister und Pokalsieger. Und er ist durch die Schule des FC Bayern München gegangen. Bessere Voraussetzungen kann man kaum haben, um bei einem wieder aufstrebenden Topklub zu landen. Spitzenvereine wollten ihn haben, doch Rodgers schaffte es, Bayer Leverkusen und auch Can selbst von einem Transfer zum Mersey zu überzeugen.

Rodgers will aus Can einen Weltstar machen. Bei Daniel Sturridge und Raheem Sterling sind ihm schon die ersten Schritte gelungen. Also warum sollte es dem Trainer nicht auch bei Emre Can gelingen?

Can hat jedoch in den Plänen von Rodgers eine ganz andere Stellung als die beiden Offensivkräfte, war sich Legende Didi Hamann schon kurz nach der Verpflichtung sicher: »Man darf nicht vergessen, dass nur sehr wenige Spieler Erfahrungen in der Champions League haben. Er hat sie, das zählt und wird dem Team sehr helfen.«[194]

Und nicht nur deswegen sollten die Fans »aufgeregt« sein, erklärte Hamann weiter: »Sie sollten einfach auch wegen der Spielertypen, die Brendan will, gespannt sein. Wenn man sich nur die Entwicklungen von Raheem Sterling und vor allem Jordan Henderson aus dem vergangenen Jahr anschaut. Auch jene von Joe Allen. Das lässt einen doch sehr optimistisch in die Zukunft blicken.«

Aber nicht nur die Jugend rund um das gesamte Team begeistert den Champions-League-Sieger von 2005 immens: »Die Achse der Mannschaft besteht auch aus Martin Škrtel, der eine herausragende Saison 2013/14 hatte. Und Mamadou Sakho, Daniel Agger und Steven Gerrard haben nun die Führungsrollen inne.« Vor allem im Kapitän sieht Hamann für die kommenden Jahre – auch nach dem Rücktritt aus der Nationalmannschaft – ein wichtiges Glied für

Emre Can und Co.: »Stevie wird alle Spieler, mit denen er im Mittelfeld agiert, verbessern. Wenn man weiß, dass man Stevie hinter sich hat, bekommt man noch mehr Selbstvertrauen. Seine Ratschläge helfen den Leuten, das Beste aus sich herauszuholen.«[195]

Also kann man den Weg von Emre Can von Leverkusen nach Liverpool mehr als nur gut verstehen. Wie großartig muss es sein, quasi als Teenager neben einer Legende wie Steven Gerrard spielen zu dürfen. Die Entwicklung, der Lernprozess – einfach unglaublich! Und die Entwicklung von Sterling und Sturridge zeigt nur, wie sehr Brendan Rodgers mit jungen, lernfähigen Spielern umgehen und sie verbessern kann. »Emre Can kann die perfekte Ergänzung sein«, schwärmt Hamann weiter, »er ist ein aufregender Spieler.«

Und auch Brendan Rodgers weiß, dass er einen starken Spieler geholt hat. »Er hat viele Eigenschaften, die wir mögen. Charisma auf dem Platz und er will den Ball. Er kann einfach Dinge geschehen lassen«, schwärmte er schon früh.[196] Das erste Mal im roten Trikot verlief dabei nicht so erfolgreich, wie es sich viele Fans erhofft hatten. Gegen Preston North End musste Can verletzt runter. Sein Coach war nach den wenigen Minuten auf dem Platz dennoch beeindruckt: »Er hat exzellent gespielt und hat einige sehr nette Bewegungen mit dem Ball gezeigt. Er ist kräftig und schnell.«[197] Wenn man diese Worte hört, kann man ja nur optimistisch sein!

Wenn man auch noch auf die Trikotnummer des jungen Deutschen blickt, dann ist eine große Zukunft ja beinahe garantiert. »Ich habe es geliebt, die 23 zu tragen«, twitterte kein Geringerer als Jamie Carragher, als er erfuhr, dass Can diese Nummer nun bekommen würde: »Wenn Emre es genauso liebt wie ich, dann wird er ein großartiger Transfer für Liverpool sein.«[198] Da ist es auch kein Wunder, dass der Jugendnationalspieler selbst von »einer Ehre«[199] sprach. Auch wenn Can im Mittelfeld spielt und Carra eher als Verteidiger bekannt war, könnte er sich ja sowohl an ihm als auch an der anderen Legende mit der Rückennummer

23 orientieren. Robbie Fowler schoss damit schließlich das eine oder andere Tor. Und eine Mischung aus defensiver Stärke und offensiver Gefahr wäre doch optimal. Fest steht: Die Zukunft des FC Liverpool sieht mit den vielen jungen Spielern so gut aus wie schon seit Jahren nicht mehr.

98. GRUND

Weil wir junge Spieler zu ganz Großen machen

Emre Can ist nur das aktuellste Beispiel. Aber Liverpool hat es verstanden, aus jungen Spielern große Stars zu machen. In der jüngeren Vergangenheit seien nur mal Michael Owen, Jamie Carragher oder der noch immer aktive Steven Gerrard genannt. Alle haben jung in Liverpool begonnen und wurden zu ganz Großen.

Im Sommer 2014 holte sich Trainer Brendan Rodgers nicht nur Emre Can, um ihn zu einem großen Spieler zu formen. Auch Jon Flanagan oder Raheem Sterling sind junge Talente, denen die Trainer in Liverpool den letzten Schliff geben wollen. Ein Blick auf den Kader lässt die Politik erahnen. Früh denken die Verantwortlichen an die Zukunft. So auch bei der Verpflichtung Daniel Sturridges oder dem früheren Leverkusener Samed Yeşils.

Und dazu passend hat der Verein im Sommer 2014 gleich noch seinen eigenen Jugendspielern neue Verträge gegeben. Sieben neue Profis stehen nun an der Anfield Road auf einmal unter Vertrag und allesamt zeigen sie die Zukunft des Klubs auf: Sie sind jung und talentiert. Schlussmann Lawrence Vigouroux und Verteidiger Kevin Stuart kommen direkt von den Tottenham Hotspurs. Aus der eigenen Jugend haben es Spielmacher Sergi Canós, der defensive Mittelfeldspieler Pedro Chirivella und der bereits für Wales aufgelaufene Flügelspieler Harry Wilson zu einem Profivertrag geschafft. Jordan Williams und Sheyi Ojo komplettieren die sieben

»Neuzugänge« für Brendan Rodgers, der ja bekanntlich auf die Jugend achtet wie kaum ein anderer Trainer zuvor in der Geschichte des FC Liverpool.[200]

Selbst Bob Paisley begann seine Karriere ganz jung im Trikot des FC Liverpool und wurde zu einem der bedeutendsten Trainer in der Geschichte des englischen Fußballs. Es hat etwas Besonderes, als Junge zu Liverpool zu kommen. Die Geduld ist hier immer groß, keiner übt einen zu großen Druck aus. Auch einem Emre Can wird auf der Insel Zeit gelassen. Das ist sicher.

99. GRUND

Weil die Zukunft des FC Liverpool einfach großartig zu werden scheint

Woran erkennt man, dass die Zukunft gut wird? Man kann den Kaffeesatz lesen oder auch in die Karten schauen. Im Falle des FC Liverpool reicht es aber schon, wenn man nur einen Blick auf den Kader wirft. Und natürlich den Trainer kennt.

Die Mannschaft ist durchweg mit hoffnungsvollen Talenten bestückt. Während Manchester United den Umbruch in den vergangenen Jahren verpasst hat, hat Brendan Rodgers ihn an der Anfield Road knallhart durchgezogen. »Wir werden noch weitere Schritte nach vorn machen. Es wird sehr aufregend werden. Bereits in den wenigen Wochen, die ich nun aus dem Urlaub zurück bin, habe ich Veränderungen bei den Jungs gespürt«, freute sich der Trainer bereits früh im Sommer 2014. In dieser Saison wird der Glauben an die eigenen Kräfte auch durch die hinzugewonnene Qualität noch einmal größer. »Wir wollen besser werden und das auch in den kommenden Jahren. Hinter den Kulissen arbeiten wir sehr hart daran, so wie wir es immer machen, um die qualitativ besten Spieler zu uns in den Klub zu holen.«[201]

Das gelang bereits vor der Saison 2013/14, als ein junger Belgier zur Mannschaft geholt wurde. Im Tor steht seitdem ein Mann namens Simon Mignolet, der wohl das gleiche Pech haben wird wie viele sehr gute deutsche Keeper zur Zeit Oliver Kahns – man erinnere sich nur an Jens Lehmann, der erst zum Ende seiner Karriere zur Nummer eins in der deutschen Nationalmannschaft wurde. Mignolet hat mit Thibaut Courtois einfach einen herausragenden Vertreter seiner Zunft im Nationalteam vor der Nase. Aber im roten Trikot wird er über Jahre den Kasten sauber halten und sich stetig verbessern. Das beste Torwartalter hat er ja auch erst noch vor sich. Wer nun auf die Abwehrreihe davor schaut, sieht natürlich erst einmal Namen wie Daniel Agger oder Kolo Touré, die beide nicht mehr zur ganz jungen Garde des Klubs gehören. Aber dann kommen Youngster wie Jon Flanagan, Jack Robinson, Tiago Ilori oder Brad Smith. Sie alle haben die Zukunft noch vor sich und die Zukunft sollte Liverpool heißen.

Im Mittelfeld kann es auch nur glänzend werden. Raheem Sterling, Jordan Henderson und Philippe Coutinho waren schon in der Mannschaft, als der junge deutsche Emre Can im Sommer 2014 hinzukam.

Spielgestalter, torgefährliche, junge und hungrige Spieler. All das hat Rodgers zur Verfügung. Adam Lallana ist seit dem Sommer auch mit von der Partie. 1988 geboren, hat er 2014 bereits eine WM für England gespielt und kam dazu auch in allen drei Partien Englands zum Einsatz. »Wie man es erwarten konnte, ist er ein unglaubliches Talent«, lobte Rodgers schon früh, »und wir haben das in den vergangenen Jahren in der Premier League bereits sehen dürfen. Ich habe ihn beobachtet, seit er ein junger Spieler war, und seine Entwicklung genau verfolgt. Nach wenigen Wochen habe ich bereits gemerkt, was für ein klasse Kerl er ist.«[202] Bei seinem früheren Klub Southampton war er bereits Kapitän. Der Nachwuchsspieler ist technisch enorm stark und »einfach absolut fantastisch«, wie Rodgers unterschrieb. »Lallana könnte zum Star werden«, analysierte auch Michael Owen. »Er hat zwei starke Füße und kann beidfüßig sehr gut spielen. Ich freue mich, ihn im Liverpool-Trikot zu sehen.«[203]

Liverpool macht seine Hausaufgaben und scoutet auf der gesamten Welt nach jungen, hungrigen Spielern. Dabei spielt für den Klub nicht nur das fußballerische Talent eine große Rolle. Der Charakter stimmt bei allen Neuzugängen, denn die Persönlichkeit ist in Liverpool wichtiger als bei manch anderem Klub. Neuankömmlinge müssen hungrig sein und »geil« auf den Erfolg mit Liverpool. Das ist auch Emre Can, wie bereits angedeutet wurde. Bereits bei Bayer Leverkusen hatte er Interesse aus Liverpool zu spüren bekommen. Nicht nur dass Brendan Rodgers ihn das eine oder andere Mal beobachtet hat (»Er hat so gut wie überall gespielt, und ich denke, er ist bei Bayer nur nicht als Torwart oder Mittelstürmer aufgelaufen«[204]), auch Legende Sami Hyypiä urteilte früh über seinen jungen Schützling. »Sami muss großes Vertrauen in ihn gehabt haben«, erklärte der Liverpooler Trainer in Bezug auf das Verhältnis zwischen Can und Hyypiä. »Er hat als Linksverteidiger gespielt, als Rechtsverteidiger, im Zentrum – einfach überall.«[205] Mit seiner Technik passt Can hervorragend in die Zukunft Liverpools.

Aber das allein reicht noch lange nicht, um optimistisch in die Zukunft zu blicken. Nein, da muss schon noch mehr her. Und es kam ja auch noch mehr. Zum Beispiel Lazar Marković. Der junge Serbe gilt als eines der größten Talente seines Landes, ja ganz Europas. Einst jagte auch Chelsea den ehemaligen Spieler von Benfica Lissabon, aber das Rennen gewonnen hat Liverpool. »Er ist ein Typ Spieler, den ich mag«, frohlockte unser Coach. »Er kann erfolgreich ins 1-gegen-1 gehen und ist ein wirklich hoffnungsvolles Talent.«[206] Markovićs Zweikampfwerte sind stark, er ackert auf dem Platz und kann gerade für die defensive Arbeit der Mannschaft wichtig sein. »Er rennt nicht nur schnell nach vorn, sondern sogar schneller noch zurück«[207], spielte Rodgers auf das so wichtige Umschaltspiel im modernen Fußball an. Das ist heute der Schlüssel, wie man auch bei der WM in Brasilien gesehen hat. Das Tiki-Taka scheint ausgedient zu haben, Liverpool passt sich der Moderne an.

Der Jugendwahn ist gelungen. Und gelingt immer mehr, auch im Sturm. Der geniale Daniel Sturridge ist ein Kind aus dem Jahre 1989, Fabio Borini, Suso und Samed Yeşil sind alle nach 1990 geboren. Sie alle haben Talent, sie alle können Tore machen und werden in Liverpool hervorragend ausgebildet. Die Neuzugänge verstärken die Mannschaft beinahe sofort. »Man weiß, was man bekommt«, sagte auch der neue Klub-Botschafter, Liverpool-Legende Robbie Fowler, bei *talkSPORT*: »Sie haben in der Premier League gespielt und sie sind dadurch auch einfach gut genug.«[208]

Dem Manko der vergangenen Saison – der Breite des Kaders – wirkt der Verein nun mit intelligenten Verpflichtungen entgegen. Dazu ist es unabdingbar, dass die Spieler schnell einsetzbar sind, denn es rufen FA Cup, Premier League, League Cup und eben die große Champions League. Es kommen immer noch Verstärkungen in den kommenden Monaten hinzu. Bei all den Pflichten steht die Weiterentwicklung des Vereins im Vordergrund. Fokussierung auf die Zukunft, heißt das Motto. »Ich bin zuversichtlich«, blickte Rodgers schon vor Monaten mit einem Grinsen auf die kommenden Jahre, »dass wir die Mannschaft noch einmal auf eine andere Stufe heben. Und wir werden noch stärker in die kommenden Spielzeiten gehen – wenn wir in allen nationalen Wettbewerben antreten werden, und natürlich im besten, der Champions League.«[209]

Und dann kann man auch durchaus einmal melancholisch werden. »Wenn es eines gibt, was uns die Geschichte dieses großen Klubs lehrt, dann, dass der FC Liverpool größer als jedes Individuum ist«, so die markigen Worte des Hoffnungsträgers an der Seitenlinie. »Ich hoffe, dass unsere Fans nie aufhören zu träumen und daran zu glauben, dass wir uns weiter nach vorn bewegen. Es geht immer weiter nach vorn und zusammen bringen wir der Anfield jenen Erfolg zurück, den wir alle herbeisehnen und verdienen.«

In den Augen von Michael Owen auch, weil Rickie Lambert nach Liverpool gewechselt ist. Lambert? Aber der ist doch schon 1982 geboren, mag nun der eine oder andere denken. Natürlich ist er nicht mehr der junge Hoffnungsträger, von denen wir gerade noch gesprochen haben. Aber der ehemalige Liverpooler Stürmer Owen weiß, was der Klub an Lambert haben kann. »Man muss diese Geschichte einfach lieben. Man muss doch einfach lächeln, wenn man sein Lächeln sieht. Für das Team zu spielen, das man sein ganzes Leben lang unterstützt hat, ist einfach eine großartige Geschichte.«[210] Er hoffe auf »eine gute Saison« für den Nationalspieler, der in Liverpool geboren wurde und sich von hier aus unter anderem über Macclesfield Town, Stockport, Bristol und Southampton in seine Heimat zurückgekämpft hat.

Und mit den ganzen neuen Spielern kann der Trainer auch noch mit seiner taktischen Raffinesse überraschen. Die Zukunft ist gesichert. So sieht es jedenfalls 2014 aus; die Fans können sich Hoffnungen machen, dass der Weg wieder nach ganz oben führt.

11. KAPITEL

DIE UNANFECHTBARE TRADITION

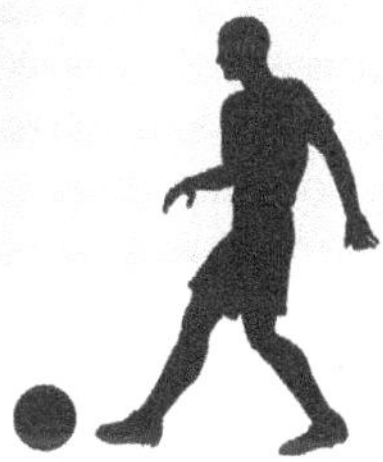

100. GRUND

Weil wir einen Haufen Pokale in der Vitrine stehen haben

Jede Ahnengalerie und jedes Vereinsmuseum lebt von den Trophäen. Die Titel und Pokale, die ein Klub gewonnen hat – egal ob groß oder klein –, sind immer gern gesehene Erinnerungen.

Die Bayern haben dank des Triples 2013 und der vielen Titel der vergangenen Monate Liverpool überholt. Ganze 62 große Erfolge haben die Deutschen in ihrer Vita stehen. Mit denen kann man vielleicht noch mithalten. Ganz anders sieht es da bei Real Madrid aus. Unfassbare 80 große Titel wie Meisterschaften, Pokalsieg oder Champions-League-Titel hat der Verein im Klubmuseum stehen. Hinzu kommen unzählige regionale und »unbedeutende« Titel wie die Santiago-Bernabéu-Trophäe oder der Trofeo Costa del Sol.

Liverpool hat da »nur« 59 Erfolge zu verbuchen. »Nur« ist auch so ein Wort. Jeder Titel ist ein besonderer. Der erste Meistertitel 1901 ist legendär, weil wir ihn so viel früher ergatterten als die anderen großen Klubs Europas.

Und immerhin gehört der Klub zu den erfolgreichsten auf der Insel. Lange Jahre Rekordmeister, Rekordsieger im Ligapokal, sieben Erfolge im FA Cup und ganze elf Triumphe auf europäischer Bühne. Das lässt sich sehen. Auch wenn der große Rivale Manchester United 62 Titel hat, so haben sie doch »nur« drei Siege in der Champions League zu verzeichnen. Liverpool schon fünf, darunter das legendäre Finale von 2005. In den 1970er- und 1980er-Jahren dominierten die Liverpooler Europa und England. Mit der Jahrtausendwende kamen dann noch zwei weitere Titel dazu und nicht nur Istanbul war legendär. Auch Dortmund vier Jahre zuvor ließ jedem Anhänger das Herz stehen bleiben und ihn am Ende einfach nur ausgelassen jubeln. Besser kann man es doch einem neutralen Zuschauer gar nicht klarmachen, warum der Liverpool Football Club der beste Klub der Welt ist.

Und wenn man einmal auf dem Gelände war, dann atmet man auch noch den Rasenduft eines jeden Titels. Die Pokale werden geputzt, strahlen wie am ersten Tage und warten auf neue Gesellschaft. Es können noch Hunderte weitere Titel dazukommen. Platz schafft man auch gern für einen Meisterpokal aus der Premier League oder einen sechsten Pokal aus dem großen europäischen Geschäft.

101. GRUND

Weil wir bis 2008 englischer Rekordmeister waren, ohne die Premier League bis dahin überhaupt gewonnen zu haben

Man möge sich nur einmal vorstellen, Bayern München hätte noch nie die Bundesliga gewonnen oder Real Madrid nicht die Primera División. Ob sie dann trotz allem Rekordmeister ihrer Nation wären? Wohl kaum.

Liverpool hat es geschafft. Sie haben in den Jahrzehnten zuvor so viele Meistertitel gewonnen, dass sie selbst über eine Dekade nach Gründung der Premier League noch immer Rekordsieger waren, obwohl sie bis dahin niemals den aktuellen Wettbewerb, der den Meister ermittelt, gewonnen hatten.

Angefangen hat alles 1901. Nur neun Jahr nach der Klubgründung führte Alex Raisbeck Liverpool zum ersten Meistertitel und Pokal überhaupt. Gerade einmal zwei Punkte trennten die Reds damals vom zweitplatzierten AFC Sunderland. Zum Vergleich: Bayern München und Real Madrid mussten beide knapp 30 Jahre auf den ersten Meistertitel warten. Ironischerweise feierten beide in der Spielzeit 1931/32 in ihrer jeweiligen nationalen Liga den ersten Meistertitel der Vereinsgeschichte.

Für die Reds sollte noch 17 weitere Male ein Platz an der Sonne am Saisonende herausspringen. Vor allem in den 1970er- und 1980-Jahren geschah dies recht häufig. Ganze zehn Meisterschaften durften die Fans damals bejubeln. Dummerweise ist die letzte nun auch schon aus dem Jahr 1990 datiert. 24 Jahre später war die Elf von Brendan Rodgers so nah dran wie lange nicht. Doch ausgerechnet Steven Gerrard sorgte mit einem Fehlpass im mitentscheidenden Spiel gegen Chelsea für das Aus im Titelrennen. Da brachten auch die 31 Tore von Luis Suárez in 33 Spielen nichts mehr. Den Uruguayer als Torschützenkönig und die sichere Qualifikation zur Champions League waren dann aber immerhin ein guter Trost für Mannschaft und Fans.

102. GRUND

Weil unsere Geschichte und Tradition unanfechtbar sind

Brendan Rodgers sagte bei der Erinnerungsfeier zum 25. Jahrestag der Hillsborough-Katastrophe: »Als Trainer dieses Klubs bin ich jeden Tag von Inspiration umgeben. Jeden Tag, den ich zur Arbeit gehe, laufe ich an der Statue von Bill Shankly und den Landesmeisterpokalen vorbei. Ich sehe jeden Tag die Bilder von Dalglish, Rush, Toshack und all den Legenden. Ich könnte Stunden damit verbringen, nur über sie zu reden.«[211]

Der amtierende Trainer des Klubs ist noch jung. Er hat die großen Tage des Vereins als Zuschauer und junger Mann erlebt. Dennoch ist es die Kraft aus den Trophäen der Vergangenheit, die ihn noch heute beflügelt.

Liverpool ist einer der ältesten und erfolgreichsten Klubs der Insel. Über Jahre erfolgreich, sucht der Verein nun wieder den Weg zurück an die Spitze. Die Tradition und die großen Errungenschaften der Vergangenheit geben Kraft für die neuen Aufgaben.

Wenn man einmal die Pokale sieht, ist man gepackt. So viel glänzendes Metall gibt es nicht oft auf einmal zu sehen. Die Fans wissen das und verzehren sich nach neuen Titeln, sie sehnen sich nach neuen glänzenden Pokalen, die die Geschichte und die Tradition dieses großartigen Klubs fortschreiben. Der Weg zu einem Titel ist lang, aber die überwältigenden Siege der Vergangenheit und die besten Fans der Welt helfen Brendan Rodgers und seinem Team, wieder etwas in den Händen halten zu können.

Daran, wie großartig das ist, daran wird der Cheftrainer jeden Tag auf dem Weg zur Arbeit erinnert. Jeden Tag geht er an Bill Shankly vorüber. Jeden Tag holt er sich so neue Inspiration durch die Geschichte und Tradition des Liverpool Football Club.

103. GRUND

Weil wir in unserer ersten Saison gleich Meister wurden

Ein neuer Verein beginnt in der Regel ganz unten, muss sich also nach oben durcharbeiten. So ist es heute, früher war das etwas anders. Da der Verein durch den Brauereibesitzer John Houlding unterstützt wurde, konnte man schnell in der Football League antreten. Zumindest theoretisch.

Doch die damalige Ligavereinigung Englands wollte nicht so, wie der frisch gegründete LFC. Also trat man der regionalen Spielklasse Lancashire League bei. Dass das Verweilen dort nicht von langer Dauer sein würde, bewiesen die Männer von John McKenna schon nach wenigen Spielen. Beeindruckend siegte die Elf und wurde 1893 schließlich in die Football League aufgenommen – zusammen mit Woolwich Arsenal, einem Vorläufer des FC Arsenal.

Der FC Liverpool trat somit ab September 1893 in der zweithöchsten Spielklasse Englands an. Als Meister der Lancashire League war man nicht sofort einer der großen Favoriten, doch schon die ersten Spiele ließen die Kritiker schnell verstummen. 2:0

gegen Middlesbrough Ironopolis und 4:0 gegen Lincoln City, und die Meister aus Lancashire galten als Favoriten auf den Gewinn der Second Division.

Dieser Lauf setzte sich fort. Ohne Niederlage und mit nur sechs Unentschieden (davon viermal 1:1) wurden die »Neuen« sofort Meister und stiegen in die First Division auf. Um den Sieg und den Titel noch süßer zu machen, schossen wir auch Manchester United (damals unter dem Namen Newton Heath) in die Second Division. Dass die darauffolgende erste Saison in der First Division auf einem Abstiegsplatz endete, ist eine ganz andere und vor allem nicht so wichtige Geschichte.

104. GRUND

Weil unsere größten Legenden uns stets treu bleiben

Uwe Seeler ist eine Legende des Hamburger SV. Ganz klar. Doch genau wie er haben auch Liverpools größte Spieler den Verein nicht verlassen, oder zumindest erst dann, wenn sie ihre Karriere ausklingen lassen wollten.

Einer der ersten großen Spieler war William Beveridge »Billy« Liddell. Er kam als junges Talent und ging nie wieder. Zwischen 1939 und 1961 absolvierte er fast 500 Ligaspiele für den FC Liverpool. Noch heute genießt er den Ruf als einer der besten Spieler, die es jemals an der Anfield Road gab.

Als er nach dem Zweiten Weltkrieg nach Liverpool zurückkehrte, spielte er natürlich für die Reds. Bei seiner ersten Partie nach dem Krieg debütierte auch ein gewisser Bob Paisley. Der spätere Meistertrainer begann seine Laufbahn zwar offiziell 1939, doch spielen konnte er wegen der Wirren erst 1946. Prompt wurde er auch als Spieler auf Anhieb Meister. Nach dem Ende seiner Karriere wurde er Assistent von Bill Shankly, später dann auch Chef. Einen anderen Klub hat er nie trainiert.

Unter Paisley kickte einst auch der wohl härteste Verteidiger, den die Kop jemals gesehen hat. Tommy »The Anfield Iron« Smith begann seine Laufbahn am Mersey und wechselte nur zum Abschluss seiner Karriere in seine Heimat zu Swansea City. Seine Verbundenheit mit dem Klub ist noch immer groß. Als er das erste Mal mit Swansea in der ersten englischen Liga an die Anfield Road zurückkehrte, zog er bei einer Schweigeminute für den kurz zuvor verstorbenen Shankly seine Trainingsjacke aus. Zum Vorschein kam ein rotes Jersey.

Aber die Legenden reichen bis in die heutige Zeit. Auch Jamie Carragher blieb seiner Liebe auf ewig treu. In Liverpool aufgewachsen, beim FC als Junge angefangen und zum Star gereift, beendete er auch 2013 seine Karriere im roten Jersey. Ja, selbst das Nationaltrikot war ihm nicht so bedeutend wie das rote Dress aus Liverpool.

Aktuell spielt Steven »Stevie G« Gerrard noch immer an der Anfield Road, wo er einst in der Schulauswahl begann. Ein Ende ist nicht abzusehen, genauso wenig wie Müdigkeit beim Skipper. Noch immer träumt er davon, die Premier League zu gewinnen, und noch immer kann er es erreichen. Die Chancen stehen mit Brendan Rodgers und dessen ausgewogenem Team auch in den kommenden Jahren gut. Und Stevie G wird bei Liverpool spielen, solange er seine Fußballschuhe anhat und der Klub es ihm ermöglicht.

12. KAPITEL

GESCHICHTEN NEBEN DEM PLATZ

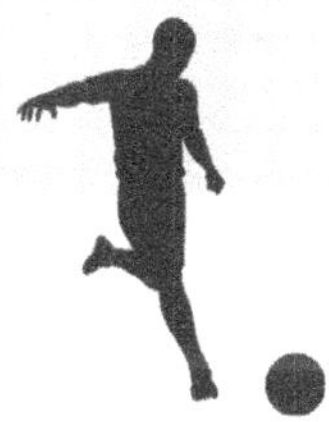

105. GRUND

Weil wir unser erstes Spiel gegen Rotherham Town nur mit Schotten bestritten und dennoch gewannen

Rotherham. Eine Stadt in den Midlands, nicht weit von Sheffield entfernt und eigentlich außerhalb Englands nicht allzu sehr bekannt. Ein Klub von dort spielt noch immer professionellen Fußball in der zweithöchsten englischen Spielklasse. Für alle Liverpooler ist der Verein Rotherham Town von großer Bedeutung.

Am 1. September 1892 bestritten die Reds das allererste Spiel ihrer Geschichte gegen den späteren Meister der Midland League und Zweitligisten Rotherham Town. Ein historisches Datum und ein historischer 7:1-Sieg. Das erste Tor für den Klub schoss der Schotte Malcolm McVean.

Da der damalige Trainer und Manager John McKenna nämlich keinen englischen Spieler zur Verfügung hatte – es hatte sich keiner gefunden –, war er kurz nach der Gründung des Klubs einfach nach Schottland gefahren und hatte sich dort 13 Schotten geschnappt. Sie bildeten das erste Team des FC Liverpool und sorgten an jenem Septembertag auch für das erste englische Team, das ganz ohne einen englischen Spieler auskam. Wenige Tage später, am 3. September 1892, traten die Liverpooler zu ihrem ersten Meisterschaftsspiel in der Lancashire League gegen Higher Walton an. Hier traf John Smith als erster Fußballer für die Reds in einem Pflichtspiel. Es endete vor eigenem Publikum grandios mit 8:0.

Fast auf den Tag genau ein Jahr später, am 2. September 1893, absolvierten die Reds ihr erstes Spiel in der Football League. McKenna führte sie gegen Middlesbrough Ironopolis zu einem überraschenden 2:0-Erfolg.

106. GRUND

Weil die erste Spielzusammenfassung in »Match of the Day« ein Spiel Liverpools gegen Arsenal war

»Willkommen zu *Match of the Day*, der neuen wöchentlichen Serie auf BBC Two. Heute Nachmittag sind wir in Beatleville ...« So begann 1964 eine neue TV-Show in England. Kenneth Wolstenholme führte durch die erste Sendung. Sie wäre kaum von großer Bedeutung für Liverpool gewesen, wenn nicht die Reds an jenem Tag gegen Arsenal gespielt hätten und diese Partie das erste Spiel gewesen wäre, das die englische Sportschau zeigte.

Da die BBC damals nur im Großraum London empfangen werden konnte, sahen in der ersten Ausgabe von *Match of the Day* lediglich 20.000 Zuschauer die Highlights der Gunners gegen die Reds. Selbst im Stadion waren zu dem Zeitpunkt mehr Fans.

Ein Jahr später sahen immerhin schon fünf Millionen Menschen, wie ein damals 22-jähriger Alan Ball doppelt für Everton traf. Gegner damals Manchester United. Mit der damals fortgeschrittenen Technik war es erst möglich, dass die Highlights aus Liverpool pünktlich nach London übermittelt werden konnten.

Als ob die erste Spielzusammenfassung nicht schon genug Ehre gewesen wäre, war auch die erste in England in Farbe gezeigte Partie eine des FC Liverpool. Am 15. November 1969 war es so weit. Liverpool gegen West Ham United, und das in Farbe im TV. Ein Highlight, ein Meilenstein in der Geschichte Englands!

Während hierzulande die Sportschau von Anfang an beliebt war, musste die englische Version zunächst mit einigen Gegnern kämpfen. Die Gründe vieler Klubs war verständlich, die Lösung interessant.

Die Vereine fürchteten durch die TV-Bilder fehlende Fans in den Stadien. Daraufhin einigten sich die Verantwortlichen der

Mannschaften und die BBC darauf, dass der Sender keine Zwischenergebnisse des Spiels, das in der jeweiligen Sendung mit Highlights gezeigt wurde, verriet, bis es abgepfiffen wurde. Diese Einigung hatte immerhin bis 1983 Bestand. Bei den Fans war die Sendung dennoch populär und ist es bis heute, auch wenn sie sich durch einige Tiefs und Verluste von Übertragungsrechten hat kämpfen müssen.

107. GRUND

Weil wir unsere eigene »Trainerakademie« hatten

Bis 1986 war es in Deutschland Tradition, dass der Assistenztrainer der deutschen Nationalmannschaft irgendwann einmal auch der Chef wird. Es stand nirgends niedergeschrieben, aber es war eine Regel. Sepp Herberger, Helmut Schön oder Jupp Derwall waren auch einst »Lehrlinge« bei ihrem Chef. Ähnlich war es auch bei Liverpool bis 1983. Aber doch ganz anders.

In den Katakomben des Stadions richtete sich Bill Shankly einst ein kleines, aber feines Büro oder besser gesagt Räumchen ein. Ganz zu Beginn war dieser Raum nicht eine Abstellkammer im herkömmlichen Sinne, aber eben doch ein Raum, der allerlei Krimskrams beherbergte. Angefangenen von Schuhen, daher auch der Name »Boot Room« bis hin zu allerhand Trainingsmaterialien. Erst mit den Jahren entwickelte sich ein wirkliches kleines Büro daraus, wie es heute jeder Coach im Stadion oder am Trainingsgelände seines Vereins hat. Im Liverpooler Boot Room traf sich Shankly mit seinen Assistenten, besprach die Taktik des nächsten Spiels oder philosophierte über den Gegner. Und was darf nicht fehlen, wenn Männer über Fußball sprechen? Genau, Bier und Zigarren.

Über 30 Jahre lang haben Männer im Boot Room die Geschicke der Mannschaft geleitet. Zuerst natürlich Shankly. Als der 1974 abdankte, übernahm der ehemalige Spieler, Physiotherapeut und damalige Assistent Bob Paisley. Seinen Fußballsachverstand hatte er vor allem in dem kleinen Raum in den Katakomben des Stadions gelehrt bekommen.

Nach Paisley übernahm Joe Fagan und auf ihn folgte der legendäre Kenny Dalglish, der zwar nur bedingt im Boot Room saß, aber doch als Spieler genau wusste, wie bedeutsam dieses Zimmer war. Als schließlich Graeme Souness das Sagen hatte, verschwand diese Tradition. Zumindest fast. Während der neue Manager den Raum abreißen lassen musste, weil das Stadion umgebaut wurde, war sein Nachfolger Roy Evans noch ein »Erbe« der Ära Shankly und somit ein »Absolvent« des Boot Rooms. 1998 endete mit dem Ende der Regentschaft Evans' die Tradition endgültig. Schlecht war sie nicht. Über zehn Meisterschaften, die ersten großen Erfolge auf europäischer Bühne oder auch Triple-Erfolge fielen in diese Zeit. An diese kleine »Trainerakademie« erinnert sich jeder Liverpooler Fan gern. Ihre Errungenschaften werden für immer Bestand haben.

108. GRUND

Weil auch wir vor Transferfehlern nicht gefeit sind

Es gehört zum täglichen Geschäft des Fußballs dazu. Man kauft Spieler und man verkauft sie wieder. Manchmal geht das natürlich schneller, manchmal hat man Glück und der Neue ist ein echter Glücksgriff.

Liverpool hat oft ein gutes Händchen bewiesen. Fernando Torres hatte eine unglaubliche Zeit an der Anfield Road, auch Xabi Alonso kam für relativ wenig Geld und verließ die Reds wie auch sein Landsmann für bedeutend mehr. Auch Luis Suárez war trotz seiner Skandale ein Glücksgriff. Dass er dann – für über 80 Millionen Euro -zum FC Barcelona wechselte, war vielleicht nicht so erfreulich, aber immerhin besänftigte das Geld die Liverpooler Verantwortlichen und Fans.

Anders sah es da schon bei Andrij Woronin aus. Der Ukrainer zeigte für den 1. FC Köln in der 2. Bundesliga beeindruckende Leistungen, ebenso bei Bayer Leverkusen in der Beletage des deutschen Fußballs. Unter dem Trainer Michael Skibbe war er in der Saison 2006/07 einer der erfolgreichsten Scorer der Werkself. Das brachte ihn auch in den Fokus britischer Klubs. Schlussendlich entschied sich der Stürmer für Liverpool. Hier begann auch alles ganz hervorragend. Doch schnell ließen Woronins Leistungen nach, Tore gab es von ihm fast gar nicht zu sehen.

In seinen drei Jahren bei den Reds kam er auf gerade einmal 27 Ligapartien und fünf Treffer in der Premier League. Eindeutig zu wenig für einen Stürmer! Im Sommer 2010 wechselte Woronin zu Dynamo Moskau. Immerhin bekamen die Liverpooler noch zwei Millionen Euro für ihn. Zwei Millionen mehr, als sie für den ablösefreien Ukrainer im Sommer 2007 »bezahlt« hatten. Gehalt war für ihn jedoch in großen Massen nötig gewesen ...

Ein nettes Gehalt erhielt auch der aufstrebende Andy Carroll. Als Nachfolger von Fernando Torres kam er 2011 an die Anfield Road. Nach anfänglichen Verletzungsproblemen fand er sich ein, schoss im April auch sein erstes Tor im neuen Trikot. Aber glücklich wurde der Youngster nicht. Nur anderthalb Jahre später ließ er sich an West Ham United verleihen. Immerhin musste der Londoner Klub noch eine ordentliche Gebühr und Carrolls gesamtes Gehalt bezahlen. Gut für die Reds, heftig für die Hammers.

Nach einem Jahr in der Hauptstadt kehrte Carroll auch nicht mehr an den Mersey zurück. Für knapp 20 Millionen Euro kauften die Londoner den Stürmer. Kein Vergleich zu den 40 Millionen Euro, die er den Verein gekostet hatte. Aber auch Liverpool irrt sich eben mal in seiner Transferpolitik ...

109. GRUND

Weil wir auch eine tolle Frauenfußballmannschaft haben

Der Frauenfußball in England schreitet immer mehr voran. Das hat auch der FC Liverpool gemerkt und seit 2013 eine komplett dem Verein zugehörige Abteilung für Frauenfußball geschaffen.

Nun denn, um ganz ehrlich zu sein, ist der Klub schon viel länger auf diesem Gebiet aktiv. 1989 gründeten sich die Newton Ladies und gewannen noch im selben Jahr das Lancashire International Tournament. Mit Wettbewerben in Lancashire hat schließlich auch der »große« Klub gute Erfahrungen gemacht und so ging es auch für die Ladies erst einmal gut weiter. Das Red Star Tournament in Southampton entschieden sie für Liverpool, ebenso wie sie 1991, inzwischen als Knowsley Women's Football Club, in die National League aufstiegen, Vierte wurden und erneut das Turnier in Lancashire gewannen.

Immer ging es weiter, aber ein großer Titel sollte immer erst kurz vor dem Ziel verloren werden. Ob nun FA oder League Cup – gleich mehrfach scheiterten die Frauen im Finale. In den 1990er-Jahren waren sie also ähnlich glücklich in Endspielen wie die Herren der Schöpfung. 1995 taten sie sich schließlich zu den Liverpool FC Ladies zusammen. Die Nachwuchsarbeit wurde stetig verbessert und im Jahr 2002 kam auch ein erster Trikotsponsor mit an Bord.

Während sich die Herren zu Beginn des Jahrtausends wieder mit Titeln schmückten, ging es bei den Damen auf und ab. Immerhin sorgten sie in der Northern Division in der Saison 2010/11 für ein Novum: Mit nur einer Niederlage, keiner (!!) Verwarnung und keinem Platzverweis wurden sie Meister! Eine ganze Saison ohne Gelbe oder Rote Karte! Nahezu unmöglich? Die Frauen haben es tatsächlich geschafft. Im gleichen Jahr gründeten sie schließlich auch die FA Women's Super League mit und wurden zwei Jahre später voll in den LFC integriert.

Auf der einen Seite schön, auf der anderen Seite auch ein netter Wink in Richtung der Herrenabteilung: Während Steven Gerrard und Co. seit mehr als 20 Jahren in der »neuen« Premier League auf den Titel warten, haben die Frauen gerade einmal zwei Jahre gebraucht, um die Meisterschaft in der neu gegründeten Liga zu feiern. Mit (Jugend-) Nationalspielerinnen aus den USA, England und Deutschland krönten sie sich 2013 zum Meister und beendeten so auch die Ära der Arsenal Ladies. Nun liegt es an den Herren, ihrerseits endlich in der Premier League nachzuziehen.

110. GRUND

Weil es Steven Gerrard einfach verdient, als Liverpooler Kapitän einmal Meister zu werden

Einmal Meister sein. Der Traum eines jeden kleinen Fußballfans. Auch der junge Steven Gerrard wollte nie etwas anderes sein. Seine Mannschaft als Kapitän auf das Feld führen, diesen Wunsch hat er sich bereits erfüllt. Pokale in die Höhe recken – auch das hat er mit dem Titel in der Champions League, im UEFA-Pokal, FA Cup oder auch dem League Cup erreicht.

Nur dieser eine verdammte letzte Titel will einfach nicht in seine Hände kommen. Immer wieder ist die Mannschaft um den Skipper in der Premier League gescheitert. Seit Jahren hat es das Team nicht geschafft, ihrem Mannschaftsführer diesen kleinen, aber so bedeutenden Pokal zu schenken.

Es ist schon merkwürdig. Da denkt doch jeder, dass man zuallererst nationaler Meister wird. Dass dieser Titel doch jener ist, den man recht schnell bei einem Spitzenklub holt. Allein mit dem FC Bayern München wurden in Deutschland Spieler Meister, die nie in einer Nationalmannschaft waren oder sonst einen anderen größeren Titel gewonnen haben.

Hunderte Spieler haben es Steven Gerrard voraus: Meister sein. Dabei hat es wohl kaum ein Spieler auf der Welt mehr verdient, als Stevie G. Kaum ein anderer Spieler liebt seinen Klub so sehr wie der von Kindesbeinen an »rote« Gerrard. Von der Jugend an spielte er für Liverpool, nie dachte er an einen Wechsel, für immer will er nur dieses eine Trikot tragen.

Aber ausgerechnet er hat es in der vergangenen Saison versaut. Liverpool war so nah dran wie schon lange nicht mehr. Ein Sieg gegen Chelsea hätte wenige Spieltage vor Schluss wohl zum sicheren Titelgewinn gereicht. Dann hätte Manchester City nur noch sehr schwer vorbeiziehen können. Doch ausgerechnet Gerrard verpatzte in der dritten Minute der Nachspielzeit von Hälfte eins eine Ballannahme. Der Weg war frei für Demba Ba und das erste Tor für die Blues. Auch in der zweiten Halbzeit konnten die Reds den Londonern nichts mehr abringen. José Mourinho ließ seine Elf gewohnt defensiv stehen und nach anfänglich guten Chancen gelang den Reds nach der Pause nicht mehr viel. Sie kassierten noch das zweite Tor und verspielten an jenem Tag im April die erste Meisterschaft in der Premier League.

Die Chancen auf den Titel in der Saison 2014/15 sind aber keinesfalls gering. Man muss mit der Mannschaft rechnen. Und mit Steven Gerrard. Als Kapitän der Meisterelf Englands.

111. GRUND

Weil wir Enfants terribles mögen

In den 1990er-Jahren waren es die Spice Boys, die vor allem neben dem Platz für einige Schlagzeilen sorgten und nur in gewissem Maße mit Erfolgen glänzten. In der jüngeren Vergangenheit beeindruckte Luis Suárez zwar mit seinen Toren, aber eben auch mit seinen zahlreichen – und nicht kleinen – Skandalen in Liverpool. Einmal seine Abstinenz vom Training, als er nach einer Beißattacke gesperrt war und sich in seiner uruguayischen Heimat befand. Damals wurden die Nerven von Cheftrainer Brendan Rodgers ganz schön strapaziert. Und auch in Zukunft scheinen seine Nerven beansprucht zu werden.

Denn im Sommer 2014 kam die nächste »Skandalnudel« nach Liverpool. Dieses Mal hieß sie Mario Balotelli und hatte schon bei Manchester City für reichlich Wirbel gesorgt. Unvergessen sind Balotellis Dartpfeil-Attacken auf Nachwuchsspieler. Oder seine zahlreichen Spielsperren. Da er aufgrund diverser Vergehen elf Spiele verpasste, sollte er seinem Verein knapp 400.000 Euro zahlen. Da er sich weigerte, landete der Fall vor einem Gericht der Premier League, doch Balotelli zog seinen Einspruch doch noch zurück.

In den darauffolgenden Monaten fiel der Italiener jedoch auch durch eine sportliche Talfahrt auf. So geigte ihm sein damaliger Coach Roberto Mancini einmal gehörig die Meinung. Nach einer Niederlage gegen den Lokalrivalen Manchester United meinte Mancini, der Stürmer sei auf dem Weg, seine Karriere »aus dem Fenster zu schmeißen«.[212] Er liebe seinen Angreifer als Menschen und als Spieler, doch Balotelli müsse »anfangen, sich Gedanken über seine Arbeit zu machen«, so Mancini gegenüber dem *Guardian*: »Er kann eigentlich alles, deswegen darf er so eine Leistung wie heute einfach nicht zeigen.« Er könne »nicht glauben«, dass Balotelli seine Qualitäten so vergeude.[213] Wenig später kam es dann auch zu einer handgreiflichen Auseinandersetzung zwischen Spieler und Trainer, woraufhin Balotelli den Verein verließ und als Messias zum AC Mailand kam.

Im April 2013 sorgte er dann wieder für Aufsehen, als er seine Freundin Fanny Neguesha den Spielern von Real Madrid als Gefährtin für die Nacht anbot, wenn sie gegen Borussia Dortmund noch einmal zurückkämen und ins Finale der Champions League einzögen.[214] Bekanntlich gab es 2013 ein sogenanntes »deutsch-deutsches« Finale zwischen dem BVB und Bayern München. Balotellis Angebot hat die Königlichen also offenbar nicht gereizt. Und auch seine Freundin fand es nicht berauschend. Wenige Tage nach seinem Gag trennte sich Fanny Neguesha von Mario.[215] Sie kamen zwar später wieder zusammen, trennten sich dann im September 2014 aber erneut.[216]

Warum holt Rodgers nun ausgerechnet einen solchen Skandalstürmer? Die Antwort kennt wohl nur der Coach selbst. Selbstverständlich ist der Italiener ein klasse Fußballer, was die deutsche Nationalmannschaft im Halbfinale der Europameisterschaft 2012 (Balotelli traf doppelt) leidlich erfahren musste, aber leider ist er auch »unberechenbar«, wie die FAZ im Sommer 2012 titelte.[217] Weil er Champions League spielen wollte, ging er nach Liverpool – Milan scheiterte grandios in der Saison 2013/14 –, so war die allgemeine Wahrnehmung. Einmal sagte er auch, er wolle nie wieder für einen anderen Verein auf der Insel spielen außer City. Nun trägt er das rote Trikot.

Als Fan wird man den Gedanken nicht los, dass der Stürmer sich nicht so mit dem Klub identifizieren wird, wie manch anderer Spieler an der Anfield Road. Wie wichtig er aber sein kann, zeigte er bei seinem Champions-League-Debüt für die Reds gegen Ludogorez, als er in einer zerfahrenen Partie in der 82. Minute das erlösende 1:0 machte. Den Sack machte später Steven Gerrard zu, der den zwischenzeitlichen Ausgleich der Bulgaren wettmachte.

Damit sich die Skandale in Grenzen halten, soll es angeblich auch eine Zusatzklausel im Vertrag des Italieners geben. In dieser Benimmklausel soll festgelegt sein, dass er für Vergehen ohne Weiteres bestraft werden kann. Diese Klausel gebe es allerdings in allen Arbeitspapieren, entgegnete darauf Rodgers.[218] Für den Italiener ist Liverpool die letzte Chance. Das sagte auch sein Berater: »Jetzt geht es um alles oder nichts. Mario ist 24 Jahre alt. Wenn es schiefgeht, hat er nicht mehr das Alibi seiner Jugend.«[219] Damit es nicht schiefgeht, stellte auch Rodgers schnell klar, was er von seinem Neuzugang erwartet: »Wir haben eine Reihe von Top-Spielern hier und der Star des Teams wird immer das Team sein. Das ist keine Mario-Balotelli-Show. Es geht darum, dass er sich ins Team einfügt und wie jeder andere seine Leistung abruft.«[220]

Alles oder nichts eben …

13. KAPITEL

DIE BONUSGRÜNDE

WAS SEITDEM GESCHAH

BONUSGRUND 1

Weil Jürgen Klopp sofort aus Zweiflern Gläubige macht

Adam Lallana war bei der Verpflichtung Jürgen Klopps gerade mit England auf Länderspielreise. Nach der Willkommens-Pressekonferenz konnte er kaum abwarten, wieder nach Melwood zurückzukehren und endlich unter dem neuen Coach trainieren zu dürfen. Klar, Jürgen Klopp, der ehemalige Mainzer Zweitligaspieler und Trainer der 05er, konnte keine neuen Spieler holen. Im Oktober ist das unmöglich. Auch bei Dortmund war er an das Spielermaterial gebunden, was da war, bzw. an jenes, was sich der auf dem Boden liegende schwarz-gelbe Riese damals eben nur leisten konnte: junge, billige, aber talentierte Spieler oder eben teurere, mittelmäßige, aber erfahrene Profis. Damals baute Klopp ein Team aus den Jungen auf. Bei Liverpool hatte er zwar eine mit erfahrenen und jungen Spielern gespickte Mannschaft, doch Brendan Rodgers hatte keinen Weg gefunden, mit ihnen umzugehen.

Nun kam Klopp nach Melwood. Was sollte er tun? Das Team war da. Schnell machte er den Spielern aber klar, dass sie von Zweiflern zu Gläubigen werden müssten. Ja, dass sie den Christen Klopp als ihren Lehrer, Vordenker und vielleicht sogar Messias ansehen sollten, der sie ins gelobte Land des fußballerischen Erfolges führen wird. Sie sollten für ihn rackern, laufen, alles geben. Das kann jeder Fußballer, so schlecht er auch sein mag. Schnell stellte sich so auch der erste Erfolg ein.

Mit einer Mischung aus dem früheren Rodgers-Stil und dem neuen Kloppo-Stil – auch in England wird seitdem von »Gegenpressing« gesprochen – marschierten die Reds bis ins Finale des Ligapokals, dass sie gegen Manchester City im Elfmeterschießen verloren. Nur wenige Tage später schossen sie die Skyblues in der Premier League übrigens mit 3:0 aus dem Stadion an der Anfield Road.

Wenige Wochen danach wartete noch das Endspiel der Europa League gegen den FC Sevilla. Die Andalusier sind die Könige dieses Wettbewerbs und sollten auch einmal mehr unter Beweis stellen, dass sie sich die Krone nicht nehmen lassen. Besonders bitter für Klopp: Es war sein sechstes Endspiel, das er verlor. Mit einer DFB-Pokalfinalniederlage gegen den VfL Wolfsburg nach Liverpool gekommen, verlor er auch mit den Reds gleich seine ersten Endspiele. In der Premier League reichte es nur zu einem 8. Platz und damit nicht für das internationale Geschäft, was jedoch den Vorteil mit sich brachte, dass sie in der ersten vollen Saison unter Klopp neben dem Fußballspielen vor allem eines machen konnten: trainieren. Das Kloppsche Mantra braucht einige Zeit, bis es in einer Mannschaft angekommen ist, da zählt jede Einheit auf dem Trainingsplatz. Die Früchte ernteten die Reds in der Saison 2016/17, als sie mit einem 3:0 gegen Middlesbrough Platz vier in der Liga und somit die erste Teilnahme an der Königsklasse seit 2014 und erst die zweite in einem Jahrzehnt sicherten.

Die Reds kämpften in der Saison 2017/18 lange um die Vize-Meisterschaft hinter dem dominierenden Manchester City von Pep Guardiola, mussten in den nationalen Pokalen Rückschläge einstecken, doch glänzten in der Champions League. Diese Saison ist in die Historie des Vereins eingegangen.

BONUSGRUND 2

Weil Jürgen Klopp sein Sabbatical für den FC Liverpool abgebrochen hat

Die Zeit in Dortmund war zermürbend. Am Ende musste Klopp viele Fragen beantworten, warum sie denn auf einmal ganz unten in der Tabelle standen und nicht um die Meisterschaft spielten. Schließlich war das der Anspruch nach den Titeln 2011 und 2012 sowie dem Einzug ins Finale der Champions League 2013. Doch in der Saison 2014/2015 lief es nicht rund. War das Team zu gesättigt? Klopp schien keinen Weg mehr zu finden, seine Jungs auf Vordermann zu bringen. Zur Winterpause war der Abstieg wahrscheinlicher als die Qualifikation für einen europäischen Wettbewerb. Also entschieden sich die Verantwortlichen in Abstimmung mit Klopp für eine Trennung zum Saisonende. Nach einer starken Rückrunde gab es als Krönung das DFB-Pokalfinale dazu, das die Schwarz-Gelben dann mit 1:3 gegen den VfL Wolfsburg verloren.

Danach musste Klopp erst einmal durchschnaufen. Ausspannen nach den intensiven Jahren beim BVB. Schnell stellte er klar, dass er nicht unbedingt einen anderen Verein zur neuen Saison übernehmen werde. Weiterbildungen, Spiele gucken. Vielen war aber auch klar, dass nicht so viele Vereine in Frage kamen. Von der Größe her passte in der Bundesliga nur der FC Bayern, doch das war auch die einzige Schnittmenge.

Also blieben nur noch wenige Vereine in Europa. Real Madrid, der FC Barcelona, Chelsea, Manchester United? Schnell kristallisierte sich der FC Liverpool heraus. Von der Fanbasis und Tradition ähnlich aufgestellt wie der BVB, suchten die Verantwortlichen einen neuen Coach für die Saison 2016/17. Brendan Rodgers war gerade in sein letztes Vertragsjahr gestartet, doch in den ersten Wochen der Saison bemerkten die Bosse um Geschäftsführer Ian Ayre und FSG-Boss Mike Gordon (die Fenway Sports Group besitzt den LFC), dass Rodgers keine Zukunft in Anfield haben würde und man einen neuen Trainer bräuchte.

So klingelte auch schnell das Telefon von Klopp-Berater Marc Kosicke. Könne sein Mandant sich ein Engagement in der Premier League vorstellen? Ab wann wäre er verfügbar? Diese und ähnliche Fragen prasselten auf den Agenten ein. Ein geheimer Besuch in New York Anfang Oktober 2015 sollte die letzten Details klären, und so übernahm Klopp am 8. Oktober 2015 den FC Liverpool. Einige Monate früher als zuerst gedacht.

Weil Klopp 2014 Manchester United abgesagt hat und den Verein als »unsexy« empfindet

Mit Borussia Dortmund wirbelte Jürgen Klopp nicht nur die Bundesliga, sondern auch Europa auf. Sein erfrischender, überfallartiger und schneller Fußball ließ die Vereinsbosse in Madrid, London und Manchester aufhorchen. Bereits kurz vor dem Double-Sieg mit dem BVB ließ Liverpool einmal vorfühlen, ob sich der junge Klopp einen Abschied aus Dortmund und ein Engagement als Nachfolger von Kenny Dalglish vorstellen könne. Er konnte nicht.

Zwei Jahre später erreichte ihn dann eine Anfrage aus dem Nordwesten Englands. Manchester United suchte mal wieder einen Trainer. Der von Sir Alex Ferguson ausgewählte David Moyes war ein Fehlgriff, es sollte ein neuer her, der dem Team wieder mehr Biss verleihen sollte. Eine neue Ära sollte beginnen. Dafür wollte United-Vize Ed Woodward unbedingt Jürgen Klopp gewinnen. Er versuchte, den gebürtigen Schwarzwälder mit der mystischen Atmosphäre im Old Trafford, der Tradition und der Leidenschaft der Anhänger zu gewinnen. Doch irgendwie sei der Verein »unsexy«, soll Klopp einem Freund nach den ersten Gesprächen mit Woodward gesagt haben. Dennoch wollte er nicht sofort ablehnen, ging in sich, sprach mit BVB-Geschäftsführer Hans-Joachim Watzke und lehnte erst dann ab. Seine Mission im Signal-Iduna-Park sei noch nicht beendet.

Liverpools Nachbarn aus dem Landesinneren wollten aber nicht lockerlassen. Als der Moyes-Abschied vollzogen war, versuchten sie es einmal mehr bei Klopp. Es ging so weit, dass sich der noch immer in Dortmund unter Vertrag stehende Fußballlehrer via *Guardian* zu Wort meldete: »Manchester United ist ein toller Verein, und ich fühle mich mit seinen wunderbaren Fans eng verbunden, aber meine Verpflichtung gegenüber Borussia Dortmund und den Menschen dort ist unerschütterlich.« Knapp 18 Monate später wurde er dann beim FC Liverpool als neuer Trainer vorgestellt.

BONUSGRUND 4

Weil Jürgen Klopp einfach »The Normal One« ist

Kaum betrat Jürgen Klopp bei seiner Präsentation das Podium, flogen ihm die Herzen der Fans schon zu. Ein Journalist fragte ihn nämlich, wie er sich denn im Vergleich zu Jose Mourinho, dem damaligen Trainer des FC Chelsea und heutigen Coach vom ärgsten Rivalen Manchester United, sehe. Klopps Antwort: »I'm the Normal One.« Treffer versenkt. In Anspielung an Mourinhos »The Special One« hatte Klopp innerhalb weniger Sekunden die Sympathien einer ganzen Region gewonnen.

Damit nicht genug. Schnell legte er noch nach. »Ich bin ein Fußballromantiker«, ergänzte er auch noch. Und zweiter Treffer versenkt. Wo wird Fußball mehr geliebt, wo ist die Tradition größer, wo das Leid so nah mit Erfolg verbunden als in Liverpool? Jene Mannschaft, die Heysel und Hillsborough durchstehen musste, dennoch niemals aufgab und nun ihren Heilsbringer auf dem Podium im Presseraum sitzen hatte. »You'll never walk alone« (was auch in Dortmund und Mainz intoniert wird) wurde in Anfield geboren. Mehr Fußballromantik geht für einen Fußballromantiker kaum.

Die Fans lieben ihren normalen Trainer Jürgen Klopp. Schnell etablierten sich Merchandise-Artikel mit seinem Konterfei und dem Spruch »I'm the Normal One«. Etwas ungläubig zeigte sich Klopp dennoch wenige Wochen nach seinem schicksalhaften Satz. »Ich habe auch keine Ahnung, warum das jetzt so ein Riesen-Hype ist«, gestand er, aber so sei es nun mal. Geplant sei dies übrigens nicht gewesen. »Über solche Dinge habe ich nicht nachgedacht. Ich wurde dazu befragt, und dann bin ich da reingerutscht. Manchmal ist es besser, wenn man den Mund halten würde – aber das ist bei einer Pressekonferenz relativ schwierig, und ich habe mir keine Gedanken darüber gemacht, was das für Wellen schlägt.«[221]

BONUSGRUND 5

Weil Jürgen Klopp auch in England gegen die Großen brilliert und sich gegen die Kleinen blamiert

Eines ist bei Jürgen Klopp und seinen Teams so sicher wie das Amen in der Kirche: Die wichtigen Spiele gegen große Mannschaften gewinnt er, jene gegen die kleineren Gegner nicht. Raphael Honigstein rcchnet in seiner Klopp-Biografie *Ich mag, wenn's kracht* vor: »Liverpool wäre Meister geworden in einer Mini-Liga aus den sechs Top-Teams (fünf Siege, fünf Unentschieden), verlor aber gegen Burnley, Bournemouth, Hull City, Swansea und Crystal Palace.«[2] Diese Werte sind gültig für die Saison 2016/17, doch auch in der darauffolgenden waren sie nicht sonderlich anders. Wieder Niederlagen gegen Tabellenkinder wie Swansea sowie verschenkte Punkte bei Unentschieden gegen Watford, Newcastle, Burnley, Stoke und Westbrom. Immerhin nahmen die Niederlagen gegen die Kleinen ab, im Gegenzug jedoch auch die Siege gegen die Großen.

Das Problem liegt in der Spielweise. Klopp selbst setzt auf Ballbesitz und schnelle Kontergegenstöße, wenn sich die Räume bilden. Zudem will er mit seinem »Gegenpressing« den Gegner schnell und früh unter Druck setzen. Dabei lassen sie aber auch selbst Lücken, die ein tief stehender Gegner mit ebenso schnellen und gefährlichen Kontern ausnutzen kann. Hinzukommen die körperbetonten Spielweisen der technisch nicht so versierten Teams. Sie können das System des besseren Gegners zerstören, können Chaos in die Partie bringen, wo Klopp kein Chaos mit einberechnet hat. Folglich haben die Reds dann Probleme. Außerdem sind die englischen

Mannschaften bei Standardsituationen durch die Bahn stärker als deutsche beispielsweise. In kaum einer anderen Ligenhierarchie finden sich so viele Experten für einen Eckball oder Freistoß. »Standardsituationen sind in England eine echte Choreografie«, lobte Klopp-Assistent Peter Krawietz in Honigsteins Buch. Nun liege es am Trainerteam, diese besser zu verteidigen und erst gar nicht entstehen zu lassen.

Mit der Verpflichtung von Virgil van Djik, der für rund 80 Millionen Euro im Januar 2018 vom FC Southampton zum FC Liverpool kam und zu den bestbezahlten Spielern in der Premier League gehört, ist eine bessere defensive Grundordnung in das Spiel der Reds gekommen. Seine Kopfballstärke – defensiv wie offensiv – hat sich schnell bemerkbar gemacht. Doch Klopp wird auch in den kommenden Transferperioden weiterhin seine Wunschspieler holen, um die Reds konstant zu verstärken. Zur Folge hätte das dann sicherlich auch, dass Partien wie ein 4:3 gegen Manchester City nicht mehr so häufig mit Liverpooler Beteiligung passieren.

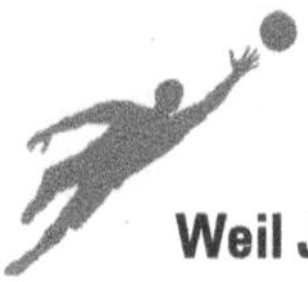

BONUSGRUND 6

Weil Jürgen Klopp einfach zu Liverpool passt, wie die Faust aufs Auge

Jürgen Klopps Weg auf die Trainerbank war vorgezeichnet. Als Fußballer war er nie der technisch versierte Dribbelkönig, er war der Abräumer, der Arbeiter auf dem Platz. Dazu auch noch intelligent und wortgewandt, galt als verlängerter Arm des früheren Mainzer Trainers Wolfgang Frank. Der war es auch, der früh den Weg des heutigen Liverpooler Teammanagers zeichnete, ja, vorbestimmte. »Wenn ihr alle Trainer seid, dann treffen wir uns mal, und ihr erzählt mir von euren Heldentaten«, erinnerte sich Klopp an ein Zitat seines Lehrmeisters. Frank war es, der das 4-4-2-System nach Deutschland brachte, ein Vordenker war, aber selbst nie den Weg in die Bundesliga fand.

Schnelles Umschaltspiel, ja, das berühmte Kloppsche »Gegenpressing«, das alles beruht auf der Lehre Franks. Er hat seine Spieler über Generationen hinweg beeindruckt. »Als ich Trainer wurde«, erklärte Klopp in der BBC, »habe ich viel von ihm mitgenommen.« Frank habe ihn und viele mehr beeinflusst als jeder andere, den er auf seinem Berufsweg getroffen habe. »Er hat eine ganze Generation von Fußballern geprägt. Wolfgang war ein Bundesliga-Trainer. Er hat nur nie dort gearbeitet«, sagte Klopp.

Ohne Frank gäbe es keinen Jürgen Klopp an der Anfield Road. Sein Fußballstil, seine Art, seine Mentalität – das alles wurde damals in Mainz in den 1990er Jahren begründet. Als »Mentalitätsmonster«, als einer, der ein Stadion entfachen, ja, eine ganze Stadt zum Leben erwecken kann, ist Klopp perfekt für Liverpool. In Dortmund wurde er Trainer, als der Verein am Boden lag, eine Insolvenz und den drohenden Abstieg in die Kreisklasse (!) überstanden hatte. Finanziell geht es den Reds besser, doch die neureichen Konkurrenten aus Manchester und London überflügeln den Traditionsverein vom Mersey immer wieder. Klopps Mission ist keine geringere, als den schlafenden Riesen ein für alle Mal zu wecken und vor allem wach zu halten.

Seine Lockerheit, seine Menschennähe und Freundlichkeit kann ihm keiner nachmachen. Im Pub um die Ecke trifft man den Trainer an, wenn er abends etwas isst oder ein Feierabendbier trinkt. Liegt die Mannschaft zurück, entfacht er ein Begeisterungsfeuer auf den Rängen – wie in der Europa League im Viertelfinale 2016 gegen Borussia Dortmund.

Er vertritt die Werte der so stolzen Arbeiterstadt Liverpool, identifiziert sich zu 100 Prozent mit den Menschen. »Selbstverständlich bin ich links«, sagte er 2009 in einem Interview mit der *taz*. »Ich glaube an den Sozialstaat und habe kein Problem damit, Krankenversicherung zu zahlen. Ich bin nicht privat versichert, ich würde nie eine Partei wählen, weil die verspricht, den Spitzensteuersatz zu senken. Mein politisches Verständnis ist: Wenn es mir gut geht, soll es den anderen auch gut gehen.«[223]

Klopp will die Menschen für sich gewinnen, mit seinen Taten überzeugen und spielt dabei nicht nur den netten Onkel aus Deutschland, sondern er ist es einfach, Tag ein, Tag aus. »Wir spielen Fußball, und da gibt es harte Worte und mehr. Aber ich muss Menschen nicht auf die Flossen treten. Ich muss nicht die Ellenbogen einsetzen, um vorwärts zu kommen. Ich muss ihnen keine Strafen androhen, um Leistung einzufordern. Ich muss die Ziele den Spielern so aufzeigen, dass sie automatisch dahin wollen. Daran glaube ich.« Diese Worte stammen aus einen Interview mit der *taz* aus dem Jahr 2004, also noch lange vor den Meisterschaften mit Borussia Dortmund. Und doch hat sich in der Mentalität des Trainers nichts geändert. Das merken nicht nur Spieler, sondern auch die Fans auf den Rängen und in der Stadt.

Als Klopp 2016 dann auch noch einen Reporter der *Sun* boykottierte, wurde er für die Fans zum Helden. »Ich rede nicht mehr mit der *Sun*«, unterbrach er eine Frage eines Reporters dieser Zeitung. Er habe in seiner Berichterstattung den FC Liverpool unfair behandelt, monierte Klopp. Dass dieses Boulevardblatt seit der Hillsborough-Katastrophe keinen Fuß mehr in der Stadt auf den Boden bekommt, habe damit nichts zu tun. »Es geht nicht darum, dass ich jetzt hier arbeite, sondern um Dinge, die passiert sind und auch sicherlich in den kommenden Tagen und Wochen passieren werden«, spielte der Coach auf ungerechte Berichterstattung an. Die *Sun* hatte sich 1989 nach der Stadionkatastrophe schnell auf die Fans des FC Liverpool eingeschossen und sie als Schuldige ausgemacht. Jahre später wurde deren Unschuld offiziell bewiesen und stattdessen die Polizei in den Fokus gerückt. Der *Sun* hat es in Liverpool nicht geholfen. Ihre Auflage ist nach wie vor am Boden.

Die Scousers betrachten Klopp also aus vielerlei Gründen schon als einen von sich. Sollte er irgendwann tatsächlich die

Premier League gewinnen, einen Titel, den Liverpool bekanntlich seit deren Gründung noch nicht holen konnte, würden sie ihm ein Denkmal errichten, ist sich Liverpool-Legende Jamie Carragher sicher: »Er würde hier der absolute Gott werden, der absolute Gott.«

Klopp macht keine großen Hehl um seine Person, er liebt den Fußball, wie er ist. So wie es die Liverpooler tun. »Ich weiß, dass er aus dem Schwarzwald stammt, aber für mich ist er ein echter Liverpooler«, adelte Carragher den Reds-Trainer.

BONUSGRUND 7

Weil Jürgen Klopp Vereinslegende Steven Gerrard den Weg in den Trainerjob ebnete

Kurz nach dem Ende der Laufbahn als Profi-Fußballer flatterte bei Steven Gerrard eine Anfrage ins Haus. Die MK Dons suchten einen neuen Trainer. Ob das nicht was für den früheren Mittelfeldspieler sei, stand darin. Gerrard wechselte nicht sofort die Seiten, sondern wählte den Weg über eine Jugendakademie in den Profifußball. So wie er es vor knapp 30 Jahren selbst als junger Spieler gemacht hatte. Seit Januar 2017 steht er wieder beim FC Liverpool unter Vertrag. Erst im jüngeren Nachwuchs, bis zum Ende der Saison 2017/18 war er U-18-Trainer.

Und Jürgen Klopp war maßgeblich an der Rückkehr des wohl besten Liverpooler aller Zeiten beteiligt. Schnell nach Gerrards karriereende wurde über eine Rückkehr spekuliert. Entweder in den Jugendbereich oder sogar als Assistent von Klopp bei den Profis. Und auch der deutsche Liverpool-Revolutionär zeigte sich nicht abgeneigt. »Keiner sollte überrascht sein, wenn wir einen Platz für Stevie finden werden. Er ist beim FC Liverpool immer willkommen«, stellte Klopp klar.[224]

Seitdem der Deutsche am Mersey arbeitet, krempelt er den gesamten Verein um. Ein wichtiger Baustein seiner Philosophie ist der Nachwuchs. Dieser gehört gut ausgebildet und an die erste Mannschaft langsam herangeführt. Gerrard, der schon während seiner Laufbahn betont hatte, auch nach dem Karriereende dem Fußball erhalten bleiben zu wollen, passte da perfekt. Schließlich gibt es keinen besseren, zu dem die jungen Spieler aufschauen können, als Stevie. Die Vereinslegende sollte die nötigen Scheine erwerben und sich die ersten Sporen als Trainer verdienen. Und vor allem von und mit Jürgen Klopp lernen. »Wir haben mehrmals gesprochen, und ich habe Jürgen viele Fragen gestellt«, verrät der Ex-Nationalspieler bei einem Doppelgespräch für die Vereinshomepage. »Ich habe Spaß an der neuen Rolle und mache eine Menge Fehler. Aber jenseits der Kameras – was mir Jürgen vorgeschlagen hatte.«

Gerrard durfte Fehler machen, die er als Spieler schon lange nicht mehr machen konnte, weil er im absoluten Rampenlicht stand. Gerrard erinnert sich im *Guardian* an eines der ersten Gespräche mit Klopp über die neue Rolle als Trainer in Liverpool: »Er sagte mir, ich solle schnell aus seinem Schatten treten und meinen eigenen Weg finden. Ich bräuchte einfach die Erfahrungen, auch mal Fehler zu machen, ein eigenes Team zusammenzustellen und über Taktiken zu entscheiden.« Man müsse erst seine eigene Philosophie finden und den Umgang mit anderen Menschen lernen. »Er hat mir wirklich gezeigt, wie es läuft«, lobte Gerrard seinen »Chef« Klopp. »Ich habe schon oft zum Telefon gegriffen, eine Nachricht geschrieben oder ihn im Trainingszentrum in Melwood gefragt. Für mich ist das wie Goldstaub – ein absoluter Glücksfall!«[225]

Und Gerrard ist voller Dank für den Trainer des FC Liverpool: »Ich habe darüber nachgedacht, was gewesen wäre, wenn Jürgen Klopp ein bisschen früher nach Liverpool gekommen wäre. Wenn er hier schon drei oder vier Jahre Trainer wäre, bin ich mir sicher, hätten wir mit ihm schon große Titel für den Klub geholt.«[226]

Schnell wurde auch Klopp klar, dass er nicht nur einen verdienten Spieler in dem Trainerreigen in Melwood hat, sondern dort auch ein guter Coach heranwächst. Nur wenige Monate nach seiner Ankunft wurde Gerrard folglich zum U-18-Trainer befördert und durfte die Liverpooler Auswahl in der UEFA Youth League betreuen. Irgendwann werde Stevie einen Chefposten übernehmen, da war sich Klopp nach einem knappen Jahr der Zusammenarbeit mit Gerrard sicher. Angesichts der langen Laufzeit von Klopps Vertrag und dass die Mannschaft – Stand jetzt – erfolgreich spielt, schmälert dies die Chancen auf einen Cheftrainerjob am Mersey. »Ich kann mir vorstellen, dass andere Vereine ihn holen wollen«, weiß daher auch Klopp.[227]

Das geschah schneller als es Klopp vielleicht lieb gewesen wäre. Zur Saison 2018/19 zieht es Steven Gerrard zu den Glasgow Rangers. Dort übernimmt er den Cheftrainerposten, seinen ersten im Profibereich. »Er will nach einer großen Karriere als Spieler nun eine große als Trainer machen. Das muss er lernen, aber ich bin mir sicher, dass er bei uns eine Menge gelernt hat. Ich freue mich wirklich sehr für ihn und dass er diese Chance bekommen hat«, freute sich Klopp.

Und nachdem eine Legende den FC Liverpool im Sommer 2018 verlassen hat, steht die Rückkehr einer weiteren an: Robbie Fowler soll Jugendtrainer der Reds werden.

BONUSGRUND 8

Weil Jürgen Klopp selbst den Abgang von Philippe Coutinho kompensieren konnte

Noch im Januar 2017 war alles gut: Philippe Coutinho zeigte seine Liebe zum FC Liverpool, indem er seinen Vertrag langfristig bis 2022 verlängerte. Er wolle härter arbeiten und dem Verein endlich

Titel schenken, sagte er damals. Und ja, er war einer der wichtigsten Spieler erst unter Brendan Rodgers, dann unter Jürgen Klopp (siehe Grund 96). Der Wirbelwind und Powerdribbler zeigte in der Saison 2017/18, was für ein herausragender Fußballer er ist. Zusammen mit Mohamed Salah, Sadio Mane und Roberto Firmino versetzte er ganze Abwehrreihen in der Premier League und auf europäischer Bühne in Angst und Schrecken.

Vor der Saison wurde lauthals spekuliert. »Der Brasilianer mit dem Zauberfuß« (Zitat seines ehemaligen Trainers Mauricio Pochettino) wolle unbedingt Liverpool verlassen. Seine Liebe lockte. Der FC Barcelona baggerte intensiv am Nationalspieler, doch noch einmal konnte er widerstehen, Jürgen Klopp überredete ihn zum Bleiben. Es half alles nichts, im Winter war es dann soweit: Coutinho wechselte für über 100 Millionen Euro zu den Katalanen und riss ein riesiges Loch ins Mittelfeld der Reds.

Oder auch nicht. Denn die nun auf nur noch drei reduzierten »Fab Four« machten einfach weiter, als ob nichts geschehen wäre. Mohamed Salah dribbelte durch die Abwehrreihen und tanzte sie schwindelig, netzte ein, wie zuvor. Auch bei Roberto Firmino oder Sadio Mane ließ sich kein Unterschied ausmachen.

Ein anderer hat sich dafür nach dem in erster Sekunde schmerzhaften Abgang Coutinhos immer mehr in den Vordergrund gespielt: Alex Oxlade-Chamberlain. Der einstige Arsenal-Star wurde in seinen ersten Monaten noch als Flop verspottet, doch seitdem der Engländer regelmäßig spielen darf, zählt er auch zu den Stützen der Mannschaft. Er kreiert ebenso viele Chancen im Schnitt pro Spiel wie Mane und Firmino und arbeitet auch noch defensiv sehr gut. Kein anderer Spieler abgesehen von den eigentlichen Defensivakteuren gewinnt mehr Bälle pro Partie.

Klopp hat ihn zu einem besseren Fußballer gemacht, von dem er noch viele Jahre profitieren kann. »Er ist außergewöhnlich talentiert«, lobte er den 24-Jährigen im April 2018. »Wir können ihn nicht schneller machen, aber taktisch und technisch können wir ihn beeinflussen.«[228] Umso bitterer, dass er sich im Champions-League-Halbfinale gegen Rom das Kreuzband riss und erst einmal ausfallen wird. Doch dann steht mit Naby Keita bereits der nächste Mittelfeldspieler auf der Matte, den sich Klopp geschnappt hat.

BONUSGRUND 9

Weil Jürgen Klopp mit dem FC Liverpool am spannendsten Team Europas bastelt

»Meine Mannschaften müssen Vollgas spielen und in jedem einzelnen Spiel ans Limit gehen«, sagte Jürgen Klopp bei seiner ersten Pressekonferenz als Trainer des FC Liverpool. Zu jenem Zeitpunkt seien die Reds nicht das beste Team der Welt gewesen, aber »in Zukunft wollen wir das beste Team in der Welt sein«, kündigte er im Oktober 2015 an.[229] Und nach knapp 2,5 Jahren des »Normal One« in Liverpool kann man sagen, dass sie auf dem Weg sind.

Kurz vor dem Halbfinalrückspiel gegen den AS Rom hatte sich Roberto Firmino zum FC Liverpool bekannt. Der Brasilianer verlängerte bis 2023, und Jürgen Klopp meinte dazu: »Das ist natürlich ein sehr wichtiger Schritt, aber auch Roberto kann nicht alleine spielen. Wir müssen weitermachen, und jeder Spieler kennt unsere Pläne. Er ist der erste, der sich dazu bekennt, aber er wird nicht der letzte gewesen sein – so viel ist sicher.«[230] Der Nationalstürmer schoss bis April 2018 27 Tore in 50 Partien und bereitete 16 weitere Treffer vor. »Es sind wirklich gute Nachrichten für uns, da er ein wichtiger Baustein für unsere Zukunft ist«, ergänzte der Trainer.

Und das ist nicht alles. Mit Mohamed Salah und Sadio Mane sind weitere Spieler noch lange unter Vertrag oder vor einer Verlängerung. Hinzu kommt Naby Keita, der von RB Leipzig zu Liverpool wechseln wird. Mit Virgil van Djik ist auch endlich ein defensiver Star im Team, der für mehr Ruhe in den hinteren Reihen sorgen soll und das auch schon in seinen ersten Partien tat. Zudem ist der kopfballstarke Spieler auch für das eine oder andere Tor nach einer Ecke zu haben.

Kein Wunder, dass sich der ehemalige Reds-Verteidiger John Arne Riise festlegt: »Liverpool wird mit Jürgen Klopp Titel gewinnen. Der Spielstil ist außergewöhnlich, und in der Champions League sind sie unfassbar stark. Hoffentlich können sie auch bald in der Premier League von Beginn an um die Meisterschaft kämpfen.«[231] Den Hauptgrund liefert der Niederländer auch gleich hinterher: »2005 waren wir nicht die besten Spieler, aber wir waren ein Team mit einem sehr guten Trainer. Heute hat Liverpool ein Team und dazu noch Spieler, die den Unterschied in einem Spiel ausmachen können. Mehr geht nicht.«

BONUSGRUND 10

Weil Jürgen Klopp einen ägyptischen König an die Anfield Road lockte

Für 42 Millionen Euro holte Jürgen Klopp einen gewissen Mohamed Salah. Der Ägypter spielte schon einmal in der Premier League, konnte sich damals beim FC Chelsea nicht durchsetzen, und so rieben sich auch einige Experten und Fans verwundert die Augen, als er die neue Wunderwaffe des FC Liverpool werden sollte. Damals, im Sommer 2017, schien klar, dass dieses Geld nicht wieder zurückbezahlt werden würde.

Kaum jemand sah in dem Nationalspieler die unfassbare Qualität, die Klopp in ihm sah. Sein Tempo, seine schnellen Füße, sein starker linker Fuß und seine unglaubliche Abschlussqualität resultierte in unfassbare 44 Tore in 52 Spielen und weitere zwölf Vorlagen. Im Schnitt trifft er alle 89 Minuten in der Premier League und sogar noch etwas häufiger in der Champions League. Bestes Beispiel: das Halbfinalhinspiel gegen Rom. Dort traf er doppelt und legte auch noch zwei Tore auf.

Nach einer 5:0-Gala gegen Watford mit vier Salah-Toren adelte Klopp seinen ägyptischen König mit einem Vergleich zu Lionel Messi: »Ich glaube nicht, dass Mo mit Lionel Messi verglichen werden will. Messi hat getan, was er seit gefühlt 20 Jahren tut. Der letzte Spieler, den ich kenne, der den gleichen Einfluss auf die Performance eines Teams hatte, war Diego Maradona. [...] Aber Mo ist auf einem fantastischen Weg, das ist sicher. Wie es immer im Leben ist, wenn man die Fähigkeiten hat, muss man diese ständig und konstant zeigen, und darin ist er sehr gut.«[232] Und auch Stevie G war überzeugt, dass die Fans »den Beginn von etwas Großem« gesehen hätten. Salah hat schon jetzt (April 2018) mehr Tore in seiner ersten Saison für die Reds geschossen, als jeder andere Debütant im Dress des FC Liverpool. Und auch kein anderer afrikanischer Spieler schoss mehr Tore in der Premier League in nur einer Saison. Didier Drogba hielt den Rekord mit 29. Umso wichtiger ist es, dass er nach seiner starken Debütsaison seinen bis 2022 laufenden Vertrag vorzeitig verlängert hat.

Zusammen mit Kevin De Bruyne vom Meister Manchester City und Tottenhams Harry Kane lieferte er sich einen Dreikampf bei den Spieler- als auch Journalistenwahlen zu Englands Fußballer des Jahres. Beide gewann er, obwohl er im Gegensatz zu De Bruyne noch keinen Titel vorzuweisen hatte. Salah tritt damit in die Fußstapfen von Vereinsgrößen wie Luis Suárez oder Steven Gerrard. Aber auch Ian Rush und Kenny Dalglish sind nur einige Beispiele von Liverpoolern als »Fußballer des Jahres«.

BONUSGRUND 11

Weil Jürgen Klopp die Reds fit für die Zukunft macht

Jürgen Klopp und Endspiele – das ist eine dramatische Kombination, die bereits die Fans von Borussia Dortmund erleben mussten. Drei DFB-Pokalendspiele hatte der deutsche Coach des FC Liverpool zu seiner Zeit im Revier mit den Schwarz-Gelben verloren – nur seine erste Finalteilnahme war mit einem Sieg gekrönt. In der Liste kommt noch das verlorene Finale in der Champions League mit Dortmund gegen Bayern hinzu und seit Mai 2018 auch jenes mit dem FC Liverpool gegen Real Madrid.

Klopp war kaum da, schon hatte er die Reds in ihre ersten Endspiele gebracht – League Cup und Europa League. Natürlich gingen diese verloren. So bitter wie jenes in der Königsklasse gegen die Königlichen war aber keines. Ein Ausfall von Mohamed Salah, dazu zwei unglückliche Szenen vom Keeper Loris Karius.

Doch statt in Tristesse zu verfallen, sagte Klopp schnell nach dem Spiel, dass es weitergehen werde. Die Reds sind wieder an der Spitze Europas. Zwar nicht ganz oben, doch aber ganz nah dran. Und genau das will Klopp. Ein kämpfendes Team, das Power-Fußball zeigt und die großen Teams überrascht. »Unsere Stärke ist der Teamgeist«, hatte der Coach nicht ohne Grund auf der Pressekonferenz vor dem Finale in der Champions League gesagt. Diese Tugenden versucht er mit Humor, Spaß und Leidenschaft zu implementieren. Und es gelingt ihm. Die Liverpooler gaben gegen Real nicht auf, versuchten, die Partie noch zu drehen, wurden aber vom Fußballgott im Stich gelassen.

Kurz darauf ging schon wieder der typische Klopp durch die Katakomben. Mit Campino von den Toten Hosen feierte er die Niederlage und sang, dass man den Henkelpott gesehen habe und in der neuen Saison nach Hause holen werde. »Wir haben den Henkelpott gesehen, es war so wunder-wunderschön. Er musste leider nach Madrid, wir holen ihn nächstes Jahr zurück.«

Aber nicht nur deshalb wird in Liverpool in Klopps Können vertraut (In Klopp we trust). Nein, es ist viel mehr. Er krempelt den Verein um, baut die Nachwuchsakademie nach seinen Vorstellungen um. Niemand ist ihm nach dem verlorenen Finale von Kiew böse, denn niemand hatte zu Saisonbeginn unterschrieben, dass Liverpool überhaupt im Finale stehen würde. Klopp aber macht die Reds mit seiner Art und seinem Know-how fit für die Zukunft. Das wird sich automatisch in Titel niederschlagen. Aber dafür muss man ihm weiter vertrauen. »In Klopp we trust« eben.

Weiterführende Literatur

- Kelly, Stephen F. (1988). *The Official Illustrated History of Liverpool FC: You'll Never Walk Alone*. London: Queen Anne Press. ISBN 0-356-19594-5.
- Crilly, Peter (2007). *Tops of the Kops: The Complete Guide to Liverpool's Kits*. Trinity Mirror Sport Media. ISBN 978-1-905266-22-7.
- Kelly, Stephen F. (1999). *The Boot Room Boys: Inside the Anfield Boot Room*. HarperCollins. ISBN 0-00-218907-0.

Quellenverzeichnis

Alle Online-Quellen wurden zuletzt im August 2014 aufgerufen. Die Übersetzung der englischen Zitate stammt von Fabian Biastoch.

1 www.lfchistory.net/Players/Player/Profile/305

2 news.bbc.co.uk/sport2/hi/football/teams/l/liverpool/7994062.stm

3 Steven Gerrard, Harry Winter: Gerrard – My Autobiography. New York: Bantam Books, 2007.

4 www.lfchistory.net/Players/Player/Profile/305

5 Ebd.

6 www.liverpoolfc.com/news/latest-news/exclusive-the-captain-s-first-interview

7 Vgl. liverpoolfc.wikia.com/wiki/100_Players_Who_Shook_The_Kop_(2006)

8 Rock am Ring 2009.

9 »Campino rockt Sami Hyypiä« – Kölner Express vom 06.05.2011.

10 Vgl. liverpoolfc.wikia.com/wiki/100_Players_Who_Shook_The_Kop_(2013)

11 www.rp-online.de/sport/fussball/bayer-04/bayer-leverkusens-ex-trainer-sami-hyypiae-natuerlich-ist-es-emotional-aid-1.4155824

12 Vgl. liverpoolfc.wikia.com/wiki/100_Players_Who_Shook_The_Kop_(2013)

13 www.lfchistory.net/Players/Player/Profile/277

14 Ebd.

15 Ebd.

16 Vgl. news.bbc.co.uk/sport2/hi/football/internationals/6947786.stm

17 Carragher, Jamie (2008), Carra: My Autobiography, New York: Bantam Press.

18 Ebd.

19 www.lfchistory.net/Players/Player/Profile/371

20 www.uefa.com/news/newsid=1852347.html

21 www.lfchistory.net/Players/Player/Profile/371

22 www.spox.com/de/sport/fussball/international/england/1403/Artikel/steve-mcmanaman-interview-fc-liverpool-fc-bayern-bundesliga-laureus-world-sports-awards.html

23 www.lfchistory.net/Players/Player/Profile/404

24 Ebd.

25 www.lfchistory.net/Players/Player/Profile/317

26 Ebd.

27 www.lfchistory.net/Players/Player/Profile/1162

28 www.dailymail.co.uk/sport/football/article-2154069/Dirk-Kuijt-leaves-Liverpool-Brendan-Rodgers.html

29 twitter.com/Jesanchez3/status/461599680976420864
30 www.liverpoolfc.com/news/latest-news/165966-brendan-has-already-improved-the-squad
31 www.liverpoolfc.com/news/latest-news/166574-fowler-confirmed-as-official-ambassador
32 www.lfchistory.net/Players/Player/Profile/808
33 www.lfchistory.net/Players/Player/Profile/413
34 Ebd.
35 www.thisisanfield.com/2005/11/exclusive-interview-tommy-smith/
36 Ebd.
37 www.lfchistory.net/Players/Player/Profile/413
38 Ebd.
39 www.lfchistory.net/Players/Player/Profile/429
40 Spieltagspressekonferenz 1999 im Dienste von Real Madrid, genauer Tag und Zeit unbekannt.
41 Ebd.
42 Ebd.
43 www.lfchistory.net/Players/Player/Profile/261
44 www.lfchistory.net/Players/Player/Profile/391
45 Ebd.
46 www.lfchistory.net/Players/Player/Profile/318
47 Ebd.
48 www.lfchistory.net/Players/Player/Profile/1126
49 Ebd.
50 Vgl. www.liverpoolfc.tv/news/drilldown/N158702080203-0937.htm
51 www.lfchistory.net/Players/Player/Profile/1126
52 www.dailymail.co.uk/sport/football/article-2435679/PEPE-REINA-My-Liverpool-days-Ill-back.html
53 Vgl. liverpoolfc.wikia.com/wiki/100_Players_Who_Shook_The_Kop_(2006)
54 www.lfchistory.net/Players/Player/Profile/298
55 Ebd.
56 Ebd.
57 Ebd.
58 news.bbc.co.uk/sport1/hi/football/eng_prem/5351794.stm
59 Ebd.
60 www.theguardian.com/football/2008/oct/04/premierleague.liverpool
61 news.bbc.co.uk/sport2/hi/football/teams/l/liverpool/8184444.stm
62 Zitiert nach: www.espnfc.com/news/story?id=693666&sec=england&cc=5739
63 www.theguardian.com/football/2007/jul/04/newsstory.sport3
64 www.lfchistory.net/Players/Player/Profile/310
65 Ebd.
66 Ebd.
67 Ebd.
68 news.bbc.co.uk/sport2/hi/football/3533891.stm
69 www.kicker.de/news/fussball/intligen/startseite/507213/artikel_fatal-errors---fehleinschaetzungen-wie-todesurteile.html#omsearchresult
70 www.liverpoolfc.com/news/latest-news/lfc-part-company-with-dalglish
71 www.bbc.com/sport/0/football/24407211
72 Ebd.
73 www.independent.co.uk/sport/football/news-and-comment/found-in-a-loft-fagans-secret-boot-room-diaries-2348284.html
74 Alle Zitate in diesem Abschnitt: www.lfchistory.net/Managers/Manager/Profile/9
75 www.lfchistory.net/Managers/Manager/Profile/25
76 www.theguardian.com/football/2014/may/26/liverpool-manager-brendan-rodgers-new-deal
77 Alle Sprüche in diesem Abschnitt: www.whoateallthepies.tv/liverpool/157398/

top-20-brilliantly-cringeworthy-brendan-rodgers-quotes.html

78 twitter.com/luis16suarez/status/487659415592783872

79 www.welt.de/sport/fussball/internationale-ligen/article120340877/Luis-Suarez-Der-Vampir-von-Liverpool-ist-zurueck.html

80 www.welt.de/sport/fussball/internationale-ligen/article115497907/Vampir-von-Liverpool-beisst-Gegenspieler.html

81 Ebd.

82 www.spiegel.de/sport/fussball/elfmeterdrama-im-wm-viertelfinale-ghana-in-der-hoelle-uruguay-im-paradies-a-704428.html

83 www.bbc.com/sport/0/football/23610289

84 Zitiert nach: www.welt.de/sport/fussball/internationale-ligen/article120340877/Luis-Suárez-Der-Vampir-von-Liverpool-ist-zurueck.html

85 news.bbc.co.uk/sport1/hi/football/europe/4574893.stm

86 www.spiegel.de/sport/fussball/champions-league-finale-gute-erinnerungen-schlechte-erinnerungen-a-484288.html

87 ebd.

88 Bruce Grobbelaar: More Than Somewhat: Autobiography. New York: HarperCollins Distribution Services; First Edition 1986. Zitiert nach www.lfchistory.net/Players/Player/Profile/308

89 Ebd.

90 www.lfchistory.net/Players/Player/Profile/430

91 Ebd.

92 www.bbc.com/news/entertainment-arts-18861947

93 www.liverpoolfc.com/news/latest-news/25-years-since-the-reds-rapped

94 Ebd.

95 Ebd.

96 blog.derbund.ch/zumrundenleder/blog/2014/04/07/dance-like-daniel/

97 Vgl. www.youtube.com/watch?v=I299Xrryhbc

98 www.liverpoolecho.co.uk/news/liverpool-news/sir-paul-mccartney-explains-hes-3358029

99 Ebd.

100 www.theguardian.com/football/2006/aug/16/theknowledge.sport

101 www.lfchistory.net/Players/Player/Profile/863

102 Live bei Rock am Ring 2009.

103 www.express.de/bayer-04-leverkusen/kultspieler-beendet-karriere-campino-rockt-sami-hyypiae,3288,8418320.html

104 Ebd.

105 Ebd.

106 news.bbc.co.uk/sport2/hi/football/europe/4409501.stm

107 Ebd.

108 www.independent.co.uk/sport/football/premier-league/taunts-and-trouble-mar-juves-attempts-to-deal-with-the-past-487268.html

109 Ebd.

110 Steven Gerrard, Harry Winter: Gerrard – My Autobiography. New York: Bantam Books, 2007.

111 www.kicker.de/news/fussball/intligen/startseite/artikel/507213/

112 www.youtube.com/watch?v=z5nPItvfWpk

113 www.theguardian.com/media/2004/jul/07/pressandpublishing.football1

114 Kenny Dalglish: Dalglish My Autobiography. London: Hodder & Stoughton, 1997. Zitiert nach: www.theguardian.com/media/2004/jul/07/pressandpublishing.football1

115 Ebd.

116 Alle Angaben in diesem Abschnitt: Vgl. hillsborough.independent.gov.uk/repository/report/HIP_report.pdf

117 www.youtube.com/watch?v=Q2z76Y9JyuQ

118 www.youtube.com/watch?v=jmO-oe4HHWw

119 Ebd.

120 Alle Zitate in diesem Abschnitt: www.independent.co.uk/sport/football/news-

and-comment/found-in-a-loft-fagans-secret-boot-room-diaries-2348284.html

[121] www.lfchistory.net/Images/newspapers/riley/18940428vNewtonHeath.pdf

[122] www.lfchistory.net/Images//newspapers/echo/1894-04-28.JPG

[123] www.youtube.com/watch?v=zZtj-GPJIJ0

[124] news.bbc.co.uk/2/hi/uk_news/magazine/6956608.stm

[125] edition.cnn.com/2012/09/21/sport/football/manchester-united-liverpool-football/

[126] www.bobpaisley.com/article/2434

[127] Ebd.

[128] Ebd.

[129] www.mirror.co.uk/sport/football/news/seven-reasons-manchester-united-vs-3240180

[130] Ebd.

[131] Ebd.

[132] www.telegraph.co.uk/sport/football/teams/liverpool/8380303/Former-Liverpool-striker-John-Aldridge-slams-Manchester-United-fans-who-marred-Youth-Cup-game.html

[133] edition.cnn.com/2012/09/21/sport/football/manchester-united-liverpool-football/

[134] Zitiert nach: Ebd.

[135] Zitiert nach: www.anc.org.za/show.php?id=3132

[136] liverpoolfc.wikia.com/wiki/Famous_Red_Supporters

[137] de.wikipedia.org/wiki/Fan

[138] www.lfctour.com/news/latest-news/rodgers-a-great-workout-and-atmosphere

[139] www.liverpoolfc.com/news/latest-news/why-the-world-loves-liverpool-fc

[140] Ebd.

[141] www.lfctour.com/news/latest-news/how-daniel-sturridge-sent-an-indian-lfc-fan-viral

[142] Ebd.

[143] Ebd.

[144] Alle Zitate von John Green hier entnommen: www.lfctour.com/news/fan-news/usa-celebrity-fan-focus-john-green

[145] www.liverpoolfc.com/news/latest-news/why-the-world-loves-liverpool-fc

[146] Ebd.

[147] Ebd.

[148] www.liverpoolfc.com/news/latest-news/166312-how-thailand-became-lfc-s-biggest-country

[149] Ebd.

[150] Ebd.

[151] Ebd.

[152] www.liverpoolfc.com/news/latest-news/why-the-world-loves-liverpool-fc

[153] Vgl. www.liverpoolfc.com/news/features/lfc-s-top-20-banners

[154] www.youtube.com/watch?v=zdwODgFBkhQ

[155] Ebd.

[156] Ebd.

[157] Ebd.

[158] Zitiert nach: metro.co.uk/2013/01/18/liverpool-owner-tells-fan-im-broke-when-asked-to-buy-wesley-sneijder-on-twitter-3357459/

[159] twitter.com/John_W_Henry/statuses/445227856801452033

[160] www.nytimes.com/2007/02/06/sports/soccer/07cnd-liverpool.html?_r=0

[161] Vgl. www.mirrorfootball.co.uk/news/Liverpool-fans-were-up-in-arms-after-Tom-Hicks-tried-to-say-he-had-spent-150million-net-on-transfers-article601899.html

[162] www.youtube.com/watch?v=RO55BazkiZ4

[163] www.independent.co.uk/sport/football/premier-league/in-through-the-shankly-gates-out-through-the-high-court-2099909.html

[164] www.liverpoolfc.com/news/latest-news/board-agree-proposed-sale

[165] www.liverpoolecho.co.uk/liverpool-fc/liverpool-fc-news/2010/10/16/hicks-and-gillett-were-outclassed-liverpool-fc-fans-give-verdict-on-the-nesv-takeover-100252-27482669/

166 Ebd.

167 www.liverpoolecho.co.uk/sport/football/football-news/tommy-smith-message-hicks-gillett-3324667

168 news.bbc.co.uk/sport2/hi/football/teams/l/liverpool/9098046.stm

169 www.theguardian.com/football/2010/sep/22/christian-purslow-liverpool-board

170 Vgl. www.goal.com/de/news/835/premier-league/2014/04/23/4771587/das-neue-anfield-der-fc-liverpool-enth%C3%BCllt-pl%C3%A4ne-f%C3%BCr-den?ICID=CP_98

171 Vgl. www.liverpoolecho.co.uk/news/liverpool-news/liverpool-sayings-top-26-things-6463028

172 www.liverpoolfc.com/history/historical-lfc-kits

173 www.timesonline.co.uk/article/0,,2093-1817155,00.html

174 www.tribalfootball.com/articles/man-utd-legend-neville-fergie-mocked-liverpool-white-suits-96-fa-cup-team-talk-1861351#.U7-2K2OrCNA

175 Ebd.

176 fourfourtwo.com/interviews/one-on-one/341/article.aspx

177 Smith, Mark: »Mersey ›cleanest since industrial revolution‹«. *Runcorn Weekly News (Trinity Mirror North West & North Wales)*, 24. September 2009. S. 7. Zitiert nach: en.wikipedia.org/wiki/River_Mersey

178 www.lfchistory.net/Managers/Manager/Profile/27

179 Vgl. news.bbc.co.uk/sport2/hi/football/teams/l/liverpool/3971639.stm

180 www.lfchistory.net/Players/Player/Profile/898

181 Zitiert nach: www.liverpoolfc.com/news/latest-news/166313-sturridge-excited-by-2014-15-challenge

182 Ebd.

183 www.liverpoolfc.com/news/latest-news/liverpool-complete-sturridge-signing

184 www.lfchistory.net/Players/Player/Profile/1207

185 www.lfchistory.net/Players/Player/Profile/1207

186 www.lfchistory.net/Players/Player/Profile/1237

187 Ebd.

188 Ebd.

189 www.liverpoolfc.com/news/latest-news/166100-sterling-i-ll-learn-from-the-experience

190 news.bbc.co.uk/sport2/hi/football/6653123.stm

191 Ebd.

192 www.liverpoolfc.com/news/latest-news/reds-confirm-coutinho-deal

193 www.liverpoolfc.com/news/latest-news/167047-brendan-coutinho-is-this-team-s-brain

194 Hier und im Folgenden zitiert nach: www.liverpoolfc.com/news/latest-news/165675-hamann-can-could-be-very-important

195 Hier und im Folgenden zitiert nach: www.liverpoolfc.com/news/latest-news/165677-reds-fans-should-be-excited-about-emre

196 www.liverpoolfc.com/news/latest-news/165726-boss-i-m-delighted-emre-chose-anfield

197 www.liverpoolfc.com/news/latest-news/166676-rodgers-explains-emre-can-switch

198 twitter.com/Carra23/statuses/486495332998860800

199 www.liverpoolfc.com/news/latest-news/165945-emre-can-to-wear-carra-s-old-number

200 Vgl. www.liverpoolfc.com/news/latest-news/165933-seven-young-reds-sign-pro-contracts

201 www.liverpoolfc.com/news/latest-news/166480-rodgers-i-ve-seen-good-signs-already

202 www.liverpoolfc.com/news/latest-news/166325-stevie-and-co-must-maintain-that-level

203 www.liverpoolfc.com/news/latest-news/166926-rodgers-i-m-excited-by-new-signings

204 Ebd.

205 Ebd.

206 Ebd.

207 Ebd.

208 Zitiert nach: www.liverpoolfc.com/news/latest-news/165928-brendan-is-building-squad-the-right-way

209 Hier und im Folgenden: www.liverpoolfc.com/news/latest-news/166480-rodgers-i-ve-seen-good-signs-already

210 www.liverpoolfc.com/news/latest-news/166325-stevie-and-co-must-maintain-that-level

211 www.youtube.com/watch?v=z5nPItvfWpk

212 www.spiegel.de/sport/fussball/verlorenes-stadtderby-balotelli-suendenbock-fuer-mancity-niederlage-a-872030.html

213 Ebd.

214 www.marca.com/2013/04/28/en/football/international_football/1367172944.html

215 www.fr-online.de/leute/trennung-von-model-freundin-mario-balotelli-ist-wieder-single,9548600,22657818.html

216 www.thesun.co.uk/sol/homepage/showbiz/5871213/Liverpool-star-Mario-Balotelli-splits-with-fiancee-Fanny-and-is-boasting-about-new-girl.html

217 www.faz.net/aktuell/sport/fussball-em/mario-balotelli-hochtalentiert-und-unberechenbar-11769944.html

218 www.goal.com/de/news/968/transfernews/2014/08/22/5052296/liverpool-benimmklausel-f%C3%BCr-mario-balotelli?ICID=PP_16127

219 www.goal.com/de/news/49/allgemein/2014/08/23/5054465/mino-raiola-liverpool-balotellis-letzte-chance?ICID=PP_16127

220 www.goal.com/de/news/835/premier-league/2014/08/30/5070065/rodgers-liverpool-keine-balotelli-show?ICID=PP_16127

221 https://www.welt.de/sport/fussball/internationale-ligen/article147485541/Wie-Juergen-Klopp-auf-sein-The-Normal-One-kam.html

222 Raphael Honigstein: »Ich mag, wenn's kracht« – Jürgen Klopp – Die Biographie. Berlin: Ullstein Buchverlage 2017

223 http://www.taz.de/!675176/

224 Elmar Neveling: Jürgen Klopp – »Wenn wir schon mal hier sind, können wir doch eigentlich auch ein bisschen Fußball spielen.« Grünwald: Copress Verlag 5., aktualisierte und erweiterte Neuauflage 2017

225 http://www.liverpoolfc.com/news/announcements/294920-watch-video-steven-gerrard-jurgen-klopp-betvictor

226 http://www.kicker.de/news/fussball/intligen/startseite/678976/artikel_gerrard-ueber-klopp_wir-sind-gesegnet-ihn-zu-haben.html

227 https://www.fussballeuropa.com/news/ab-nach-schottland-liverpool-legende-steven-gerrard-vor-engagement-als-chefcoach-2018-04

228 https://www.thisisanfield.com/2018/04/jurgen-klopp-details-key-behind-alex-oxlade-chamberlains-improvement-at-liverpool/

229 https://www.zeit.de/sport/2015-10/juergen-klopp-fc-liverpool-trainer

230 https://www.independent.co.uk/sport/football/premier-league/liverpool-fc-news-roberto-firmino-contract-roma-jurgen-klopp-a8330291.html

231 https://tribuna.com/liverpoolfc/en/news/2670870/

232 https://www.bbc.com/sport/football/43444922

DER AUTOR

FABIAN BIASTOCH, geboren 1989 in der damals noch bestehenden DDR. Nach der Wende nutzte seine Familie die neuen Möglichkeiten und bereiste vor allem England. Dort verliebte sich Fabian bei einem Liverpool-Besuch unsterblich in die Reds. Seitdem wird im Hause Biastoch die Liebe zur Anfield Road, zum FC Liverpool und zu den Toten Hosen gepflegt. Der Autor schreibt für die Seite *Goal Deutschland.* Seit Herbst 2014 arbeitet er zudem bei der *Magdeburger Volksstimme.*

Fabian Biastoch
111 GRÜNDE, DEN FC LIVERPOOL ZU LIEBEN
Eine Liebeserklärung an den großartigsten Fußballverein der Welt
Aktualisierte und erweiterte Neuausgabe mit elf Bonusgründen

ISBN 978-3-86265-723-0
ZWÖLFTER MANN – Das Programm für Fußballfans von Schwarzkopf & Schwarzkopf | Die Reihe ZWÖLFTER MANN wird von Martin Brinkmann und Oliver Schwarzkopf herausgegeben | Aktualisierte und erweiterte Neuausgabe |

VERLAG
Schwarzkopf & Schwarzkopf Verlag GmbH
Kastanienallee 32, 10435 Berlin
Telefon: 030 – 44 33 63 00
Fax: 030 – 44 33 63 044

INTERNET | E-MAIL
www.zwoelftermann.de
www.schwarzkopf-schwarzkopf.de
www.facebook.com/schwarzkopfverlag
info@schwarzkopf-schwarzkopf.de